U0407210

大夏书系·名师课堂

听窦桂梅老师讲新课

Ting Dou Guimei Laoshi Jiang Xinke

窦桂梅／著

ECNUP

华东师范大学出版社

全国百佳图书出版单位

目　录

CONTENTS

辑三　整本书主题教学

辑四　主题实践活动

自序　教人语文，莫如以语文教人

不知不觉已经当了30年教师。说来有意思，十年左右评上特级教师，再十年左右做副校长，近十年做了校长。反思今日之我与十年前甚至五年前之我已有天壤之别，但对于教育，我始终心怀敬畏，不敢说自己已然能够窥其真谛，只是依然坚持在教学一线，不敢离开课堂。

作为一线教师，我见证了21世纪初至今的十多年语文课程改革的重要历程，实践中发现了语文教学的诸多问题：工具性与人文性割裂，教学内容杂乱松散、缺乏结构性，教学目标不清晰，教学方式僵化……尤其忽视了对人的完整的培养。正是基于这样的认识，20多年前，我在国内率先提出了"主题教学"的主张，试图在课堂教学中，引导儿童抓住"核心语词"，牵一发而动全身，带动语文听说读写能力的全面提高，促进学生完整人格的形成。在实践中，20余节研究课在全国引起很大的反响。于是就有了十年前华东师范大学出版社为我出版的《听窦桂梅老师讲课》，听编辑老师说，这本书已重印了12次，真要感谢全国广大语文老师们的厚爱与支持。

然而，从2006年到2016年的十年间，不论是我个人还是我所首创的"主题教学"都发生了巨大的变化。这十年间，我成为了东北师范大学柳海民老师的博士生，从"田野"走进象牙塔，从草根变成研究者，又再度回到"田野"，求学经历改变了我作为一个从一线起步的教师的视野与思路。这十年间，我的职业角色由特级教师变为校长，由带领语文教师共同成长变为引领一所学校走向卓越。经验与理性、研究与实践、个人与集体、理想与现实……正是在这多方矛盾的巨大冲突中，我对教育有了更新、更深的认识。

博士生的学习生涯，让我思考问题的角度，由陷于对现象的纠结变为对本质的拷问，凡事更愿意追问：是什么？为什么？怎么样？研究"主题教学"近

20年，究竟建构了什么？核心概念是什么？本质是什么？特征是什么？于是，我在完成博士论文的过程中，对自己提出的“主题教学”理论与实践进行了系统建构。在此基础上形成了《小学语文主题教学指导纲要》，并于2015年5月，在教育部委托《人民教育》编辑部主办的“首届基础教育国家级教学成果奖推广会——清华附小主题教学展示会”上正式发布。

校长的职业经历，让我能够更好地跳出学科的局限，能够从整体育人的角度审视学校课程与教学的发展。我深切地感到，如果学校没有办学理念及办学目标的正确导向，没有学校整体育人氛围的营造，没有课程体系的建构，课堂教学所能发挥的作用是极其有限的。为此，我将“主题教学”的思想方法应用到学校的办学理念构建和课程整合当中，提出了“成志教育”，系统构建了“1+X课程”体系。

所幸的是，不论是对于“主题教学”的新发展，还是学校育人体系的构建，作为校长，我一直力求避免纸上谈兵，而是和老师们一道通过深耕课堂，来论证其科学性与合理性。我曾有言：要做一个永远站在课堂上的校长。十年来，我也的确没有食言。即便是在百忙劳心的日子里，我也努力站在课堂上，与学生一道成长。

于是，十年来，又有20余节研究课相继诞生，是我思想与实践发展变化的结果。2014年，“小学语文主题教学实践研究”获得了首届基础教育国家级教学成果一等奖，2015年我所在的清华附小一百年的世纪校庆完美收官，2016年我们的学校进入静水流深、进一步深入探索的新常态发展阶段。作为对过往十年的总结，也是向近年来“主题教学”所取得的相关成绩献礼，我从自己近十年来的20余节公开课中，按照主题教学的四种不同实践样态：单篇经典主题教学、群文主题教学、整本书主题教学、主题实践活动，精选了其中最具代表性的12节课，集结成书，于是就有了这本《听窦桂梅老师讲新课》。

这本书中选取的课例，时间跨度从2006年到2015年，其中又以2012年的《牛郎织女》为分界线，体现了主题教学由探索走向成熟的转变。此前的课例，更多体现的是教师解读教材、备课上课的能力，但从2012年的《牛郎织女》开始，伴随着我校的“1+X课程”改革走向深入，学校进行了学习方式的深入变革，主题教学确立了“预学—共学—延学”的动态教学流程。尽管此前的课例不乏这样的意识，但这样的流程在2012年之后的《牛郎织女》《魅力》《皇帝的新装》等课例中得到了体现。当然，教无定法，面对像《大脚丫跳芭蕾》《威利的奇遇》这样的优秀绘本，保留必要的神秘感也是应有之义，课堂的流程要呈现出动态的变化。而且即便在今天，回首当年的课例，比如《游园不值》《三打白骨精》《丑小鸭》等，尽管没有什么固定的流程，但在尊重学生的基础上所体现出的多方对话、课堂生成等等，依然有其鲜活的生命力。

未来是一个怎样的世界，取决于今天我们培育怎样的儿童。语文，作为母语学科，决定了语文教师必须有更深的情怀与更大的担当，必须成为永远的思想者与终身的学习者。回望自己30年的教师生涯，尽管成就与遗憾并存，但所幸自己年届天命，仍有研究的热情与成长的动力。“我是教语文的，我是教人学语文的，我是以语文教人的。”在教书育人的道路上，愿与所有同行者共勉。

2016年6月1日

辑一

单篇经典主题教学

物象为骨，意格为髓

——在吟诵中学习《清平乐·村居》

主题：安居乐业

步骤：以声律为窍，学习“吟调”；

以物象为骨，感受画面；

以意格为髓，品味词境。

一、引入《清平乐·村居》

（一）解题

师：我们的祖先是这样创造这个字的（板书：居，并演示“居”字的变化过程）。由此，你想到了什么？

生：这个字是半包围结构，外面的“尸”字旁就好比屋子，里面像个“人”字，后来改成“古”。意思是，人在房子里居住。

生：请老师把刚才的PPT再回放一下好吗？（师再次回放“居”的字形演变过程）我想到了一座房子，它很坚固，上面表示拱顶，旁边的“撇”表示一堵墙，里面的“十”表示住着十口人，那个“口”就好比一张大床，这就组成了一个家。

师：人们常说，一个汉字就是一个典故。有居住的地方就有了家。有了家，心就安了。那么，这个家坐落在这里（板书：村，把课题补充完整），你眼前出现了怎样的画面？

生：我眼前有一幅农村田园生活的场景，有小河、村庄、鸡鸭，还有人们在田间劳动。

师：听你这么一说，不禁会想起清朝诗人高鼎的《村居》。

生：（齐声背诵）草长莺飞二月天，拂堤杨柳醉春烟。儿童散学归来早，忙趁东风放纸鸢。

师：居住在这样一个惬意的地方，说着这样的话（板书：吴音），是怎样的话？

生：江西上饶地方口音，在春秋时代该地区称吴国，故叫“吴音”。和北方的语言相比有轻细、柔软之特点，常称“吴侬软语”。

师：吴侬软语，好听啊。你们会说吗？

（生摇头，表示不会。）

师：老师说一句北方的普通话，再说一句江西上饶的吴音，请体会这种吴侬软语。“这个女孩真漂亮”是这样说的：Jie gou nan ne gui zen qing gan。“我很高兴跟大家上课”说成：A hn gao xin gin da ga san ku。“乡下的风景真好，我们大家一起去看看”是：Xiang ha ge fong jin zen hao，nga da ga yi qi ke kuang kuang。（这里只好用汉语拼音释音）

（尽管不能尽然，学生还是哈哈大笑，感受到吴侬软语的确细腻、柔软、妩媚。）

师：你想啊，在村居里生活，说着吴音，多么美好。于是爱国词人辛弃疾就写出了自己在上饶老家闲居时的一首词——《清平乐·村居》。（板书：清平乐）

（二）了解词牌

师：同是写村居，辛弃疾的是词，高鼎的是诗。说说诗和词有什么不同。

生：词是诗的一种特殊形式，是可以配乐吟唱的，故有个词牌名。比如“清平乐”。

师：有人说，诗是语言的艺术，词是精美的语言艺术。随着阅读的丰富，你们还会体会到更多。词呢，发端于隋唐，大兴于宋朝，按照一定的词牌来安排句子的多少，还可以配乐演唱。

师：我们的古人很了不起，表示词的节奏，不是用乐谱，如四二拍、四三拍的形式，而是用词牌。不同的词牌还有不同的意境。老师试着为“清平乐”配乐，请大家浏览这首词，体会这个词牌有什么特点。（放轻柔音乐，出示《清平乐·村居》。）

（生有感受，纷纷举手想发言。）

师：不急。为了让大家比较得明显一些，我们再看另一首辛弃疾的词（配雄壮音乐，出示《破阵子·为陈同甫赋壮词以寄之》），请再感受一番。

醉里挑灯看剑，梦回吹角连营。八百里分麾下炙，五十弦翻塞外声。沙场秋点兵。

马作的卢飞快，弓如霹雳弦惊。了却君王天下事，赢得生前身后名。可怜白发生！

（生在音乐中体会）

师：两种音乐换一换行吗？现在回过头来说说“清平乐”这个词牌和“破阵子”有什么不同。

生：不行。“破阵子”这首词让我的心情慷慨激昂，我仿佛看到战争中词人和敌人厮杀的场面，很悲壮，有不可一世之气概。而“清平乐”呢，我感觉，好温馨、舒缓。

生：“清平乐”轻松幽静，有一种悠闲自得的感觉，与“破阵子”的激昂形成了鲜明的对比。

二、学习《清平乐·村居》

（一）以声律为窍，学习“吟调”

师：好啊，从词牌上我们也能找到这首词的感情基调。那让我们带着刚才的轻松温馨一起走进这个“村居”。古人讲，诗有三体，一是要“以声律为窍”（出示课件）。你怎么理解？

生：将诗或者词的韵律当作窍门吧。

师：是这个意思。用吟诵表达出古诗词的平仄与节奏。当然它的前提是，要读得字正腔圆。作为高年级同学，你们一定预习了，谁来读一读？（板书：读）

（生读得字音正确）

师：（对着刚才读词的同学）自评一下读得怎么样。

生：（有些不好意思地回答）还可以。

师：这个用词很谦虚，呵呵，具体说说，怎么叫“还可以”？

生：这两个字——“翁媪”读作 wēng ǎo，我读得很正确。

师：“剥”是个多音字，这里你为什么读作 bāo？

生：把一个东西去掉外皮儿，这个过程就叫“剥”，读 bāo，不读 bō。

师：“莲蓬”，口语时“蓬”可以读轻声，可你读原调，这是为什么？

生：诗讲究压韵啊，所以这里可以读原声调。（老师让同学给该生掌声）

师：不过，提一点建议，词分上阕、下阕，就像我们平常学习文章的段落，读整首词的时候，要注意其间的停顿。

（在此基础上，同学们从头至尾读了一遍，渗透朗读词时的停顿意识。）

师：古人常说，歌之不足，舞之蹈之，所谓“手舞足蹈”。既然是一首词，我们当然可以手舞一番，体会其节奏美。

（生一边击掌，一边读上阕，如游戏一般，很有节奏。）

师：不仅可以“手舞”，也可以“足蹈”，还可以“踏歌”体会节奏。我们一起“踏歌”下阕。

（学生一边脚踏节奏，一边读下阕，踏出了特别的韵律，兴趣很浓。）

师：把整首词从头到尾“手舞足蹈”一番。

（生兴致勃勃地表演起来）

师：读得这么好，就要用“吟”来找准声律。若说吟，讲究平仄方为入窍。谁知道平、仄声分别指现在的哪几个音？（板书：吟）

生：平声是现在汉语拼音声调中的一声和二声，仄声是汉语拼音的三声和四声。

师：真好，在吟诵中要做到平声音拖长，仄声音短促，也就是“平长仄短”。请同学们试一试。（以下“—”表平声，“|”表仄声。学生纷纷练习，老师作适当指导，很有意思。）

（生读）

茅—檐—低—小，
溪—上｜青—青—草。
醉｜里｜吴—音—相—媚｜好，
白—发｜谁—家—翁—媪？

大｜儿—锄—豆｜溪—东，
中—儿—正｜织—鸡—笼。
最｜喜｜小｜儿—无—赖，
溪—头—卧｜剥—莲—蓬。

师：真正的吟，要“依字行腔”。这里的腔也有高低。平声和仄声有什么不同？

生：平声因为是一声和二声，所以声调要高；仄声因为是三声和四声，所以声音低。

师：好啊，也就是依据平仄的长短、高低，吟出属于自己的腔调来。自己试着练一练。

（教师引导，学生跟着练习吟诵。）

师：老师根据自己的语感，试着吟诵一下，请同学们鼓励我呦。

（学生听教师吟诵，热烈鼓掌。）

师：谁来大胆试一试，用自己的调，吟起来。

（学生们纷纷练习吟诵）

师：由于地域不同，吟诵的腔调也不同，下面听一位吟诵专家吟的浙江吟诵调。

（教师播放浙江吟诵录音，学生倾听体会。）

师：不用学别人的，就找自己的调。

（学生再次试着运用平仄行腔吟诵起来）

（二）以物象为骨，感受画面

师：吟出了自己的腔调，那你们说咱们下一步干什么呢？

生：默写吧。

生：背诵下来。

生：我觉得先要理解，然后才能谈背诵和默写。

师：你说得真好！与古人讲的诗的第二体“以物象为骨”（出示课件）说的意思差不多。学习诗词，不仅要注意平仄腔调，化为形象方为理解感受到诗词的风貌，带着感受吟，才有味道。那咱得再一次走进词中，感受一番。说说读这首词，你眼前出现了哪些画面？

生：“茅檐低小”，我眼前浮现出一座茅草屋，屋檐非常低小。（教师随机再现相应画面）

师：说得好，用词中的词语讲出了特点。草屋只一间，如此而已，真是一种特别的乡村气息啊。带着你的感受吟一吟。（生读时，强调了“低小”，吟出了味道。）

生：我还发现，茅屋前有一对老年夫妻，老爷爷就是翁，老奶奶就是媪。他俩聊天呢。（教师出示相应画面，学生带着感受吟了起来。）

生：我还看到溪上有很多青草，可茂盛啦，可能还会在水中留下倒影。词中说是“青青草”，这里的草不是“草色遥看近却无”，应该是绿油油的，像一首歌词中唱的那样:“青青河边草，悠悠天不老。”

师：草经常会成为诗人笔下的物象。像白居易的“离离原上草”，虽然地点不同，年代不同，但都是要表达那绿绿的颜色，就如同诗人的生命一样充满绿意。你的引发真好，请再吟一吟。（生吟）

生：我还看到一幅画，“大儿锄豆溪东”，真卖力呀！（教师出示相应画面，学生吟描写大儿的这句。）

生：我看到了在低小的茅草屋前，中儿正在用他那双灵巧的手，用双腿夹着鸡笼，迅速地编着，给鸡搭窝，让鸡有个家。（教师出示相应画面，学生吟描写中儿的这句。）

生：翁媪最小的儿子，非常顽皮淘气，正在小溪旁剥莲蓬。（教师出示相应画面，学生吟描写小儿的这句。）

师：古人有时候用字往往虚指。比如小儿也不一定是自己的小儿子，有可能是自己的孙子呢。但不管怎样，都是一家人。

师：你看你们多了不起，透过这文字，发现了这么多的画面。（将学生刚才提到的“村居”的画面一幅一幅地用 PPT 呈现。）

师：还有一处景物，刚才有同学提到了，可是没有重点描绘，是什么?

生：小溪！溪上有青青草，溪东大儿在锄豆，溪头小儿在剥莲蓬。

师：古人用字忌讳重复，可词中出现了三次“溪”，不重复吗?

生：我认为不重复，因为他写的是不同地方的溪，溪上青青草里的“溪”，指的是整条小溪，大儿锄豆是在溪东，小儿卧剥莲蓬是在溪的一边。

生：我认为辛弃疾是故意这么写的，都围绕“溪”来写，想突出一个山清水秀的村居。所以，故意用这么多“溪”是起强调作用。

生：你看，溪东是大儿子，身边有小溪。既然大儿子已经在溪东了，再往下看，溪水又流到面前了，中儿、小儿和茅草屋都在溪边，他们家整个被小溪包围了。

师：好一个“绿水人家绕”。看，就是这小溪，把刚才的一幅幅散图完整地连接了起来。（课件巧妙地连接，呈现出了一幅完整的村居图）这小溪，平添了江南村居特有的灵性和生命的颤动。让我们伴随小溪的潺潺之声，吟一吟，感受溪流的不同之处。

（生吟诵时，重音在“溪上”的“上”，“溪东”的“东”，溪头的“头”。）

师：好美啊！请大胆地想象，此刻，词人会在哪儿？

生：词人可能在溪上的小船上。

师：小溪上还能行船，这有点夸张。

生：词人有可能在溪边，眼睛向东一望，就是“大儿锄豆溪东”；再往近处一看，“中儿正织鸡笼”；眼前呢，小儿“溪头卧剥莲蓬”。

生：词人还有可能在对面的一座山丘上，遥望这一片绿水人家，一切尽收眼底，于是写下这首词。

师：再大胆想象，词人会是画里的谁？

生：还有可能，词人就是那个翁，他想象自己就在茅屋前和自己的老伴说话呢！

生：是呀，他看到小儿，有可能就把自己想象成了这个样子，仿佛回到自己小时候在溪边玩耍、剥莲蓬的情景，他好开心。

师：真是人在画中游，己是画中景，也是画中人啊。那让我们再次吟诵起来吧！（学生美美地吟诵全诗）

师：吟着吟着，不知不觉就背诵了下来。用一个字形容此时此刻你的感受吧！

生：好迷人，美！

生：我想到了一个词——朴素安适，一个字——爽！（笑）

生：我感受到了田园生活的悠闲，美不胜收。一个字——妙！

师：在词中找找？

生：“醉”！

师：为什么用这个“醉”字？（板书：醉）

生：因为村居太美了，都让我陶醉了，所以我用“醉”，而且“醉”就在诗中。

师：哈哈，你用的和词人的相同啊。居于如此的乡村，怎么不喜？欢喜得都“醉”了。真应了那句——“沉醉不知归路”。

（三）以意格为髓，品味词境

师：这村居怎么就让我们醉了？古人讲诗的第三体“以意格为髓”（出示课件）可以帮助我们。不断推敲、品味诗词的用字，才能理解诗词的精髓。正如

古人讲的“吟安一个字，捻断数茎须”啊。那我们就再次走进词中，去品味品味这村居，怎么就让我们醉了呢。（板书：品）

师：让我们走进这对翁媪，听听他们怎么个“相媚好”。

生：他们在互相之间说贴心话，声音不大，窃窃私语说着对方的好。我觉得这种环境让我感觉很沉醉，他们两个的画面很温馨，他们可能在互相称赞着对方，而且用的是“吴侬软语”。

师：那就请你大胆想象，翁媪间会互相夸赞些什么？（出示课件：读着“醉里吴音相媚好”，我仿佛听到翁（媪）夸赞媪（翁）说：“________。”）老师提供一个话语情境，你想扮演谁就扮演谁，夸赞对方吧。

生：读着“醉里吴音相媚好”，我仿佛听到媪夸赞翁说：“你可真是个好丈夫，还像年轻时那么帅。看大儿认真锄豆，勤劳的品质就是跟你学的，中儿有编织鸡笼的好本领也是你的功劳呢。找你做丈夫可真是我的荣幸。”

师：啊，把“荣幸”换成“福气”更妥贴一些。

生：读着“醉里吴音相媚好”，我仿佛听到翁夸赞媪说：“老伴，你给我做的衣服真好看。给儿子做的是慈母手中线，给我做的是老伴手中线，穿在身上好温暖、好舒服。”（大笑）

生：我仿佛听到翁媪互相说：“啊，现在日子好喽，能喝上酒喽。我俩相亲相爱，我俩多子多福！”（掌声）

师：“执子之手，与子偕老”啊，我想起一首歌：“我能想到最浪漫的事，就是和你一起慢慢变老，一路上收藏点点滴滴的欢笑，留到以后坐着摇椅慢慢聊。”（掌声）

生：他们没忘记夸赞自己的儿子。读着“大儿锄豆溪东”，我仿佛听到翁媪夸赞大儿：“你真懂事呀！”

师：大儿估计年龄不小了，用懂事就显得孩子气了。

生：我估计大儿已经30多岁了，应当换一个方式表达：“他可是咱家的壮劳力，咱们家地里的活都归大儿干了。”

生：他多么勤劳。“锄禾日当午，汗滴禾下土。谁知盘中餐，粒粒皆辛苦。”

师：虽然辛苦，可心不苦，辛劳换来的是“稻花香里说丰年，听取蛙声一片”，今年又有个好收成。

生：读着“中儿正织鸡笼”，我仿佛听到翁媪夸赞中儿说：“你看咱们二儿子手多灵巧呀。”应了那句“村庄儿女各当家”。

师：我们想象的真美妙。也许，这翁媪一句话也没说，翁媪相对而坐，你的眼睛望着我——

生：我的眼睛望着你。我的眼里只有你！（笑）

师：原来他俩的“相媚好”让我们“醉”了，这个“媚”让我们“醉”了。

师：词中说最喜小儿，那我们再来到小儿身边瞧瞧。

生：小儿剥莲蓬的动作是“卧”。一般剥莲蓬是坐着或站着，可小儿却是“卧”着剥莲蓬，好玩。

师：让我们好好看看这个“卧”。（出示课件）小儿的姿势“卧”，是什么意思？

生：（七嘴八舌地说）趴、躺。

师：把“趴”或“躺”放进词句中，说说感受。

生：溪头“躺”剥莲蓬。（笑）我感觉这个“躺”别扭，而“卧”就能使小儿子剥莲蓬的姿势跃然纸上。

生：“趴”也不好。姿势一点儿也不美。

师：“卧”含着“趴”和“躺”的意思，但这个“卧”可以是侧卧、仰卧、俯卧（学生和老师一起说出来）。

生：总之“卧”让我想得很多。“卧”一定是最舒服、最自然的样子。

师：看PPT上小儿俯卧在溪头，两个小腿翘起来的静止画面。你能让画面动起来吗？（学生们开始用手指当作小脚丫，表示不同动作。）

生：两个小脚丫来回动。

生：还可以边摇晃着小腿，向同一个方向摆动，还哼唱着歌谣。

生：还可能左右摇摆、交叉摆动呢。

生：小儿的两个小脚丫翘起来，想分开就分开，想合上就合上，想交叉就交叉，想前后摆动就前后摆动。

师：呵呵，总之想怎么做就怎么做。送给他一个词——

生：无忧无虑。自由自在。天真无邪。悠闲自得……（学生纷纷说出）

师：这是“卧”动态的时候我们的感受。可“卧”有时还指“睡觉”或休息时的安静，我们动不动说“卧佛”，多么安详、宁静。那请看小儿“卧”在溪头剥莲蓬的表情，再送小儿一个词。

生：专心致志。聚精会神。全神贯注……（学生又依次说出）

生：还可以用一个成语——“心无旁骛”，也可以说“旁若无人”。

师：我们常说“动若脱兔，静若处子”。这一动一静的巨大反差都出自这个“卧”。难怪说小儿无赖呢。那么这里的“无赖”是今天我们理解的意思吗？

生：这里是说他自由自在，多么天真可爱，无拘无束啊。叫他“无赖”，也是说调皮、可爱、淘气到了一定程度了呀。

生：爸爸妈妈在我特别淘气的时候，会对我说：“你这个小坏蛋。”就像家里人，越是喜欢你，看你撒欢的时候，恨不得骂你一句。

师：看你淘气的时候说“猴样儿”，听着好似责备、挖苦，实则更说明喜爱到了极点。虽然“最喜”小儿，难道对大儿中儿就不喜欢吗？

生：他们也是喜欢大儿和中儿的，但是他们最喜欢的是小儿。小儿是最天真的，也是年龄最小的，他不懂得那么多的拘束，所以他做起事来会让人觉得天真、顽皮、淘气。而大儿和中儿就不可能回到他这个时代，有他这个样子。所以小儿让父母感到欣慰。

生：这小儿能够这样开心快乐，不就是父母的和睦，两位哥哥的勤劳，才让自己这么“无赖”吗？长辈们的辛苦换来的不就是让自己的小儿这样的“卧剥莲蓬”，这样的“自由自在”吗？（掌声）

师：俗话说：皇帝重长子，百姓爱幺儿。前者想到责任，后者就像你说的让人感到欣慰。所以，这最喜的“喜”，不仅仅是父母的心情，也是全家人的心情。你羡慕这小儿吗？

生：羡慕，他不用写作业。（大笑）

师：你羡慕，是因为你有学习压力，那经历战争痛苦的辛弃疾，怎么会不更羡慕这自由自在、无忧无虑的生活呢？

生：是啊，正如前面同学们说过的，看到小儿想起作者自己的童年。现在除了他自己，更希望战争中的孩子们也这样。看来这“最喜”中还有另一番滋味在心里。他禁不住写下——“最喜小儿无赖……”（学生一起读这句）

生：我想也是。因为当时祖国北方处于战乱中，词人一直身处战场，心里很焦急，看到这个小儿无忧无虑的样子，他很希望战火平息，也能过上这种无忧无虑、悠闲自得的生活。

师：你看，又是这个“卧”，不仅让我们理解了意思，体会了妙处，还给我们带来这么多联想，引发了我们更多的感慨。就是这个“卧”，不仅让全家人醉了，也让我们，让词人醉了。真是“酒不醉人人自醉”，这“卧”可谓一字千金！

三、升华《清平乐·村居》

师：情到深处，自然要问问这是“谁家”的翁媪。老人家，姓甚名谁啊？（走到一名男同学面前，用口语交际的形式揭示“村居”主旨。）

生：我呀，免贵姓黄，字嘉祥。（学生用上自己的姓名回答，并用老人的语气。）

师：老人家，一家人都住在这低小的茅屋。杜甫说“八月秋高风怒号，卷我屋上三重茅”。风一来，风怒号，茅草就被刮走，冬天更冷。想必这日子过得一定不容易，可看你们眉开眼笑、欢欢喜喜的，那么陶醉，这是为什么？

生：因为这里没有战乱，我们都过着和谐的生活。只要平平安安，比什么都好。

生：还因为……

（旁边的女生举手，老师幽默了一句：哎哟，旁边的媪着急了。你好，你想补充几句吧！）

生：我们能过上这样的生活，还因为我们的三个孩子，小的非常可爱天真，看到他就让我们觉得安慰，还有大儿和中儿虽然不能像小儿一样，但是他们也都有一身好本领，可以干活，照顾我们。你说我们能不高兴吗？（笑）

生：（“翁”继续说话了）人都说养儿防老，您看我们三个儿子真孝敬呀！我们一家真是和和睦睦、欢欢喜喜，为我们祝福吧！（掌声）

师：所以不在屋宽，而在心宽。心有多宽，屋子就有多宽。（学生跟着说出）“茅屋人看小，我居殊觉宽”，为这对翁媪喝彩！（掌声）

生：我们发现这家人的生活条件的确很艰苦，但他们很乐观。所以这里的村居让我们感觉到安全、安心、安逸。

师：此刻，如果把村居的“村”换一个字，你说是怎样的居？

生：是闲居！

生：是乐居！

生：也是安居！

师：能够悠闲与快乐，最关键的还是安心。因此，这村居也可以说是——

生：安居。安居就能乐业。（师顺势板书：安居乐业）

师：安居乐业，“心安茅屋稳，性定菜根香”——这是何等的惬意与幸福！

师：回过头来再读《破阵子》。作为一个爱国诗人，由“谁家”的发问，由小家想到大家，由家乡想到国家。

生：（朗读）“醉里挑灯看剑……”（师板书）

师：看到这“安居乐业”，那词人在这个“醉”里渴望的，“最”终向往的究竟是什么呢？

生：从“醉里挑灯看剑”到“可怜白发生”，可以看出词人虽然也居住在上饶老家，看似“居安”，但心情一直不好，充满危机感，不忘北方战场，居安思危。他希望的不仅仅是这一家五口快快乐乐，也希望自己、别人、天下所有的人都能这样安居乐业。

生：“天下兴亡，匹夫有责”，更何况他又是一个非常爱国的词人，还经历战争，看到这“村居”带给他的快乐，他最终渴望国泰民安。

生：是的，我读了辛弃疾的生平事迹以后，觉得他是很有责任心的人，虽然居住在农村，但一直想着国家所有人都能安居乐业。如果是我的话，我可能已经在那里过着平静的日子，不会再去想那些忧伤的事。他是“居危思安”。

师：真好！这才是村居生活的本质，虽说“醉里吴音相媚好”与“醉里挑灯看剑”表达的感情不同，由醉中的“居安思危”到醉中的“居危思安”，共同的是“安居乐业”——这才是词人追求的境界。村居成了作者、我们千年来永远追求的精神家园。此景，此情，此刻，一句话，“醉在村居！”让我们带着这些感受，再次吟诵起来吧！

（全体学生沉浸在浓浓的情感中，吟诵起来！）

师：千年的村居，已经醉在我们的心里！就让我们把这“村居”吟唱出来！（板书：唱。配乐，师生合唱。借用《水调歌头》的曲子，唱出了“安居乐业”这份幸福。）

板书设计

清平乐·村居

			（读）
醉！	醉里吴音…… 醉里挑灯……	安居乐业	（吟） （品）
			（唱）

点评

居课堂之小，观人生之大

“茅檐低小，溪上青青草……”宋代爱国词人辛弃疾的《清平乐·村居》——一幅瑰丽的乡村生活风情画，言虽简，意却丰。可惜，在许多教师讲、背、默的古诗教学三部曲中，此诗会如过耳的风般，在学生的心中留不下任何痕迹。有幸，聆听了窦桂梅老师的这节课。蓦地发现，同是三尺讲台，这里却能够将宇宙之大、品类之胜、人生要旨之悠远尽数容纳，形成一道卷舒风云、吐纳珠玉的瑰丽风景，原来语文教学竟可以有这样的别样洞天。

解构：文本究竟可以走多远

在这首短短46字的宋词中，具象的景物不过是：茅檐、青草、豆田、小溪等几处。人物亦不过是名不见经传的一家五口。然而，窦老师通过对诗歌中文字、意象和文学意蕴的解构，使那疏疏淡淡的景、平平凡凡的人，与沉淀在执教者内心里的文学修养与文化底蕴，发出了和谐的共鸣，从而焕发出了带有生命色彩的独特审美体验。其中，围绕“相媚好”与“卧”字展开的涵泳，充分体现了窦老师驾驭文本的功力。

对于“相媚好”，窦老师着力突出的是一个“媚”字。教师丰富的文本解读，并没有流于空洞的说教，而是以曼妙生动的教学形式加以呈现。入题时的一番吴侬软语，率先帮助学生为翁媪的形象奠定了一抹温柔的底色。解读画面时的顺势而导，让学生品味出翁媪村居生活中的一份沉醉。特别是到了“以意格为髓，品味词境”的教学环节时，采用口语交际的形式，请学生大胆想象，这对白发的翁媪会怎样夸赞对方的好，让学生联系全诗，将对翁媪的感性体验具体化、生活化。学生的回答也可谓“相媚好”。

生：读着“醉里吴音相媚好”，我仿佛听到媪夸赞翁说：“你可真是个好丈夫，还像年轻时那么帅。看大儿认真锄豆，勤劳的品质就是跟你学的，中儿有编织鸡笼的好本领也是你的功劳呢。找你做丈夫可真是我的荣幸。”

……

生：读着“醉里吴音相媚好”，我仿佛听到翁夸赞媪说：“老伴，你给我做的衣服真好看。给儿子做的是慈母手中线，给我做的是老伴手中线，穿在身上好温暖、好舒服。”（大笑）

生：我仿佛听到翁媪互相说：“啊，现在日子好喽，能喝上酒喽。我俩相亲相爱，我俩多子多福！”（掌声）

由这“相媚好”首先引出的是翁媪的相亲相爱、和和美美，“执子之手，与子偕老”。进而又引发翁媪对儿子的赞叹：

生：……“他（大儿）可是咱家的壮劳力，咱们家地里的活都归大儿干了。”

……

生：读着“中儿正织鸡笼”，我仿佛听到翁媪夸赞中儿说：“你看咱们二儿子手多灵巧呀。”

然后又引出了小儿剥莲蓬独特的姿势——卧。窦老师带领学生，先通过词语替换——比较“卧”与“趴”“躺”，感受“卧”字的音韵美，感受到词人用词的精准细腻。再带着学生插上想象的翅膀，表演小儿卧伏溪头，两条小腿前后、左右、交叉、旋转时的动态美，感受一个“卧”中所包含的丰富意蕴。

寻常教师见识至此，已经足以自慰，但窦老师由这动中还看到了静，带学生观察插图，细看小儿专心致志的表情，使学生慢慢体会到在小儿“卧”这个动作中，动中还有静，有小儿“卧剥莲蓬”时的聚精会神、心无旁骛。对“卧”字的解读，由动及静、动静咸宜。学生对于语言的感受力，就是在这样的涵泳琢磨、推敲品味中，逐渐敏化、锐化，直至形成的。

一切景语皆情语，通过对词中景物的层层剥笋，使得这原本平淡无奇的有限景物，成为了更宏大空间与更复杂象征群体的无限的引发者。简简单单几个词，平平常常几个字，居于这样的课堂，像是沉睡了千年的古莲子，遇到适宜的环境，于是破土而出，终于婷婷玉立。

同构：补充材料的无价馈赠

窦老师所倡导的主题教学理论下，温度、广度、深度的三个维度当中，对广度的驾驭非常考验执教者的水平，课堂既要充实丰满，又不能显得繁冗拖沓。这一课的教学，除了主讲教材《清平乐・村居》以外，还辅讲了《破阵子・为陈同甫赋壮词以寄之》。此外，粗略统计，教学中仅穿插的各种古诗词名篇、名句，就达20处，其他如成语、典故、俗语、书评，合计起来不计其数。借助这些补充材料，文本的主题得以延展，诗歌的意象得以丰富。

于是，那茅檐不再只是一间平凡简陋的茅草屋，它从王冕笔下的“茅屋人看小，我居殊觉宽”走来，在杜甫的“八月秋高风怒号，卷我屋上三重茅”中挣扎，又在“心安茅屋稳，性淡菜根香”的回味中升华。青草，不，是“青青草”，不是“草色遥看近却无”的青草，是“野火烧不尽，春风吹又生”的青青草，是“青青河边草，悠悠天不老”中的青青草。豆田里有大儿“锄禾日当午，汗滴禾下土”的辛劳，更有“稻花香里说丰年，听取蛙声一片”的期待……

拓展材料与主要教学内容的同构，使一篇小小的语文课文，能够置身于母语广袤的森林。学生在教师的给予中，不断吮吸语文的营养。即便有些地方听不太懂，只记下只言片语，甚至只留下一点痕迹，但种子总会发芽，毛虫总会蝶变，发酵与酝酿的基础是饱满的积淀。儿童在这日复一日的母语的涵养中，便逐渐将那一路上相遇的、欣赏的与艳慕的，变成真正属于自己的。

建构：以吟诵颐养君子之风

然而，这节重新修订之后的《清平乐・村居》，较之四年前的教学设计，突出的不同，就在于立意不断超越自己的窦桂梅老师，将“吟诵”这个虽有千年历史，但今天已鲜为国人所知的诗歌表达方式，引入小学语文的课堂之中。

吟诵，是吟咏与诵读的合称，是按照汉语的特点和汉诗文的创作规则，像唱歌一样诵读诗词文赋。汉语的诗词文赋，大部分是使用吟诵的方式创作的，通过诵读的方式，才能更深刻地体会其精神内涵和审美韵味。千年来，吟诵培育了我们民族一代又一代的文人骚客，哺育了我们生生不息、铿锵裂帛的民族精神，正所谓，书不尽言，言不尽意，言之不足故有吟诵。这实在值得我们后世的语文教育者，从中汲取宝贵的财富。

但吟诵又是有一定章法和要求的。比如，发声讲求“运气以发声，摇体以成情”“正音咬字，似橄榄型”“自由节奏”，音调上又讲求“声平高仄低、平长仄短、依字行腔”，用韵上还要依据一定的文读系统。同时，吟诵又不能完全只是照章办事，呆板僵硬，还应个性化理解、自然收放、自成曲调。于是，教学中怎样循序渐进、步步为营，但同时又激发兴趣、尊重个性，实在是一个难点。

窦老师的这节吟诵课，面对的是从未接触过吟诵，没有任何吟诵基础的学生。于是，让学生放开手脚、广开言路、舒展自我、大胆尝试，就成了教学成败的关键。课堂上，我们看到，窦老师一步一步、不疾不徐地先带学生正音——读得字正腔圆，再依据诗歌的意象排列、诗句间的句意关系和上下阕之间的结构差异，读出停顿，为吟诵扫清障碍。

接下来窦老师以声律为窍，巧妙搭建台阶，降低难度，让吟诵的规律由浅入深地逐步为学生接受。先是带学生用手、用脚打上节拍，手舞足蹈着读诗。一句“茅檐低小”，在手脚并用的节拍伴奏下，可以读出最平常的每字一拍，还可以根据自己的理解安排停顿读作：前三字每字一拍，“小”字两拍；“茅檐”一拍，下面每字一拍；前两字每字一拍，“低小”一拍……让学生初步感受可以根据自己的理解把握诗歌朗读的节奏。

接下来按照“平长仄短”的规律，略带夸张地读出诗歌，为真正加入腔调的吟诵作好准备。再尝试按照“平高仄低”的声律要求依字行腔，不求真正成什么曲调，只求达成吟诵的基本要求。学生有了刚才的节奏训练，轻而易举地就吟诵出了诗中的一个个词，并连成了一句句话，最后便吟出了整首诗。

当然，若仅仅只是为了教吟诵的方法，让学生学个吟诵的基本调，那么语文教学就又落入了另一种形式的泛工具化的巢窠，唯有将吟诵与理解合二为一，使之相得益彰，学生方能真正感受到：原来吟诵真的能荡涤乖戾之气，养成君子之风。于是，在接下来的“以物象为骨，感受画面”和“以意格为髓，品味词境”的教学环节中，随着学生对于诗歌意象解读的渐深，对于诗歌意境体味的加深，老师不断带领学生将自己的理解化作吟诵，自然流露出来。于是我们就听到学生吟诵“醉里吴音相媚好”时，“吴音”二字拉出一个美妙的高音，仿佛把我们带入了杏花春雨的江南；吟诵“最喜小儿无赖”时，又在“无赖”处作一个短促的收煞，表现出如同词中的小儿一样顽皮淘气。最后一句的“溪头卧剥莲蓬”，又在最后一个词“莲蓬”后拖出一个曼妙曲折的长长的尾音，让所有听者与吟诵者一起陶醉在村居之中，沉醉不知归路。

真不知，是吟诵促进了学生对于诗歌的理解，还是对于诗歌的理解为吟诵插上了翅膀。但窦老师所做的，却真正暗合吟诵本真的规律：在作品细读的基础上的，反复涵泳，即兴自娱，以自成曲调和自我情感的抒发为上。这样的吟诵指导完全与对语言的品评、对主题的观照融为一体，没有一丝斧凿的痕迹，如行云流水、酣畅自如。这不能不说是具有极高文学素养和音乐修养的窦老师，为文本与课堂赋予了独特魅力。

“诗，可以兴，可以观，可以群，可以怨。”窦老师的课亦如是。随窦老师一起嬉笑怒骂、随学生一起欢乐悲愁，每每于不知不觉中，下课时间已悄然而至。事后再抽身回望，又总觉回味绵长、意犹未尽，犹如欣赏一曲交响乐，浑厚而丰富，又如观赏一棵大树，枝叶繁茂，充满勃勃生机。这，似乎有别于现时所提倡的“简简单单学语文”。其实，简单孕育着丰富，丰富包含着简单。也许，真正的《清平乐·村居》的魅力，不在于什么点评，而在于活生生的课堂，一个能容纳下天地人生的课堂。

（清华大学附属小学　胡　兰）

生命的园子

——在朗读中学习《祖父的园子》

主题：朗读，再现世界的一种方式

步骤：第一版块——走进祖父的花园；

第二版块——走进童年的乐园；

第三板块——走进生命的家园。

一、初读《祖父的园子》，感知园子的世界

师：童年赋予我们生命与自由的同时，也让我们体味到了周遭世界带来的温暖，于是一切美好便融入了我们的生命，成了我们生命的起点，同时也是我们最后的栖居地。女作家萧红的《呼兰河传》（课件出示该书封面）就记录了这样的感受。（课件出示萧红的话："童年的记忆，忘却不了，难以忘却。"）

师：今天，就让我们一起走进萧红童年的记忆，走进节选的——

生：《祖父的园子》。（师板书课题）

师：作家用文字再现了她记忆中的那个园子的世界，画家侯国良读了《祖父的园子》，就用画面再现了他理解的园子的世界（课件出示如下图画）。那么在这节语文课上，我们又该用怎样的方式来再现"祖父的园子"呢？

生：（互相低语）理解课文。

生：疏通理解课文，然后有感情地朗读！

师：这节课，我们就用朗读来再现这园子的世界。（板书：朗读，再现世界）

师：朗读的第一步是"文通字顺"，意思就是要做到字音正确、停连准确。作为高年级同学，我相信你们一定事先朗读过了。课文一共20个自然段，请

选择在预习中，自己认为读得还不够充分的，或者特别喜欢的段落，大声地读一读！

（学生自由选择朗读）

师：那咱们现在就来检测一下。先看第 1 自然段，注意标点不同的停连。

（生读第 1 自然段）

我家有一个大花园，这花园里蜜蜂、蝴蝶、蜻蜓、蚂蚱，样样都有。蝴蝶有白蝴蝶、黄蝴蝶。这种蝴蝶小，不太好看。好看的是大红蝴蝶，满身带着金粉。蜻蜓是金的，蚂蚱是绿的。蜜蜂则嗡嗡地飞着，满身绒毛，落到一朵花上，胖乎乎，圆滚滚，就像一个小毛球，停在上面一动不动了。

师：嗯，字音正确。朗读第一句话时，应该特别注意哪个标点符号？

生：顿号之间的停顿。

师：（刷红顿号）是啊，要注意词语间的停顿，读出句子停连的节奏。

（生再次朗读体会顿号停顿的节奏）

师：继续朗读课文后面的这几个自然段的人物对话。（课件出示文段，生朗读。）

祖父发现我铲的那块地还留着一片狗尾草，就问我："这是什么？"

我说："谷子。"

祖父大笑起来，笑够了，把草拔下来，问我："你每天吃的就是这个吗？"

我说："是的。"

我看祖父还在笑，就说："你不信，我到屋里拿来给你看。"

我跑到屋里拿了一个谷穗，远远地抛给祖父，说："这不是一样的吗？"

祖父把我叫过去，慢慢讲给我听，说谷子是有芒针的，狗尾草却没有，只是毛嘟嘟的，很像狗尾巴。

师：这是祖孙俩的对话。朗读时应该注意什么？

生：一个是"我"，一个是祖父。朗读时应该注意人物年龄的不同。（学生分角色朗读）

师：下面这一段是全文最长的一部分（课件出示）。不仅要注意标点的停连，还要注意内容的停连。

（一生读）

花开了，就像睡醒了似的。鸟飞了，就像在天上逛似的。虫子叫了，就像虫子在说话似的。一切都活了，要做什么，就做什么。要怎么样，就怎么样，都是自由的。倭瓜愿意爬上架就爬上架，愿意爬上房就爬上房。黄瓜愿意开一朵花，就开一朵花，愿意结一个瓜，就结一个瓜。若都不愿意，就是一个瓜也不结，一朵花也不开，也没有人问它。玉米愿意长多高就长多高，它若愿意长上天去，也没有人管。蝴蝶随意地飞，一会儿从墙头上飞来一对黄蝴蝶，一会儿又从墙头上飞走一只白蝴蝶。它们是从谁家来的，又飞到谁家去？太阳也不知道。

师："花儿开了，就像睡醒了似的。"你在这里停顿了一下，是因为——

生：因为这句话结束了，这里是句号。

师：还因为——

生：写完花儿了，下一句该写鸟了。

师：谢谢你的朗读，让我们知道了，朗读的语气要根据朗读的内容确定停和连。也就是说，几句话写的都是一种景物，朗读时，也要注意连在一起。再读！

……

生：黄瓜愿意开一朵花，就开一朵花，愿意结一个瓜，就结一个瓜。若都不愿意，就是一个瓜也不结，一朵花也不开，也没有人问它。（师刷红这两句话）

师：写黄瓜有两句话，这名同学是连着读的，那是因为——

生：老师刚才说，写相同的内容，要注意连在一起。

师：哦，真的做到了，根据内容的不同，该停的时候停，该连的时候连。就这样，继续读吧！

生：玉米愿意长多高就长多高，它若愿意长上天去，也没有人管。

生：蝴蝶随意地飞，一会儿从墙头上飞来一对黄蝴蝶，一会儿又从墙头上飞走一只白蝴蝶。它们是从谁家来的，又飞到谁家去？太阳也不知道。（师刷红这两句话）

师：啊，园子里有——

生：花儿、鸟儿、虫子。

生：还有倭瓜、黄瓜、玉米、蝴蝶。

生：还有蜻蜓啊，蚂蚱啊。

生：还有祖父和“我”呢，都在这个园子里。

师：是啊，花园里有花儿、鸟儿、虫儿，还有蔬菜、庄稼、树木、人，等等。瞧，初步朗读，就在我们眼前再现了这园子的世界。（回扣板书）

二、朗读“样样都有”，感受“花园”的世界

师：那么，这园子里的世界是怎样再现在我们眼前的呢？我们又该怎样用朗读，细细再现园子的世界？

（一）感受昆虫的世界，样样都有

（生朗读第1自然段）

我家有一个大花园，这花园里蜜蜂、蝴蝶、蜻蜓、蚂蚱，样样都有。蝴蝶有白蝴蝶、黄蝴蝶。这种蝴蝶小，不太好看。好看的是大红蝴蝶，满身带着金粉。蜻蜓是金的，蚂蚱是绿的。蜜蜂则嗡嗡地飞着，满身绒毛，落到一朵花上，胖乎乎，圆滚滚，就像一个小毛球，停在上面一动不动了。

师：读着读着，发现这一段中的一句话最能概括本段的内容，请大家朗读出来。

生：我家有一个大花园，这花园里蜜蜂、蝴蝶、蜻蜓、蚂蚱，样样都有。

师：开篇萧红就告诉我们，这个大花园里有这些可爱的小昆虫——

生：蜜蜂、蝴蝶、蜻蜓、蚂蚱。

师：（刷红这几个词语）想象，小小的“我”可能掰着手指头一个一个数来着。

生：（掰着手指，一副可爱的样子）我家有一个大花园，这花园里蜜蜂、蝴蝶、蜻蜓、蚂蚱，样样都有。

师：（刷红“样样都有”，并板书）这句话里说的是“样样都有”。也就是说，不止这些种类，一定还有——

生：除了蜜蜂、蝴蝶、蜻蜓、蚂蚱这些小昆虫之外，还会有蟋蟀、蚯蚓。

生：螳螂。

生：可能还会有小蚂蚁。

生：杨揦子（东北特色语言，生长在树上的绿色虫子）。

生：还有甲虫。

师：原来“我”家的大花园里的小昆虫呀，真是要什么种类——

生：就有什么种类。

师：这真是——

生：样——样——都有。

师：这“样样都有”的是小昆虫的种类。那就把你的感受送进去，让我们好好体会这“种类”的“样样都有”吧。

生：（朗读，重点体会“样样都有”）我家有一个大花园，这花园里蜜蜂、蝴蝶、蜻蜓、蚂蚱，样——样——都有。

师：除了种类的“样样都有”，还有什么也“样样都有”？继续朗读这段。（注意：围绕第一句话，学生朗读到哪个方面，就到哪个方面进一步朗读。）

生：（朗读）蝴蝶有白蝴蝶、黄蝴蝶。这种蝴蝶小，不太好看。好看的是大红蝴蝶，满身带着金粉。蜻蜓是金的，蚂蚱是绿的。

师：（把表示颜色的词刷红）想想这白，这黄，这红，这金，这绿，如何在你的声音中感受颜色的不同？

生：（朗读）蝴蝶有白蝴蝶、黄蝴蝶……（“白”读得轻浅一些，“黄”比“白”稍微读得重一点儿。）

生：好看的是大红蝴蝶，满身带着金粉。（对比前面，“金粉”最突出。）

师：是啊。那白，一定是轻轻浅浅的，那红，一定是艳丽浓重的……

生：蜻蜓是金的，蚂蚱是绿的。（突出“金”和“绿”）

生：（连起来再次朗读）蝴蝶有白蝴蝶、黄蝴蝶。这种蝴蝶小，不太好看。好看的是大红蝴蝶，满身带着金粉。蜻蜓是金的，蚂蚱是绿的。

师：这真是红的红，绿的绿，明晃晃的，新鲜漂亮！那真叫要什么颜色——

生：就有什么颜色。

师：这“样样都有”里，除了种类、颜色，还有什么？继续朗读。

生：这园子里还有昆虫的声音以及它们飞行的样子。（朗读）蜜蜂则嗡嗡地飞着，满身绒毛，落到一朵花上，胖乎乎，圆滚滚，就像一个小毛球，停在上面一动不动了。

师：（刷红“胖乎乎，圆滚滚”。老师压低声音，嘴巴向前绷紧，变圆，用口型暗示）瞧，这蜜蜂可是胖乎乎，圆滚滚的。

生：（气胀满口腔，有点夸张，粗声粗气地读）胖乎乎，圆滚滚。

师：再看这胖乎乎、圆滚滚的小蜜蜂，还嗡嗡地飞着（刷红“嗡嗡地”）——

生：（朗读，重在“嗡嗡”）蜜蜂嗡嗡地飞着，满身绒毛，落到一朵花上，胖乎乎，圆滚滚，就像一个小毛球，停在上面一动不动了。

师：这“嗡嗡”可是象声词！那读得就要像——

生：蜜蜂的声音！

师：你们就是一群可爱的“蜜蜂”，一起“嗡嗡”起来吧。

（生朗读，重在“嗡嗡”，模拟蜜蜂飞的声音。）

师：这嗡嗡地“飞”着的蜜蜂，最后却“停在上面一动不动了”，快读出这种变化！（刷红“停在上面一动不动了”）

（生朗读，“飞”读得较快，“一动不动”读得较慢。）

师：好一只可爱的小蜜蜂啊！我们从声音中就能看出蜜蜂的样子来。这段没有具体写蝴蝶飞行的样子，这可给了我们想象的空间，你们可要从朗读中让我们看出来！（课件显示“蝴蝶”两个字飞舞的样子）

生：蝴——蝶——（声音呈波浪状，像蝴蝶飞舞。）

师：蜻蜓呢？（课件显示“平稳”的样子）

生：飞舞的蜻蜓翅膀可要平一点的，这样飞得才更远。

生：蜻蜓——（“蜓”字拖长，表示蜻蜓飞得很平稳。）

师：蚂蚱呢？（课件显示“跳动”的样子）

生：蚂——蚱——（两字音拖得太长）

师：这个有点像秋后的蚂蚱，身子有点沉。（大笑）

生：蚂——蚱！（“蚱”读得略重）

师：这个蚂蚱跳得很快，就是落地有点重了。

生：蚂蚱！（“蚱”读得很短促）

师：原来这些小昆虫飞行的样子都不同，不愧是“样样都有”。其实，不止样子，蜜蜂、蜻蜓和蝴蝶飞行时的声音一样吗？

生：不一样。

师：不止这些小昆虫，还有我们刚才提到的那些小昆虫，真是要什么样子——

生：就有什么样子。

师：要什么声音——

生：就有什么声音。

师：还是开头的那句话——

生：（朗读）我家有一个大花园，这花园里蜜蜂、蝴蝶、蜻蜓、蚂蚱，样样都有。

师：朗读第一段，我们感受到这些小昆虫的颜色啊，样子啊，种类啊，声音啊，样样都有。啊，因朗读，感受到祖父的园子就是昆虫的世界！多么自豪！谁快来夸夸“我”家这座大花园？

（生有感情地朗读第1自然段）

（二）感受园子里的“树”，及其他“样样都有”

师：祖父的园子可是一个大花园！仅是这些小生灵样样都有？还有什么呢？

（生朗读第3自然段）

据说这花园，从前是一个果园。祖母喜欢养羊，羊把果树给啃了，果树渐渐地都死了。到我有记忆的时候，园子里还有一棵樱桃树、一棵李子树，因为樱桃和李子都不大结果子，所以觉得它们并不存在。小的时候，只觉得园子里边就有一棵大榆树。这榆树在园子的西北角上，来了风，榆树先呼叫，来了雨，榆树先冒烟。太阳一出来，榆树的叶子就发光了，它们闪烁得和沙滩上的蚌壳一样。

（生朗读第16自然段）

太阳在园子里是特别大的，天空是特别高的。太阳光芒四射，亮得使人睁不开眼睛，亮得蚯蚓不敢钻出地面来，蝙蝠不敢从黑暗的地方飞出来。凡是在太阳下的，都是健康的、漂亮的。拍一拍手，仿佛大树都会发出声响；叫一两声，好像对面的土墙都会回答。

师：原来祖父的园子里啊，天上飞的，地上跑的，长在地上的，藏在地下的，朗读着，朗读着，祖父的花园就这样再现在我们眼前（回扣板书）。

师：还是那句话，“我”家的大花园——

生：样样都有！

师：难怪萧红说，这里“忘却不了，难以忘却……”；难怪著名作家茅盾先生读了《呼兰河传》称赞道，这是一幅多彩的风景画！你瞧，我们不就是用朗读再现了这花园的世界吗？（板书：花园）

三、朗读五件事，感受童年的乐园

（一）整体感知五件事

师：那园子里的风景就像一幅画深深印刻在萧红的脑海里。这园子里，萧红忘不了的，难以忘却的还有什么？请读读4—16自然段，提取关键信息，朗读给我们听。

（学生整体略读批注后，开始朗读发言。）

祖父整天都在园子里，我也跟着他在里面转。祖父戴一顶大草帽，我戴一顶小草帽；祖父栽花，我就栽花；祖父拔草，我就拔草。祖父种小白菜的时候，我就在后边，用脚把那下了种的土窝一个一个地溜平。其实，不过是东一脚西一脚地瞎闹。有时不但没有盖上菜种，反而把它踢飞了。

师：啊，你的朗读告诉我们有栽花、拔草、种小白菜，还有呢？

（生朗读）

祖父铲地，我也铲地。因为我太小，拿不动锄头杆，祖父就把锄头杆拔下来，让我单拿着那个锄头的“头”来铲。其实哪里是铲，不过是伏在地上，用锄头乱钩一阵。我认不得哪个是苗，哪个是草，往往把谷穗当做野草割掉，把狗尾草当做谷穗留着。

师：你的朗读告诉我们，还有铲地这件事。

师：你们的朗读告诉我们，难以忘却的，忘却不了的是这样几件事情，都写在文字里了，让我们把萧红写的这几句话提取出来，朗读一番——

生：祖父栽花，我就栽花；祖父拔草，我就拔草；祖父种菜，我就种菜；祖父铲地，我也铲地；祖父浇地，我也过来浇。

（二）变换语气朗读五件事

师：做这五件事之前，还有这句话，我们一起对读一番：祖父戴一顶大草帽。（老师用浑厚的声音强调“祖父”）

生：我就戴一顶小草帽。（学生用清脆的声音强调“我”）

师：祖父戴一顶大草帽。（老师重音强调“戴”）

生：我就戴一顶小草帽。（学生重音强调“戴”）

师：祖父戴一顶大草帽。（老师重音强调“大”）

生：我就戴一顶小草帽。（学生压低声音强调“小”）

师：哈哈，太好玩了。下面同学们互相对读这五件事。

师：祖父栽花。（老师强调“祖父”）

生：我就栽花。（学生强调“我”）

师：祖父拔草。（老师重音强调“拔”）

生：我就拔草。（学生重音强调“拔”）

师：祖父种菜。（老师重音强调“菜”）

生：我就种菜。（学生重音强调“菜”）

师：祖父铲地——（老师用升调拖长）

生：我也铲地——（学生也用升调拖长）

师：祖父铲地！（老师用短促的降调）

生：我也铲地！（学生也用短促的降调）

师：祖父浇地！（老师用短促的降调）

生：我也过来浇！（学生也用短促的降调）

师：祖父浇地——（老师用升调拖长）

生：我也过来浇——（学生也用升调拖长）

师：想怎么朗读就怎么朗读！（学生特别积极，纷纷跃跃欲试。）

师：祖父戴一顶大草帽。（强调“草帽”）

生：我戴一顶小草帽。（也强调“草帽”）

师：祖父栽花。（强调“栽花”）

生：我就栽花。（也强调“栽花”）

师：祖父拔——草。（强调“拔草”）

生：我就拔——草。（也强调“拔草”）

师：祖——父——种——菜——（慢条斯理）

生：我——就——种——菜——（一板一眼）

师：祖父铲地。（语气特快）

生：我也铲地。（语气也特快）

师：祖父浇地。（强调“浇地”）

生：我也过来浇——（语气上扬强调“浇”）

师：呵呵，就这样朗读着，朗读着，你感受到了一个怎样的“我”？

生：一个小小的跟屁虫！（笑）

生：很调皮的小家伙！

师：是啊，“我”就是一个调皮的跟屁虫！那好，谁愿意扮演祖父，谁愿意扮演“我”，再来朗读一下？

（三）重点朗读“铲地”这件事

师：哈哈，“我”就这么调皮，就这么可爱，不信让我们走进其中“铲地”这件事，再来细细朗读一番。

（生朗读）

祖父发现我铲的那块地还留着一片狗尾草，就问我：“这是什么？”

我说：“谷子。”

祖父大笑起来，笑够了，把草拔下来，问我：“你每天吃的就是这个吗？”

我说：“是的。”

我看祖父还在笑，就说：“你不信，我到屋里拿来给你看。”

我跑到屋里拿了一个谷穗，远远地抛给祖父，说：“这不是一样的吗？”

祖父把我叫过去，慢慢讲给我听，说谷子是有芒针的，狗尾草却没有，只是毛嘟嘟的，很像狗尾巴。

师：联系上文，你们可要注意呀，祖父可是“大笑起来”，而且是“笑够了”才说的。（刷红描写两次“笑”的词语）谁再次分角色朗读这组对话，体会祖父的语气，其他同学们旁白？

生：（祖父发现我铲的那块地还留着一片狗尾草，就问我）这是什么？

生：（我说）谷子。

生：（祖父大笑起来，笑够了，把草拔下来，问我）你每天吃的就是这个吗？

（该生朗读时把笑声含在了语言中，很精彩。）

生：（我说）是的。

师：在朗读中，我们听出这是一位多么慈祥的祖父。“我”回答的语气是怎样的呢？课文可没有写，而是用白描的手法，这就给了我们想象的空间，任选一处或一组说一说。（课件出示）

祖父发现我铲的那块地还留着一片狗尾草，就问我：“这是什么？”

我（　）说：“谷子。”

祖父大笑起来，笑够了，把草拔下来，问我：“你每天吃的就是这个吗？”

我（　）说：“是的。”

我跑到屋里拿了一个谷穗，远远地抛给祖父，（　）说：“这不是一样的吗？”

生：祖父（认真地）问我：“你每天吃的就是这个吗？”

生：我（一本正经地）说：“是的。”

生：我看祖父还在笑，就（严肃地）说：“你不信，我到屋里拿来给你看。”

生：我远远地抛给祖父，（撒娇地）说：“这不是一样的吗？”

生：我听出来了，这是个认真的“我”。

师：呵呵，那就让我们恢复原文，在朗读中感受，这是一个一本正经回答的“我”！

（学生分角色进行朗读，体会“我”回答祖父的话时的“一本正经”。）

师：刚才不是说这是一个撒娇的“我”吗？还是刚才的“祖父”和“我”，让我们再次分角色朗读，感受一番。

（学生分角色朗读，感受“我”的“撒娇”。）

师：瞧，祖父讲解得多么认真，看来，祖父不变的是永远的慈祥，饱含对

“我”的宠爱。“我”呢，想怎么回答就怎么回答。“我”呢，“并不细看，不过马马虎虎承认下来就是了。一抬头——”

（生朗读）

一抬头，看见一个黄瓜长大了，我跑过去摘下来，吃黄瓜去了。黄瓜还没有吃完，我又看见一只大蜻蜓从旁边飞过，于是丢下黄瓜追蜻蜓了。蜻蜓飞得那么快，哪里会追得上？好在也没有存心一定要追上，跟着蜻蜓跑几步就又去做别的了。采一朵倭瓜花，捉一个绿蚂蚱，把蚂蚱腿用线绑上，绑了一会儿，线头上只拴着一条腿，蚂蚱不见了。

（四）朗读“浇菜”这件事

师：多么顽皮，多么开心，多么快乐！这小小的“我”在祖父面前想怎么说，就怎么说，想怎么做，就怎么做！不信，再细细朗读“浇菜”这件事。（生朗读）

玩腻了，我又跑到祖父那里乱闹一阵。祖父浇菜，我也过来浇，但不是往菜上浇，而是拿着水瓢，拼尽了力气，把水往天空一扬，大喊着：

“下雨啰！下雨啰！”

师：大喊着是怎么喊？用你们的朗读，告诉我们吧。

生：下雨啰——！下雨啰——！（用了很大的力气）

师：这里“下雨啰”重复了两回，有可能……（手势提示，朗读应读出变化。）

生：下雨啰！下雨啰！（语气很快，急切。）

生：下——雨——啰——！下——雨——啰——！（语气很慢，陶醉的样子。）

生：下雨啰——！下雨啰——！（语气前低后高，表示欢快。）

生：下雨——啰！下雨——啰！（语气前高后低，表示强调。）

生：下雨啰——！下雨啰！（语气前慢后快，表示心情变化。）

生：下雨啰！下雨啰——！（语气前快后慢，表示心情变化。）

师：好一个快乐的“我”，在这祖父的园子里，想怎么喊，就怎么喊；想怎么做，就怎么做。来吧，把水扬起来，喊起来吧——

生:（站起来，作扬水状）下雨啰！下雨啰！

师:“我”喊出的究竟是什么?

生：快乐！

生：自由自在。

生：无拘无束。

师：听，这声音，连大树啊、对面的土墙啊都听到了。

（生朗读课文）

凡是在太阳下的，都是健康的、漂亮的。拍一拍手，仿佛大树都会发出声响；叫一两声，好像对面的土墙都会回答。

师：原来，“拍一拍手，仿佛大树都会发出声响；叫一两声，好像对面的土墙都会回答”。可以想象，“我”喊一声“下雨啰！”对面的土墙也跟着回答——

生：下雨啰！

师:“我”若喊“我好自由！”

生：对面的土墙也喊“我好自由！”

师:“我”若喊“我好快乐！”

生：对面的土墙也喊“我好快乐！”

师:“我”喊“我永远是自由的！”

生：对面的土墙也喊“我永远是自由的！”

师:“我”喊“我永远是快乐的！”

生：对面的土墙也喊“我永远是快乐的！”

师：此刻，这究竟是谁的园子?

生：不仅是祖父的园子，更是萧红的园子。

师：那么，为什么萧红要强调是“祖父”的园子?

生：因为是祖父给她这样的花园，是祖父给她的快乐啊。

生：祖父那么宠爱她，她永远都要记得祖父，所以，她要在题目上强调是“祖父的园子”。

生：一句话，没有祖父的园子，就没有她的快乐！

师：童年的被呵护、被宠爱，会让一个人的身心永远温暖幸福。哪怕未来遭受痛苦，因为有了这爱，凄凉人生中也有最亮丽的生命底色。因朗读，我们

眼前再现了园子里无尽的自由与快乐。难怪萧红说，难以忘却，不能忘记；也难怪茅盾先生又说，这是一篇叙事诗！（板书：乐园）

（五）朗读园子里感受到的快乐

师：原来，凡是在太阳下的，都是健康的、漂亮的；原来，这花园是我的乐园。正是“一切景语皆情语”。正因为这自由的世界，带给“我”内心如此欢乐，于是眼前的一切都是自由的，快乐的！花开了——

生：就像睡醒了似的。

师：鸟飞了——

生：就像在天上逛似的。

师：虫子叫了——

生：就像在说话似的。

师：一切都活了，要做什么——

生：就做什么。

师：要怎么样，就怎么样，都是自由的。

师：倭瓜——

生：愿意爬上架就爬上架，愿意爬上房就爬上房。

师：黄瓜——

生：愿意开一朵花，就开一朵花，愿意结一个瓜，就结一个瓜。若都不愿意，就是一个瓜也不结，一朵花也不开，也没有人问它。

师：玉米呢——

生：愿意长多高就长多高，它若愿意长上天去，也没有人管。

师：现在呀，你们就是那满地的倭瓜、黄瓜、玉米！用朗读告诉我们你的自由快乐！你是什么？

生：我是“倭瓜”：“愿意爬上架就爬上架，愿意爬上房就爬上房”。（笑，掌声。）

生：我是“黄瓜”：“愿意开一朵花，就开一朵花，愿意结一个瓜，就结一个瓜。若都不愿意，就是一个瓜也不结，一朵花也不开，也没有人问它”。（朗读得特别“自由随意”，掌声。）

生：我是“玉米”：“愿意长多高就长多高，它若愿意长上天去，也没有

人管”。(掌声)

生：我是“蝴蝶”:“蝴蝶随意地飞，一会儿从墙头上飞来一对黄蝴蝶，一会儿又从墙头上飞走一只白蝴蝶。它们是从谁家来的，又飞到谁家去？太阳也不知道。”(朗读得很有神秘感，掌声。)

师：你们是一地的“倭瓜”——(生朗读，略。)

师：瞧，这一架的“黄瓜”——(生朗读，略。)

师，看，这一片的“玉米”——(生朗读，略。)

师：还有呢，一群的“蝴蝶”——(生朗读，略。)

师：原来，这里的一切的一切，都是自由的，要做什么，就做什么。要怎么样，就怎么样。园子里的你们，自由地朗读，朗读你们的自由吧!

生:(全体学生“自由”地朗读园子里的“自由”)花开了，就像睡醒了似的……太阳也不知道。

四、朗读全文，感受生命的家园

师:(引齐读)天空蓝悠悠的，又高又远。白云来了，一大团一大团的，从祖父头上飘过，好像要压到祖父的草帽上。

师：终于，“我玩累了”——

生:(朗读)就在房子底下找个阴凉的地方睡着了。不用枕头，不用席子，把草帽遮在脸上就睡了。

师:(渐渐慢)嘘，不要打扰她，她正在做着园子里的梦呢。童年成了真中的梦，梦中的真。童年的画卷合上了，文中那个小小的“我”，走出了故乡，走进了广阔的世界。园子里美好的世界，印刻在她生命的记忆里。

师：生活的颠沛与流离，因为有童年的“花园”得以弥补——

生:(轻轻地，陶醉似的朗读)这花园里蜜蜂、蝴蝶、蜻蜓、蚂蚱，样样都有……停在上面一动不动了。

师：得不到家人、爱人的理解与爱，但童年园子里祖父给“我”的无尽的欢乐，成了“我”得以疗伤的寄托——

生：祖父戴一顶大草帽，我戴一顶小草帽。祖父栽花，我就栽花；祖父拔草，我就拔草；祖父种菜，我就种菜；祖父铲地，我也铲地；祖父浇地，我也过来浇。

师：除了这些，还有，呼兰河畔园子里给予她的那份自由，她永远忘却不了，成了她生命的态度——

生：花开了，就像睡醒了似的……太阳也不知道。

师：以上是萧红在跌宕起伏的人生当中，经历了种种不幸，以至于在32岁去世前，面对病痛、生活、情感的多重折磨，写下的话。她在原文中的结尾继续写道——（课件出示）

（生深情朗读）

那园里的蝴蝶、蚂蚱、蜻蜓，也许还是年年仍旧，也许现在完全荒凉了。小黄瓜，大倭瓜，也许还是年年地种着，也许现在根本没有了。

……

只因为他们充满我幼年的记忆，忘却不了，难以忘却，就记在这里了。

师：萧红从园子出发，又回到园子，完成了一生的回归。可见，祖父的园子，最终成了她怎样的园子？

生：一生永远忘不了的园子。

生：成了她潦倒时可以安慰心灵的园子。

生：成了她艰难时可以寻找寄托的园子。

生：成了她伤心时可以感受祖父的爱的园子。

生：成了她生病时可以疗伤、解痛的园子。

师：难怪茅盾说，呼兰河的故事，祖父的园子，是一串凄婉的歌谣。对于一个已然失去一切的人，不论失去的是什么，在某个特定的时刻，语言就变成了可以寄托的一个家园。一句话，这花园，这乐园，成了她永远的精神家园。（板书：家园）

师：其实，每一个人都有属于自己的园子。你有这样的园子吗？

生：我没有。我好羡慕文中的“我”啊。她每天可以任意在园子里玩，尽情地游戏。我呢，还要天天写作业。

生：我也好羡慕她。她可以摘黄瓜，捉蚂蚱，要怎样，就怎样，要做什么就做什么。我们在城市里，没有这样的乐趣。

生：我好羡慕这个园子。但我自己也有我的园子。我和我的家人在一起，虽然不能铲地、种小白菜，但也可以通过别的方式体会童年的快乐。

生：多么令人神往的园子啊。若是我能天天这样无忧无虑该多好！

师：那么，你说，这园子难道仅仅属于萧红吗？

生：也不仅属于她了，感谢她给了我们这样一个充满快乐的园子。

师：是啊，这两节课，我们不用图画，而是用朗读，再现了一个我们看得见的，以及心里感受到的世界，这或许丰富了你的园子，或许因这两节课，也给予了你一个可以寄托快乐自由的精神的园子。

师：如果说跟着萧红回忆百年前的园子，是一段返回家园的旅途，那么读《呼兰河传》就可以当作一个体验的过程来对待。那就快去朗读《呼兰河传》吧，你会发现更多属于自己心灵的园子，到那时你一定会说——忘却不了，难以忘却。朗读的确是——

生：再现世界的一种方式。（师板书：的一种方式）

师：我相信，拥有朗读，习惯朗读，用朗读再现世界，也是一种终身受用的方式。

板书设计

祖父的园子

花园		"样样都有"
乐园	朗读，再现世界的一种方式	"要怎么样，
家园		就怎么样"

课　文

祖父的园子

我家有一个大花园，这花园里蜜蜂、蝴蝶、蜻蜓、蚂蚱，样样都有。蝴蝶有白蝴蝶、黄蝴蝶。这种蝴蝶小，不太好看。好看的是大红蝴蝶，满身带着金粉。蜻蜓是金的，蚂蚱是绿的。蜜蜂则嗡嗡地飞着，满身绒毛，落到一朵花上，胖乎乎，圆滚滚，就像一个小毛球，停在上面一动不动了。

花园里边明晃晃的，红的红，绿的绿，新鲜漂亮。

据说这花园，从前是一个果园。祖母喜欢养羊，羊把果树给啃了，果树渐渐地都死了。到我有记忆的时候，园子里还有一棵樱桃树、一棵李子树，因为樱桃和李子都不大结果子，所以觉得它们并不存在。小的时候，只觉得园子里边就有一棵大榆树。这榆树在园子的西北角上，来了风，榆树先呼叫，来了雨，榆树先冒烟。太阳一出来，榆树的叶子就发光了，它们闪烁得和沙滩上的蚌壳一样。

祖父整天都在园子里，我也跟着他在里面转。祖父戴一顶大草帽，我戴一顶小草帽；祖父栽花，我就栽花；祖父拔草，我就拔草。祖父种小白菜的时候，我就在后边，用脚把那下了种的土窝一个一个地溜平。其实，不过是东一脚西一脚地瞎闹。有时不但没有盖上菜种，反而把它踢飞了。

祖父铲地，我也铲地。因为我太小，拿不动锄头杆，祖父就把锄头杆拔下来，让我单拿着那个锄头的“头”来铲。其实哪里是铲，不过是伏在地上，用锄头乱钩一阵。我认不得哪个是苗，哪个是草，往往把谷穗当做野草割掉，把狗尾草当做谷穗留着。

祖父发现我铲的那块地还留着一片狗尾草，就问我：“这是什么？”

我说：“谷子。”

祖父大笑起来，笑够了，把草拔下来，问我：“你每天吃的就是这个吗？”

我说：“是的。”

我看祖父还在笑，就说：“你不信，我到屋里拿来给你看。”

我跑到屋里拿了一个谷穗，远远地抛给祖父，说：“这不是一样的吗？”

祖父把我叫过去，慢慢讲给我听，说谷子是有芒针的，狗尾草却没有，只是毛嘟嘟的，很像狗尾巴。

我并不细看，不过马马虎虎承认下来就是了。一抬头，看见一个黄瓜长大了，我跑过去摘下来，吃黄瓜去了。黄瓜还没有吃完，我又看见一只大蜻蜓从旁边飞过，于是丢下黄瓜追蜻蜓了。蜻蜓飞得那么快，哪里会追得上？好在也没有存心一定要追上，跟着蜻蜓跑几步就又去做别的了。采一朵倭瓜花，捉一个绿蚂蚱，把蚂蚱腿用线绑上，绑了一会儿，线头上只拴着一条腿，蚂蚱不见了。

玩腻了，我又跑到祖父那里乱闹一阵。祖父浇菜，我也过来浇，但不是往菜上浇，而是拿着水瓢，拼尽了力气，把水往天空一扬，大喊着：

“下雨啰！下雨啰！”

太阳在园子里是特别大的，天空是特别高的。太阳光芒四射，亮得使人睁不开眼睛，亮得蚯蚓不敢钻出地面来，蝙蝠不敢从黑暗的地方飞出来。凡是在太阳下的，都是健康的、漂亮的。拍一拍手，仿佛大树都会发出声响；叫一两声，好像对面的土墙都会回答。

花开了，就像睡醒了似的。鸟飞了，就像在天上逛似的。虫子叫了，就像虫子在说话似的。一切都活了，要做什么，就做什么。要怎么样，就怎么样，都是自由的。倭瓜愿意爬上架就爬上架，愿意爬上房就爬上房。黄瓜愿意开一朵花，就开一朵花，愿意结一个瓜，就结一个瓜。若都不愿意，就是一个瓜也不结，一朵花也不开，也没有人问它。玉米愿意长多高就长多高，它若愿意长上天去，也没有人管。蝴蝶随意地飞，一会儿从墙头上飞来一对黄蝴蝶，一会儿又从墙头上飞走一只白蝴蝶。它们是从谁家来的，又飞到谁家去？太阳也不知道。

天空蓝悠悠的，又高又远。

白云来了，一大团一大团的，从祖父的头上飘过，好像要压到了祖父的草帽上。

我玩累了，就在房子底下找个阴凉的地方睡着了。不用枕头，不用席子，把草帽遮在脸上就睡了。

点　评

做一个永远的朗读者

——我眼中的朗读课

人生因缘。我想，我是那万千生灵中最幸运的一个。冥冥之中，命运之神安排我，在人生的旅途中，得以来到清华附小，师从窦桂梅老师，幸福地驻足两个月，每天和窦老师一起学习，一起讨论，一起沐浴清华大学朝霞的灿烂，晚风的清爽。更让我难忘的是，在这段相遇、相知、相守的美好时光中，和窦老师一起，漫步在“祖父的园子”里。

朗读，依据文本特点确定课型

窦老师经常说一句话:“什么样的文本，就还它什么样的味道。”把《祖父的园子》确定为朗读课，是基于它的原生价值和教学价值。让我们先来看一下这篇文章的原生价值。《祖父的园子》选自萧红的《呼兰河传》，是作家在经历生活、情感、病痛多重折磨时，回忆童年最美好的时光，作为自己永远的精神依托而写下的一篇美文。行文就像萧红本人一样，自由，洒脱，无拘无束。同时，作者寄情于景，寄情于事，把祖父园子里的美好、自由、快乐都流淌在字里行间，充满了作者对自由快乐人生的向往与追求。

《祖父的园子》这篇文章，萧红以描写和记叙为主，笔法灵活，篇幅短小，情文并茂。在园子里“要怎么样，就怎么样”，其中体现了人与自然无尽的快乐和自由。这是全文的主线。

让我们再看看《祖父的园子》的教学价值。作家用文字再现世界，画家用图画再现世界，而在这节语文课上，窦老师却为我们呈现了一种全新的理念——朗读，再现世界的一种方式。之所以选“朗读”作为这篇文章教学的课型，也是基于文本自身的特点。

这篇文章语言优美，而且极富儿童情趣。

首先，文章讲究文采，运用多种手法，或浓墨重彩，或淡笔轻描，用儿童的语言，从儿童的角度着力渲染了一个孩子眼里的花园般的世界：有花儿、有草、有昆虫、有飞鸟……使得园子里的事物就像画一样呈现在学生面前，既表现了事物的“画意”，又表现了文章的“诗情”。

其次，作者行文灵活疏放，浮想联翩，或昆虫或树木，或栽花儿或铲地，或吃黄瓜或捉蚂蚱……行文意识极具儿童的随意和洒脱，符合儿童的动感。描写倭瓜、黄瓜、玉米一段，更是想怎么写就怎么写，全文随意点染，任情穿插，时而写景，时而叙事，情景交融，可谓腾挪翻飞，无不随心应手。

再次，文章很富有节奏变化。句式或长或短，标点节奏鲜明，人物语言富于变化。有时骈散相间，平仄相调；有时长短交错，张弛相映。这些都使作品富有了音乐美，带有童趣的音乐美。

《祖父的园子》在文字上的这些特点，正是把这篇文章确定为朗读课文，并且作为朗读元素的根本原因。

朗读，是学习课文最朴素、最有用的方法。在朗读中，让文字的内容、文学的内容、文化的内容，与儿童的生命链接，正是这篇文章的教学价值所在，也是窦老师教学设计的价值所在。

朗读时，窦老师根据文章的“样样都有”“要怎么样，就怎么样”的内容主题，运用停顿的长短、语气的变化、内容的连接等，显示文章的结构变化以及语脉发展，用不同的重音和个性的语调来突出主题，使语脉清晰，聚而不散，从而体现“朗读，就是再现世界的一种方式”的理念。也就是说，通过朗读，再现祖父的园子是一个“花园”，也是“我”童年的“乐园”，更是“我”精神的“家园”。因朗读，从中感受这看得见的世界和看不见的世界。

朗读，再现文字呈现的世界

在这节课上，窦老师带领学生们，用朗读再现了萧红笔下“花园”的世界，乐园的世界，引领我们感受了生命的家园。

开篇检测朗读时，窦老师就提示学生读出词语间的停顿、句子的节奏，读出内容的停连，一下子将学生带进了朗读的氛围。接着，窦老师又以她独有的语言艺术，引领学生走进了一个神奇的朗读世界。

（1）用朗读再现“花园”的世界。祖父的园子是美丽的，怎样用朗读的方式将这美丽的世界再现出来呢？窦老师以第一段为朗读的训练点，并以“我家有一个大花园，这花园里蜜蜂、蝴蝶、蜻蜓、蚂蚱，样样都有”的总述句为抓手，从种类、颜色、声音、姿态四个角度再现花园的世界。朗读“种类”的“样样都有”时，让学生掰着手指，如数家珍地读。朗读“颜色”的“样样都有”时，让学生用声音体现颜色的不同：“想想这白，这黄，这红，这金，这绿，如何在你的声音中感受颜色的不同？”“那白，一定是轻轻浅浅的，那红，一定是艳丽浓重的……”朗读“声音”的“样样都有”时，先抓住象声词“嗡嗡”，模拟蜜蜂的声音，又让学生想象园子里还会有的各种声音，读出了象声词最草根的本色。然后指导学生用声音的起伏再现蝴蝶翩翩飞行的姿态，让学生将“蜓”字音拖长，表示蜻蜓飞得很平稳……一句话，用声音还动物本来的面貌。朗读“样子”的“样样都有”时，更是充满了童趣，比如表现蜜蜂的姿态：“老师压低声音，嘴巴向前绷紧，变圆，用口型暗示”，并让学生把嘴鼓起来再现蜜蜂的样子。窦老师还把朗读建立在学生已有的生活经验的基础上，让学生用经验辅以声音的表达，区别蜜蜂的动态和静态：抓住“嗡嗡地飞着”的动态和“一动不动了”的静态作对比，让学生体验语速由快到慢，音调由高到低，感受静态和动态的截然不同。

就这样，教师让学生在朗读中，走进了祖父园子里的生活，用朗读再现了祖父的园子这花园般的世界。

（2）用朗读再现乐园的世界。祖父的园子里充满了快乐，这种快乐就像空气一样无处不在。可是，文字表达的是“我”的快乐，而朗读再现的除了“我”的快乐，更是朗读者自己快乐的感受。如何让学生从朗读中真正感受到“我”的快乐，并在朗读中享受到这种快乐呢？窦老师选择了先整体感知快乐，再走进铲地和浇菜的具体情节中，再现快乐，最后从花儿、鸟、瓜、蝶中延伸快乐。

整体感知园中快乐的往事。从学生的朗读中提取出快乐往事的信息后，窦老师先以“祖父戴一顶大草帽，我戴一顶小草帽”为抓手，用三次朗读依次强调“祖父”“戴”“大”，在明显突出重音的朗读中，由学生对接：“祖父”戴一顶大草帽，“我”戴一顶小草帽；祖父“戴”一顶大草帽，我“戴”一顶小草帽；祖父戴一顶“大”草帽，我戴一顶“小”草帽。初步感知重音对接后，窦老师又抓住栽花、拔草、种菜、铲地、浇菜五件事情，通过重音转换、声调高低、语速快慢的变化，让学生在对接中，不仅体验了不同重音的朗读过程，更在朗读中享受到了朗读的快乐，同时，也在朗读中感受到了“我”的无拘无束、自由自在。就这样，学生一下子走进了作者的情感，体验了作者的感受。

整体感知仅仅是快乐的开始，接下来走进铲地和浇菜的情节，才是快乐的发展和高潮。窦老师多次运用情境再现，让学生在朗读中，真实再现园子里的快乐。铲地情节中，教师让学生在笑声中创造性地朗读祖父“大笑起来”“笑够了”才说的语言，尽显了祖父的慈祥。而“我”不同语气、不同表情、不同动作的个性化回答，活生生再现了一个调皮、可爱、撒娇、理不直气还壮的孩子，在祖父宠爱下的自由和快乐。

而浇菜情节中，情境的再现更是将“我”的自由快乐推向了高潮。窦老师抓住“下雨啰！下雨啰！”，语气很快、语气很慢、前低后高、前高后低、前慢后快、前快后慢等，引导学生读出了欢快的“我”、陶醉的“我”、调皮的“我”、撒欢的“我”……各种不同的滋味尽在其中。然后，窦老师又别出心裁，让学生在回声中体验“我”的快乐、自由、无拘无束。在自由的呼喊中，在快乐的回应中，人和自然融为一体，教师和学生融为一体，学生和“我”融为一体，以至于你没有办法分辨这究竟是课堂，还是祖父的园子，这究竟是学生的朗读，还是“我”生活的真实……就这样，朗读着，朗读着，小小的“我”在学生心中活了起来，“我”的快乐在学生心中动了起来，祖父的园子在学生心中美了起来，这些和学生的心灵链接，在情境再现中，将朗读课推向了高潮。

这还不够，窦老师又引领学生，在朗读中将“我”的快乐延伸到了园子里的每一个角落——让花儿、鸟、倭瓜、玉米、黄瓜，全都自由起来，让每一个学生成为倭瓜，成为黄瓜，成为玉米，在“自我”的表述中，随着这些快乐的元素，一起走进“我”的快乐中去。此时，一个乐园的世界就真实地再现在我们眼前。

（3）在朗读中走进生命的家园。花园是看得见的文字的世界，乐园是感知到的文学的世界，生命的家园是超越性的文化的世界。这里，窦老师又一次让学生在朗读中再现花园的世界、乐园的世界，然后话锋一转，走进萧红坎坷的人生历程，朗读也由欢快渐变为凄婉。在忧郁的音乐中，朗读静静地流淌，流进萧红生命的家园，并携带着学生难忘的朗读体验，流进学生心灵的家园，与学生的生命之水链接。如此结束，余音绕耳。

朗读，朝向明亮的地方去

窦老师常说：语言作为来自心灵的声音，作为源自生命的表达，其学习与教育，首先应基于生命与生命的关照，心灵与心灵的吁求。在这节课中，也正体现了这一点。《祖父的园子》一课，犹如一阵春风，给小学语文教学带来了清新的空气。聆听了这节课的老师都有这样的感受：这节朗读课，真正培养了学生朗读的基本功，培养了学生语文的素养，是与儿童当下生命链接的课堂。

追忆往昔，古人有“三分讲，七分读”。今天，窦老师完全不讲，文本中文字、文学、文化的层层内涵，都是让学生通过朗读获得体验和感受。这也引发了我们对朗读的思考。

对教育者而言，朗读，是对中华文化最朴素、最贴切的传承方式，也是教师成为一棵枝繁叶茂的大树的根和本，成为一本厚重不倒的教科书永远的支撑。习惯朗读，拥有朗读，会使教师胸中有丘壑、腹中有古今。

对儿童而言，朗读是最感性、最直接触摸语言文字的方式。习惯朗读，拥有朗读，会增强学生底蕴，提高学生修养，使他们变得儒雅起来。朗读，会让儿童认识生命的崇高和脆弱，世界的丰厚和博大，人性的善良和丑陋，会让学生懂得欣赏花儿睡醒的快乐，露珠滴落的伤心，会让他们敬畏自然，敬畏生命，从而感性地认识生活，理性地思考人生。

就让书声琅琅成为语文最美的声音吧，因为朗读是最美丽的！

就让朗读回归儿童吧，因为儿童需要最真实的声音！

就让我们追随大师的脚步，做一个永远的朗读者吧，因为朗读者是最美丽的！

（河南安阳高新区实验小学　晁丽英）

朗读就是理解，朗读更是发现

——读悟“评书体”《林冲棒打洪教头》

主题：朗读就是理解，朗读更是发现

步骤：朗读就是理解；

朗读更是发现。

第一课时：朗读就是理解

第一版块：朗读题目

（音画视听：“大河向东流，天上的星星参北斗啊……”）

师：（定场语）话说，北宋政和年间，纲纪败坏，贪官污吏把持朝政，百姓处于水深火热之中。天下英雄豪杰，纷纷起义。这便引出了你们所见的——

生：《水浒传》一百零八将。

师：（开脸儿）今天先表一人（对着图说），此人东京汴梁人士，生得豹头环眼，燕颔虎须，八尺长短身材，三十四五的年纪。官至八十万禁军枪棒教头。人送外号——豹子头。此人姓甚名谁？

生：林冲！（师板书：林冲）

师：说到豹子头林冲谁人不知，哪个不晓，所以《水浒传》第六至十一回都写到了他。（课件出示）

生：（朗读）第六回——花和尚倒拔垂杨柳，豹子头误入白虎堂，第七回——林教头刺配沧州道，鲁智深大闹野猪林，第八回——柴进门招天下客，林冲棒打洪教头。（师将题目板书完整）

师：这便引出了今天我们要学习的第八回的一个章节。让我们好好朗读题目！

生：林冲棒打洪教头。（重音在“打”）

师：（点评）如闻其声！

生：林冲棒打洪教头。（重音在“林冲”）

师：（点评）如见其人！

生：林冲棒打洪教头。（重音在“洪教头”）

师：（点评）打的不是别人，就是这“洪教头”！

师：千古美文在手，须得朗朗上口！今天就让我们像读题目一样，逐字逐句地、细细地朗读这篇千古文章。（板书：朗读）

第二版块：朗读外貌

师:（引读）且说林冲遭受高太尉的陷害，被开封府发配沧州。一天午后——

（生朗读）

两个差人押解林冲来到了柴进庄上。

柴进见了林冲，心中大喜，忙叫庄客杀鸡宰羊，厚礼款待。席间庄客来报：“洪教头来了！”柴进说:“正好请洪教头一起来坐坐。”

林冲转身一看，只见来人挺着胸脯，歪戴着头巾。

师：瞧，这副模样——来者不善！咱们好好朗读人物的外貌。（课件出示）

生:（朗读）只见来人挺着胸脯，歪戴着头巾。

师：谁来再朗读，让我们见识见识他的尊荣?

生：只见来人挺着胸脯，歪戴着头巾。（朗读时，没有重音“挺”。）

师：洪教头的胸脯不够挺啊。

生：只见来人挺着胸脯，歪戴着头巾。（朗读时，没有重音“歪”。）

师：洪教头胸脯“挺”了，可戴的头巾不够“歪”！

生：只见来人挺着胸脯，歪戴着头巾。（终于读出了一个“挺”着胸脯，“歪”戴头巾的洪教头。）

师：朗读至此，洪教头给我们怎样的印象?

生：这是一个骄傲的教头。

生：我觉得洪教头特别没有礼貌，给人感觉很无礼。

生：洪教头一出场就想要显示自己的威风吓住林冲，也许就是要这样打扮。

生：洪教头给我傲慢的印象，有点盛气凛然。

师：凛然?

生：盛气凌人，也就是说他很狂妄。

师：好一个人前人后、百步威风的主儿！用你们的话，那就是：狂妄！（板书）就这么读，人物的形象仿佛就在我们眼前。

第三版块：朗读语言

第一次对话

（1）朗读洪教头的语言。

师：古人道，仇人相见分外眼红，可这狂妄的洪教头与林冲萍水相逢、素未谋面，却全然不顾，于是就引出了下面的内容，好好读读。（出示以下文字，生朗读。）

柴进指着林冲对洪教头说："这位是林教头。"林冲起身让座，洪教头也不相让，便去上首坐了。洪教头向柴进问道："大官人今天何故厚待一个犯人？"柴进说："这位林武师非比他人，乃是东京八十万禁军教头。"洪教头冷笑了两声："只因大官人好习枪棒，往往流配的犯人都来依草附木，冒称武师，找你骗吃骗喝，你怎么能如此轻信呢？"柴进说："哦，你可别小瞧了他。"洪教头跳起来说："我偏不信他，他敢和我较量一下，我就承认他是真教头。"林冲连说："不敢，不敢。"洪教头见他退让，以为他真的不会枪棒，便越发要跟他交手。柴进说："我也正想看看二位教头的本事，林武师就不要推辞了。"

师：说小说，道小说，有了人物的外貌描写，自然就有——

生：人物的语言描写。

师：好，让我们逐字逐句地朗读这人物的语言。先细读第一句——

生：（朗读）洪教头向柴进问道："大官人今天何故厚待一个犯人？"

师："何故"就是无缘无故，就是为什么。谁再来读，体会这"何故"？

生：大官人今天何故厚待一个犯人？（重在体现"何故"）

师：是啊，柴进何故如此？洪教头感到疑惑。

师：再看，"厚待"那可是——

生：款待。

师：既然如此，为什么用厚待而不用款待？

生：厚待是很热情地款待。

师：好一个"热情地款待"。谁再读，体会这如此的厚待？

生：大官人今天何故厚待一个犯人？（重在体现"厚待"）

师：对林冲"何故"如此"厚待"，这难免让洪教头再次疑惑。

生：大官人今天何故厚待一个犯人？（再读，体会疑惑。）

师：柴进呀，柴大庄主，你怎么能厚待这个脸上刺着金印的犯人！真是天下之大，无奇不有！再读！

生：大官人今天何故厚待一个犯人？（重在体现“犯人”）

师：洪教头真是疑惑满腹。那就请你扮演洪教头，带着你的层层疑问，再好好问问柴进！

生：大官人今天何故厚待一个犯人？（朗读的侧重点不同，表达的感情也不同。）

师：听洪教头这么一问，柴进赶忙解释说——

生：（朗读）这位林武师非比他人，乃是东京八十万禁军教头。

师：没想到洪教头又冒出了第二句——

生：（朗读）只因大官人好习枪棒，往往流配的犯人都来依草附木，冒称武师，找你骗吃骗喝，你怎么能如此轻信呢？

师：“怎么能如此轻信呢？”这句话，言外之意就是——

生：不能轻信。

师：刚才是疑问，现在可是反问。让我们好好听听洪教头的反问！

生：只因大官人好习枪棒，往往流配的犯人都来依草附木，冒称武师，找你骗吃骗喝，你怎么能如此轻信呢？（读出反问的语气）

师：慢慢数数洪教头的话，他怎么评价林冲？

（师生一起在这句话中提取信息：“流配的犯人”，“依草附木”，“冒称武师”，“骗吃骗喝”。）

师：呵呵，一共四个称呼。表面说给柴进，实际说给谁听？

生：实际上说给林冲听，这叫指桑骂槐！

师：每一个都是冷嘲热讽，想想洪教头该怎么一字一顿地数落挖苦林冲。（生朗读时，体现“数落”的语气。）

师：把掌声给他。一字一顿地把对对方的评价送到对方的耳朵里。就要这样一字不差地数落、挖苦。这里还要注意，洪教头是“冷笑”了两声说的，你就是洪教头，来冷笑两声，再数落反问。（生把文本中的“冷笑”变成了真实的情境再现，然后再用数落反问的语气读。其他学生报以掌声。）

师：听到洪教头如此反问，咄咄逼人，柴进又解释道——

生：（朗读）哦，你可别小瞧了他。

师：没想到这句话没能让洪教头幡然醒悟，冷静下来，反倒是火上浇油——

生：（朗读）洪教头跳起来说："我偏不信他，他敢和我较量一下，我就承认他是真教头。"

师：展开想象，他会怎样"跳起来"？（生表演"跳起来"，朗读上文。）

师：一定是火冒三丈！当然，古人用字有时不一定写实，一个"跳"字还会带给你丰富的想象。

（生跺脚，朗读上文。）

师：呵，吹胡子瞪眼！

（生拍着桌子，朗读上文。）

师：瞧，那可真是拍案而起！

（生捶着胸脯，朗读上文。）

师：哦，那真是青筋暴起！看来，洪教头对林冲，那真是七个不服，八个不忿儿，一百二十个不满意。想怎么读，就怎么读！

师：（引读）洪教头跳起来说——

生：我偏不信他，他敢和我较量一下，我就承认他是真教头。

师：这正是，怒从身边起，恨向胆边生！瞧，洪教头从疑问到反问，到问都不问了，干脆，直接叫板。听，这声音就在我们耳边连珠炮似的响起来了，连起来再读！

（生朗读）

洪教头冷笑了两声："只因大官人好习枪棒，往往流配的犯人都来依草附木，冒称武师，找你骗吃骗喝，你怎么能如此轻信呢？"柴进说："哦，你可别小瞧了他。"洪教头跳起来说："我偏不信他，他敢和我较量一下，我就承认他是真教头。"

师：朗读着落至此，你又读出了一个怎样的洪教头？（渗透"朗读就是理解"的观点）

生：我觉得洪教头太无礼了，太过分了！

生：洪教头真是过于狂妄啊，骄傲蛮横！

生：这家伙简直太不像话了，飞扬跋扈！

师：这正是“一样的人，便还他一样的说话，更还他一样的评价”。（板书：无礼、骄横）再读！（生读）

（2）朗读林冲的语言。

师：面对如此狂妄、无礼、骄横的洪教头，林冲呢？（教师语气放缓）

生：只说了两个字——“不敢”。

师：这“不敢”一个嫌不够，又重复了一遍——

生:（朗读）不敢，不敢。

师：别忘了，这两个“不敢”林冲是“连说”的——

生:（朗读）林冲连说:“不敢，不敢。”

师：虽说自己曾是八十万禁军教头，可人外有人，洪教头毕竟也是教头，怎能造次？于是林冲连说——

生：不敢，不敢。（读出了谦虚的语气）

师：我们听到态度如此“谦虚”。（板书：谦虚）想到人家是柴进的老师呀，不看僧面看佛面，这个礼节我懂啊，于是林冲连说——（生朗读，读出了很有礼貌的语气。）

师：我听出是一份“知礼”。（板书：知礼）想到自己是个犯人，已经连遭不幸，多一事不如少一事，还是忍着吧，于是林冲连说——（生朗读，读出一种忍受的语气。）

师：多么忍让的林冲呀！（板书：忍让）（生在多重朗读中，感受人物性格。）

第二次对话

师：按理说，既然人家林冲不接招，这个故事就该结束了，可小说要讲究一波三折啊，这时，谁又出场了？

生：柴进出场了，之间这好客的柴进又将了一军——“我也正想看看二位教头的本事，林武师就不要推辞了。”

师：恭敬不如从命，于是又引出了第二次对话——

（生朗读）

众人来到堂前空地上。洪教头先脱了衣裳，拿起一条棒掂量一番，独自耍了一阵，然后喝道："来！来！来！"林冲只好也从地上拿起一条棒来说："请教了。"

洪教头恨不得一口吞了林冲，便把棒在地上猛敲一下，冲向林冲。两个教头就在月光下一来一往，交起手来。

师：（摆砌末）"月亮已经上来了，照得厅堂外面如白昼。"瞧——

生：（朗读）洪教头先脱了衣裳，拿起一条棒掂量一番，独自耍了一阵，然后喝道："来！来！来！"

师："洪教头先脱了衣裳"，那叫——

生：摩拳擦掌、赤膊上阵，一副急不可耐的样子。（朗读，一副急不可耐的样子）来！来！来！

师：接着，洪教头"拿起一条棒掂量一番"，这是在干什么？

生：看我怎么教训你，带着胜券在握的喜悦，炫耀地说。

师：那就请你带着炫耀的语气再来读——

生：（带着一副胜券在握的语气）来！来！来！

师：这还没完，再看，洪教头又"独自耍了一阵"，这又是何意？

生：带有一副挑衅的样子。

师：那又该怎么说？

生：（带着一副挑衅的语气朗读）来！来！来！

师：别忘了洪教头那可是当一切准备停当，运满丹田之气，最后才喝道。不是喊也不是叫，而是喝！

生：（带着"喝"声）来！来！来！

师：从声音的高低上，可以听出来，你是由高到低朗读。

生：来！来！来！

师：你是由低到高地喝。

师：谁也没有亲耳听过洪教头是怎么喝的，在语言的停顿上，还可以是两字在前地喝——

生：来来！——来！

生：既然如此，在语言的停顿上，还会有两字在后地喝道："来！——来来！"

生：当然还可能在语气的节奏上，语气很快："来！来！来！"

师：既然如此，在语气的节奏上，还可能缓下来喝道——

生：来！——来！——来！——

师：（串口）这人要露脸，城墙都挡不住。这要是李逵，肯定也跟着喝道“来来来”，我怕你这鸟人怎地！（生大笑）可林冲的反应呢？

生：（朗读）林冲只好也从地上拿起一条棒来说：“请教了。”

师：洪教头的话可是一连串的叹号，而林冲只有一个句号——

生：（语气平和谦虚）请教了。（回扣板书）

师：别忘了，林冲是“只好”说这句话的——

生：请教了。

师：我听出了被逼无奈、迫不得已啊。

生：请教了。

师：我又听出了那份无可奈何的忍让啊。（回扣板书）尽管如此，林冲还不忘一个请字——

生：请教了。（朗读中体现礼貌的语气）

师：多么谦虚、知礼、忍让的林冲！

第四版块：朗读动作

师：话都讲到这份上了，一场打斗在所难免！让我们朗读他们打斗的动作——

（生自由读）

洪教头恼恨林冲，又想赢得这锭银子，便用了浑身的功夫，使出个“把火烧天”的招式。林冲把棒一横，还了个“拨草寻蛇”的招式。洪教头跳起来大喊：“来！来！来！”举起棒劈头打来，林冲往后一退。洪教头一棒落空，他一个踉跄，还没有站稳脚跟，就又提起了棒。林冲看他虽然气势汹汹，但脚步已乱，便抡起棒一扫，那棒直扫到他的小腿骨上。洪教头措手不及，“扑”的一声倒在地上，棒也甩出老远。众人见此情景，哈哈大笑起来。

师：听你们一读，那可真是“人如猛虎，棒赛欢龙”。我们先看第一回合——

生：（朗读）洪教头恼恨林冲，又想赢得这锭银子，便用了浑身的功夫，使出个“把火烧天”的招式。林冲把棒一横，还了个“拨草寻蛇”的招式。

师：“把火烧天”是个怎样的招式？

生：很用力地拿棒一捅。

师：棒是从头上来还是直接一桶？

生：（一边说一边表演）那可是举着棒在头上，像燃烧着的火把，滚滚而来，扑向林冲。

师：好！把你的理解送到这个动作中去，再读这个招式！

生：（朗读，体现“把火烧天”的气势）洪教头恼恨林冲，又想赢得这锭银子，便用了浑身的功夫，使出个“把火烧天”的招式。

师：“拨草寻蛇”又是个怎样的招式？

生：拿着棒对着洪教头的腰扫过去。

生：（一边说一边表演）不是打草惊蛇，而是投石问路，引蛇出洞。

师：把你的理解送到这个动作中，解读这个招式！

生：（朗读）林冲把棒一横，还了个“拨草寻蛇”的招式。

师：把这两个招式送进第一回合，加上动作表演读！

（生动作表演，朗读第一回合的打斗场面。）

师：洪教头第一棒刚猛霸道，林冲招架之式只是“一横”（加红），只是接招没有出击，也是知礼啊。（又一次回扣板书）

师：胜负未分，怎能罢手？第二回合继续！

生：洪教头跳起来大喊：“来！来！来！”举起棒劈头打来，林冲往后一退。

师：注意，洪教头这回可是“劈头打来”（加红），势如猛虎下山，力若泰山压顶，谁来读？（生朗读得仿佛泰山压顶）

师：这招式之中，洪教头还是那样——

生：骄横。

师：还是那样——

生：狂妄、无礼！

师：再看林冲第一回合是“一横”，现在是“一退”（加红），这一重，一轻，对比着再来读！（生朗读出对比的语气）

师：这一退也是一种忍让啊。（又一次回扣板书）行家一伸手，便知有没有。该出手时就出手！快看第三回合——

生:（朗读）洪教头一棒落空，他一个踉跄，还没有站稳脚跟，就又提起了棒。林冲看他虽然气势汹汹，但脚步已乱，便抡起棒一扫，那棒直扫到他的小腿骨上。

师：一场惊心动魄的打斗，一个“一扫”（加红）的动作就结束战斗了。这也是一种谦虚。结果呢？

生:（朗读）洪教头措手不及，“扑”的一声倒在地上，棒也甩出老远。众人见此情景，哈哈大笑起来。

师：瞧，这就是棒打洪教头的精彩瞬间（出示图，配上一段京剧过门的锣鼓伴奏，烘托气氛）。这真是说时迟，那时快，这一场打斗不过三个回合！让我们再次朗读，仿佛亲临这精彩的镜头！（生朗读）

第五版块：朗读总结

师:（对着板书总结）书读百遍，其义自见，这堂课，我们通过朗读人物的外貌、语言、动作，对他们的理解就跳到了我们的面前。于是，我们这堂课就有了一个共识，通过朗读获得了理解，也可以说——

生：朗读就是理解。（将板书补充完整）

师：这正是——（出示“赋赞”，生齐读。）

昔日东京豹子头，一朝落难走沧州。
佐借梁王三巡酒，开枷应战洪教头。
一横一退复一扫，棒打狂徒见惭羞。
今日英雄千般忍，他年名震泰山东。

师:（扣子）朗读至此，欲知后文如何，且听下堂课继续分解！

第二课时：朗读更是发现

师:（拍醒木）上回书说到，我们通过对题目的朗读，人物外貌、语言、动作的朗读，理解了人物这些不同的表现。这真是——

师生:（结合板书共同表达）洪教头乃狂妄、骄横、无礼之态；林冲乃谦虚、知礼、忍让之姿。

师：“文章不厌百回读”。尤其面对《水浒传》这等经典巨作，还应该深入朗读。那么这节课我们放慢脚步，再次细细品味朗读，看看我们还会有怎样的发现。

第一版块：朗读题目

师：好，还从朗读题目开始，齐读！

生：（朗读）林冲棒打洪教头。

师：上节课我们知道在这场枪棒较量中，林冲最终一招制胜——“一扫”，那题目应该是……

生：林冲棒扫洪教头。

师：那为什么是“林冲棒打洪教头”而不是“棒扫”？再读读，比较一番，有什么不同？

生：从内容上，“打”包含了“扫”。

生：“扫”比较单一。“打”是一个复杂的经过，“扫”只是结果。

生：这个“打”字不仅包含了“扫”字，文中那“交手、较量、一横、一退”不都是“打”吗？

师：你看，“打”字内涵多丰富，有分量！好题，再次朗读体会这用字！

生：（朗读）林冲棒打洪教头！

生：我觉得读起来“打”字更响亮。

师：你是从声音上发现，有很大的独特性！那就放开声音朗读，“扫”和“打”，具体比较比较，哪个更响亮、更有分量？（同桌间对读比试）

师：知其然还可以知其所以然，想过这两个字的发音没有？拼出来！归到哪个音？

生：“打”归音“a”，是爆破音，“扫”归音“o”，是平舌音，声音不响亮。

师：是啊，好比“凄凄惨惨戚戚”发音都是扁平，感觉压抑，可这个“打”的韵母就是a，张大嘴巴，a，a，a。当然“打”的声音要比“扫”有分量。从声音上感受这“打”，打出的是胆量，好题！再次朗读体会！

生：（朗读）林冲棒打洪教头！

生：这个“打”，显得特别利索，一下子打掉了洪教头的狂妄。

生：打掉了洪教头的骄横。

生：打掉了洪教头的无礼。

师：好！从动作上，这“打”，打出的是力量，棒打狂徒！带着这些感受，再读。

生:（朗读）林冲棒打洪教头！

生：我还觉得这个“打”好，因为也打出了林冲的谦虚。

生：还打出了林冲的知礼。

生：还打出了林冲的忍让。

生：实际上，这“打”体现了林冲给洪教头的教训！

师：是的，从气势上，这“打”，体现的是一种文字的重量。好一个谦谦君子！带着这些感受，再读！（生再次朗读题目）

师：朗读着落至此，我们发现原来题目的“打”字暗藏这么多玄机，这“打”字用得实在太妙了，自古文章讲究题目，“打”字一字千钧。为什么打，怎么打，打的结果，构成了这篇文章的整体。仅从题目中就可体会经典文章的用字，真是“力透纸背”！再次朗读回味！

生:（品味朗读，语速慢些）林冲棒打洪教头！

第二版块：朗读动作

师：朗读着朗读着，问题出来了。既然题目“打”字用得精彩。可是作者写洪教头的“打”那可是泼墨如雨，满段满篇，而写主角林冲却惜字如金，点到为止。按理，浓墨重彩描写的应该是林冲啊！静思默想地读，想想这是为什么。

（生再次朗读林冲和洪教头比武的三个回合的内容）

生：洪教头费那么大的劲儿，就越显出林冲的轻松，功夫高。一横、一退、一扫就把那使出浑身解数的洪教头打趴下了。这就越能反衬出林冲的功夫，不愧是八十万禁军教头。

生：正所谓“真人不露相，露相不真人”。林冲可是八十万禁军教头啊，对待这个洪教头用动自己的真功夫吗?

生：其实这里就是要用洪教头来反衬林冲，洪教头越是气势汹汹，张狂无比，越是表现出林冲的镇定自若，深藏不露。原来，为了表现一个如此这般的林冲，就用一个如此这般的洪教头与之对比。越是这样对洪教头着墨铺粉，越能反衬出林冲。

师：林冲的功夫没有一点花拳绣腿，那可是技术型、实力派的打法，真是四两拨千斤。我刚才听到你们说一个词叫反衬，如果请你们给这种写作手法取个名字，想叫它什么？

生：是不是就是平时我们说的反衬手法？

师：你们说的是现代文学理论中的说法。和我国古代说的“背面铺粉法”有异曲同工之妙。（课件出示“背面铺粉法”）谈谈你的理解。

背面铺粉法

生：请看这个图，左边的那个女的……

（生没有说完，老师纠正。）

师：不好听，请文学化一点，优雅地形容。

生：看这个美丽的女子（老师点头），脸色粉白粉白的，很好看，可能就是在画面的背后使劲地扑粉，然后显得更漂亮吧。（大笑）这是不是“背面扑粉法”？

师：是啊，在我国古代的绘画里（出示图画），为了突出人物面部的线条、表情和色彩，就在画的背面铺上一层白粉，来进行衬托。古人在评点《水浒传》的时候，就把这种绘画中的技法引用过来，也叫“背面铺粉法”。为了体现对古人的尊重，我们就叫“背面铺粉法”，请批注在旁边，朗声读出这一写法的名称。

（教师板书，学生批注并朗读。）

师：因为朗读，我们发现了人物对比描写的文法。为了表现主人公林冲，采用“背面铺粉法”，文章中可不止一处。读一读，看看还有吗。

生：有，人物的语言描写也是用了“背面铺粉法”。洪教头的语言总是那么咄咄逼人，口出狂言，人家林冲加起来也不过五个字——“不敢”“请教了”。

洪教头的霸气十足、无礼骄横，林冲的谦和、隐忍就在这“背面铺粉”中更加鲜明起来。(生朗读了两处人物语言，内容略。)

师：这篇课文中还有很多文法，课后同学们可以再次细细朗读，一定还会有所发现。原来，朗读《水浒传》不仅仅是朗读故事，还要在朗读中品味文法。这样，我们才能真正成为“文章的知己”。再次朗读动作描写这部分，体会文法的妙用！（男同学朗读描写洪教头动作的语言，女同学朗读描写林冲动作的语言。）

第三版块：朗读外貌

师：最终，故事的结尾是——

生：(朗读)洪教头满面羞惭，灰溜溜地走开了。

师：刚才洪教头不是挺着胸脯，歪戴着头巾吗？而现在满面羞惭、灰溜溜地走开，真是天壤之别！那咱可得再次朗读洪教头的外貌，看看这“满面羞惭”的背后，藏着怎样的羞，怎样的愧呢。

生：(朗读首尾两处洪教头的表现)只见来人挺着胸脯，歪戴着头巾。洪教头满面羞惭，灰溜溜地走开了。

师：朗读至此，你对这位洪教头究竟怎么看？

生：从“满面羞惭”可以看出，洪教头知道自不量力了，所以没有了刚才的威风。

生：刚开始在众人面前要威风，好像自己了不起，后来一输，掉进了万丈深渊。

生：我从“灰溜溜”中看出，他知道自己是自作自受，很没有面子地走了。

生：不管怎样，他没有耍赖，知道自己本事不行，就赶紧走了，说明他也有自知之明，他也许觉得自己刚才对林冲有些过分，可能后悔了。

师：古人说，“知耻近乎勇”。朗读至此，我们发现，无论洪教头是从维护自己的面子还是出于对柴进负责的态度说那些话，都是人之常情啊。感谢同学们站在人性的角度对洪教头又有了新的发现，有了一丝宽容。

第四版块：朗读语言

师：既然同学们在朗读中对洪教头又有了新的认识，那么，回头再来朗读人物的语言——

生：（朗读）大官人今天何故厚待一个犯人？

师：（追问）此刻林冲就是个犯人，按理，你说洪教头说的是不是事实？

生：是啊，林冲就是一个犯人啊，这一点也不假。洪教头说的是事实。

师：作为一个寻常人也难免疑惑啊，何况是柴进的老师！再读体会洪教头的提醒！

（生朗读，这次带着提醒的语气。）

师：再看这一句啊——（出示课件）

生：（朗读）只因大官人好习枪棒，往往流配的犯人都来依草附木，冒称武师，找你骗吃骗喝，你怎么能如此轻信呢？

师：（追问）作为柴进的老师，对柴进这样叮嘱，应不应该？

生：也是，应该的啊。你想，到这里投奔的人，谁敢保证都是林冲这样的呢？真的有混吃的呢，记得那个南郭先生吧，就是这个意思。

师：听你们这么一说，不是刚才对林冲的数落挖苦，而是对柴进语重心长的叮嘱啊！再读！

（生再读，读出了语重心长叮嘱的语气。）

师：还有一句——（出示课件）

生：（朗读）我偏不信他，他敢和我较量一下，我就承认他是真教头。

师：（追问）比输了以后，洪教头抵赖没有？

生：没有，不是满面羞惭、灰溜溜地走了吗？

生：这就是愿赌服输、敢作敢当！这么看，他也算是条汉子！

师：（回扣题目）好啊，知错就改，也算是一个教头。那就再读！

（生朗读，读出的不再是那个狂妄的洪教头。）

师：朗读着落至此，我们对洪教头真正有了更客观的认识。正是，“歹人也有可爱之处”。

师：既然朗读洪教头的语言我们有了不同的感受，那林冲的语言呢？一说起林冲，你们一下子会想到他最典型的语言，是哪句？

生：是“不敢，不敢”。

师：难怪有人说语言再现性格。我们重点选择林冲第一次说的话。朗读语言，要善于发现语言背后的意味。有谁知道这“不敢”后面还藏着怎样的故事？

生：我知道《水浒传》中有一个情节，就是高太尉的干儿子看上了林冲的妻子，要霸占她，没有得逞。于是奸人设计骗林冲买了一把宝刀，说他进入白虎堂要杀人，就把他给抓起来了。

师：好，这正是第六回“花和尚倒拔垂杨柳，豹子头误入白虎堂”中的情节，听说高衙内调戏自己的妻子时——（出示课件）

生：（朗读）林冲赶到跟前，把那后生肩胛只一扳过来，喝道：“调戏良人妻子，当得何罪！”恰待下拳打时……却认得是本管高衙内。

师：古人说杀父之仇，夺妻之恨，那可是不共戴天，可结果呢——（出示课件）

生：（朗读）先自手软了。

师：若是你呢？

生：要是我的话，哼，这高衙内想霸占我的妻子，我咔嚓一下（用手做刀，在脖子上抹了一下），毫不留情！（掌声热烈）

生：林冲的确窝囊，刚才我们说大丈夫可杀而不可辱，必须反击，这才像个男人。

师：这表现中藏着什么？

生：不敢。

师：是啊，又是一个“不敢”。

生：在第七回“林教头刺配沧州道，鲁智深大闹野猪林”中，林冲一而再、再而三遭受董超、薛霸的伤害。当鲁智深解救了他，要杀这两个人时，他也没有同意。

师：大丈夫可杀而不可辱啊，可林冲呢？请朗读原文——（出示课件）

生：（朗读）林冲却道：“非干他两个事，尽是高太尉使陆虞侯分付他两个公人，要害我性命，他两个怎不依他？你若打杀他两个，也是冤屈。”

师：林冲的话语中又藏着什么呢？

生：还是“不敢”！

师：有人作了一个粗略的统计，写到林冲的与不敢相关的内容加起来有14次之多，其中“岂敢”1次、“怎敢”1次、“敢到怎地”1次、“哪里敢”2次、“如何敢”3次、“不敢”6次。将14处“不敢”的不同表达，替换到这里，你猜猜，林冲又会怎样地连说呢？

生：林冲连说：“岂敢，岂敢……”

生：林冲连说："怎敢，怎敢……"

生：林冲连说："敢到怎地，敢到怎地……"

生：林冲连说："如何敢，如何敢……"

生：林冲连说："哪里敢，哪里敢……"

师：说来说去，还是两个字——"不敢"。这"不敢"中含有多少忍耐、忍受啊（回扣板书）。所有的情感都凝结在这句话上——

生：（再次朗读）林冲连说："不敢，不敢。"

师：尽管这样朗读，我们又怎能完全朗读出当时林冲的真正心声呢？书不尽言、不尽意啊。朗读着落至此，你又读到了一个怎样的林冲？

生：林冲太善良了，能原谅迫害他的人。

生：其实林冲太能忍了，应该是忍气吞声，甚至忍辱负重。

生：我读到了一个胆小的林冲。他怕大官，也怕坏人。

师：你们知道吗，后人对林冲的性格有这样的评价——（出示课件，生读。）

（1）林冲性格里有一个很重要的东西，就是"窝囊"。

（2）他是一个为了让自己生活得更好而谨慎的人。

（3）林冲是一位具有懦弱性格的正气英雄。

师：朗读着落至此，面对这种和黑板上截然不同的评价，请大家陈述自己的观点。

生：林冲是有些懦弱，但是他必须忍辱负重，英雄的样子是不一样的，尽管如此，林冲在我心中还是个英雄。而且，对待洪教头，没有给他打瘸、打伤，说明林冲还是善良的，点到为止。

生：刚才不是多一事不如少一事吗？况且自己还是个犯人。为了保全自己，这"不敢"也是一种生存手段啊。我很理解他，不过他的确有些窝囊。

生：当时的社会太黑暗，官大一级压死人。林冲知道这个现实，他也没有办法。我想他一次次握紧了拳头，一次次又放下，这是怎样的忍耐啊。我很同情他。

生：做人要厚道，要谦虚，但要看对什么人，林冲对任何人都是忍，就过了。我觉得该反抗就得反抗，就是刚才说的，该出手时就出手！

师：同学们都能站在今天人性的角度，客观地来评价，不再是单一的认识，真好——正是"好汉也不免其人性弱点"。那么，是什么让林冲如此惧怕、怯懦，甚至放弃自尊，最终有了《水浒传》最后描写的那个悲惨的命运？评价林冲，应该置身于整个故事情节中，全面朗读《水浒传》，用时代的眼光去辨析。相信，这节课只是个起点，岁月会让你们不断沉淀出属于自己的见解。

第五版块：朗读总结

师：瞧，在对内容有了理解之后，这节课你又有了这么多的发现与思考。如果说朗读就是理解，我们还可以说——

生：朗读更是发现。（师完成板书）

师：（音乐与歌声再次响起——“大河向东流，天上的星星参北斗啊……”）文章千古事，得失寸心知！今天，我们仅仅走进“林冲棒打洪教头”这一个小小的章回。《水浒传》中大大小小的人物有705个，课后好好朗读吧。有人说——（出示“赋赞”，生朗读。）

别一部书，读过一遍即休，
独有《水浒传》，百读不厌。
朗读百年《水浒》，
理解百位英雄，
发现百味人生！

师：因为——

生：朗读就是理解，朗读就是发现！

师：朗读着落至此，下课！

板书设计

林　冲　棒　打　洪　教　头

朗读就是理解	朗读更是发现	谦虚	狂妄
		知礼	无礼
		忍让	骄横
		……	……

课　文

林冲棒打洪教头

林冲遭受高太尉的陷害，被开封府发配沧州。一天午后，两个差人押解林冲来到了柴进庄上。

柴进见了林冲，心中大喜，忙叫庄客杀鸡宰羊，厚礼款待。席间庄客来报："洪教头来了！"柴进说："正好请洪教头一起来坐坐。"

林冲转身一看，只见来人挺着胸脯，歪戴着头巾。林冲寻思，庄客称他教头，想必是柴大官人的师父了，连忙站起来躬身施礼。洪教头全不理睬。柴进指着林冲对洪教头说："这位是林教头。"林冲起身让座，洪教头也不相让，便去上首坐了。洪教头向柴进问道："大官人今天何故厚待一个犯人？"柴进说："这位林武师非比他人，乃是东京八十万禁军教头。"洪教头冷笑了两声："只因大官人好习枪棒，往往流配的犯人都来依草附木，冒称武师，找你骗吃骗喝，你怎么能如此轻信呢？"柴进说："哦，你可别小瞧了他。"洪教头跳起来说："我偏不信他，他敢和我较量一下，我就承认他是真教头。"林冲连说："不敢，不敢。"洪教头见他退让，以为他真的不会枪棒，便越发要跟他交手。柴进说："我也正想看看二位教头的本事，林武师就不要推辞了。"

月亮已经上来了，照得厅堂外面如白昼。众人来到堂前空地上。洪教头先脱了衣裳，拿起一条棒掂量一番，独自耍了一阵，然后喝道："来！来！来！"林冲只好也从地上拿起一条棒来说："请教了。"

洪教头恨不得一口吞了林冲，便把棒在地上猛敲一下，冲向林冲。两个教头就在月光下一来一往，交起手来。

战了四五个回合，林冲纵身跳出圈外，叫了一声："我输了！"柴进问："还没见二位较量呢，怎么便输了？"林冲说："小人戴着木枷，就算是输了吧。"柴进连忙请两个差人开了枷，笑着说："请两位教头使出本事，再试一棒。"洪教头提起棒来就要打。柴进说："慢！二位教头比试，不同一般，这锭银子权且作为彩头，谁赢得就将这银子拿去。"说着将一锭二十五两重的大银丢在地上。

洪教头恼恨林冲，又想赢得这锭银子，便用了浑身的功夫，使出个"把火烧天"的招式。林冲把棒一横，还了个"拨草寻蛇"的招式。洪教头跳起来大喊:“来！来！来！”举起棒劈头打来，林冲往后一退。洪教头一棒落空，他一个踉跄，还没有站稳脚跟，就又提起了棒。林冲看他虽然气势汹汹，但脚步已乱，便抡起棒一扫，那棒直扫到他的小腿骨上。洪教头措手不及，“扑”的一声倒在地上，棒也甩出老远。众人见此情景，哈哈大笑起来。

洪教头满面羞惭，灰溜溜地走开了。

点 评

以语文的方式教阅读

——评窦桂梅老师的《林冲棒打洪教头》一课的教学

在语文教学的园地里，窦桂梅老师从未停止过探索和创新的步伐。

最近，窦桂梅老师又为我们展示了《林冲棒打洪教头》一课的教学。这是一堂令人眼前一亮而又觉得意味无穷的新课例。窦老师自称这是一堂文本细读式的朗读课，两节课自始至终以读为主线，在平实、简约的气韵中，一如既往地展现了她大气、充满激情、厚积而薄发的教学风格。分析和研究窦桂梅老师的这个课例，我们可以探究阅读教学中很多有价值的问题。

一、文本的价值判断与教学目标的确定

语文学科与其他学科相比，最显著的特点是教学内容的不确定性。面对一篇课文，教师首先要解决的问题是“教什么”，然后才去考虑“怎么教”的问题。同样一篇《林冲棒打洪教头》，可以用来做小学生的教材，也可以用来做中学生的教材，还可以做大学生的教材。这是由文本自身内涵的丰富性来决定的。教师在备课时，应尽可能充分而又深刻地解读文本丰富的内涵，尽可能多地搜集和占有与文本相关的重要资料，判断其教学价值，然后再根据学生的年龄特点和单元训练的要求，取舍教学内容，确定本课的教学目标。

《水浒传》是我国古典四大名著之一，其语言及人物形象塑造非常成功，在语言设计上，堪称我国文学宝库之经典。《林冲棒打洪教头》是由古典名著《水浒传》中的一个章节改写而成的。在语言运用及人物形象塑造上是《水浒传》的典型代表。平常的时候，它只是一篇愉悦性的小说，我们读后，只是会心一笑。但是，一旦把它放进教材里，它便有了学科价值。

我们先从语文教学的视角简单地对《林冲棒打洪教头》进行一些价值判断。《林冲棒打洪教头》可以用来识字、学词，学习标点符号的使用；可以理解句式，学习不同的表达方式；可以学习人物语言，体会人物的个性；可以学习人物性格的塑造；还可以联系前后章节进行比较研究，探究人物性格的发展史；等等。但是，小学五年级的学生学习这篇课文应该学习什么？

窦老师是敏锐的。她选择将“理解语言，从而理解人物个性”作为她教学这篇课文时引领学生学习的重点。这是这篇课文的精华所在，也是五年级学生阅读能力建构的重点。教学目标单一、集中，整个教学过程都紧紧围绕这一教学目标循序展开，层层推进，螺旋上升。

二、教学方法的选择与教学内容、教学目标的适切性

文本是丰富多彩的，教学目标也是各不相同的，因此，阅读教学的方法也应该是多种多样、不拘一格的。

窦桂梅老师说：什么样的文，还它什么样的味道。教学方法的选择要与教学内容、教学目标相适切。《水浒传》作为我国古典经典名著之一，是由评书衍化而来，在语言上继承评书“说话”上的特色，语言接近口语，用字精准，音韵响亮，开口度大，震撼力强；重视人物外貌、语言、动作的精准刻画，重在视觉和听觉等瞬间形象的冲击，而心理描写和环境描写的艺术较缺乏 。针对课文的特点和确定的教学目标，窦老师把朗读作为这篇课文最主要的教学方法。

朗读，就是理解。朗读课题，理解语言之洗炼；朗读外貌，透过外貌理解人物的内心；朗读人物语言、动作，体会人物个性。

朗读，就是发现。在朗读中发现作者用字炼句的玄机；在朗读中发现作者在人物形象塑造、情节安排、事件叙述、结构布局上的匠心。

朗读的形式也是多种多样的。有带着问题的思考性朗读，有带着感悟的表达性朗读，还有带着动作的表演性朗读。学生从各自的感悟出发，体其情，摹其形，拟其声，读得绘声绘色、入情入境。

尤其令人称道的是：窦老师还创造性地把中国传统文化评书中的一些表现形式，“活化”到课堂教学中来。例如，用“醒木”做道具，“定场语”式的新课导入，用“开脸儿”的方式引出人物等等，使课堂教学平添了一种“评演”的味道，令人称奇，又恰到好处。

三、教师的“深度”与课堂的“厚度”

窦桂梅是一位勤于学习的语文教师。她的“语文教改的三个超越”，她的“主题教学”，以及近期的“文本细读”等教学思想的提出，都源于她在丰厚的语文积淀的基础上，对语文资源的开掘和整合。她的每一个课例，都是从成吨成吨的原料中提炼出来的“铀”。

教学《林冲棒打洪教头》这节课，从教学设计和课后说课中，我们得知，窦老师不仅研读了《水浒传》，还研究了《水浒传》的成书过程，研究了评话的特点；不仅研读了《林冲棒打洪教头》，还研读了《水浒传》中描写林冲的相关章回；不仅研究课文中的林冲，还研究在整个《水浒传》中发展中的林冲；不仅研究林冲“谦虚、知礼、忍让”，洪教头“狂妄、无礼、骄横”的一面，还研究林冲“窝囊”，洪教头“知耻、服输”的一面。

这些研究成果，有许多经过窦老师的选择、提炼、加工和精心设计，变成了课堂教学的精彩环节。尤其是在对林冲这个人物形象的理解上，透过语言文字的朗读、感悟，窦老师在孩子们面前立起了有血有肉的立体的英雄，既崇高，又有缺陷，既有固有的个性特征，又有不断发展的轨迹。情节的发展，就是人物性格的成长史。读懂了林冲这一个人，也就读懂了整部《水浒传》。——这其实也是一个非常经典的名著导读案例。

教师的“深度”转化成了课堂的“厚度”！

（特级教师　陈金才）

辑二

群文主题教学

不遇中有遇

——感受《游园不值》中的哲学意味

主题：不遇中有遇

步骤：与文字相遇；

与文学相遇；

与文化相遇。

一、课前预热

（课前背《黄鹤楼送孟浩然之广陵》等古诗。伴着美妙的旋律，师生唱起《让我们荡起双桨》。）

师：这美妙的旋律，让我们想到古诗的韵律美。古诗可以吟，还可以唱，关键在古诗中的每一个字都是推敲出来的精华。著名诗人贾岛的“两句三年得，一吟双泪流”说的就是这个理儿。那我们就来读读贾岛的《题李凝幽居》，讲讲在贾岛身上发生的推敲的故事。（课件出示这首诗）

生：原本这首诗里面用的是推字，嗯……（语塞）后来贾岛来到了李凝家，发现李凝不在，他就回去了。在路上他碰见了大诗人韩愈，他撞进了韩愈的军队当中，韩愈问他为什么会撞入他的军队当中，他说：“我正在想一首古诗，不知道其中的一个字，用‘敲’好还是用‘推’好。”韩愈也是位大诗人，他就想了起来。后来他告诉贾岛，还是用‘敲’好，用‘敲’更能体现出一个人有礼貌，也可以体现出夜晚的寂静。所以后来这首古诗中就用了‘敲’。（全场掌声）（引出“推敲”的典故，为后面教学“扣”作铺垫。）

师：“推敲”成了典故，得感谢贾岛。谁来读读这首诗？要注意五言诗的节奏。（生读略）

师：该同学读得很准确。据说古人吟诵讲究平仄。我们这么做也许不科学，不过尝试也是创新。那我们就试着把一声、二声当平声，这样的字音可以读得拉长平缓；三声、四声的字当仄声，读得短促一些。比如“闲”是第几声？

生：第二声。

师：谁来试着读一读？

生：闲——居——少（短促，有点夸张）邻——并。

师：好，我可不说，不过看我手势。大家读读看。（师用手势指挥，效果明显。）

生：闲——居——少邻——并，草径入荒——园——。鸟宿池——边——树（很短），僧——敲——月下门——。

师：当然，我们还要注意五言诗自身的节奏。这样读起来的时候就显得流畅自然了。我们还学过贾岛的《寻隐者不遇》。请试着读读。

生：松下问童子……（师辅以手势，学生读得很有味道。）

师：像这样“不遇”的诗很多，比如邱为的《寻西山隐者不遇》，皎然的《寻陆鸿渐不遇》，李白的《访戴天山道士不遇》（出示课件）。除了古诗，还有古文《雪夜访戴不遇》等。

师：人生有多少个“不遇”啊，为什么他们要把“不遇”记下来呢？看来这“不遇”中有值得我们回味的东西。（引出同构主题文章，后文生成的精神内涵，作为同类主题升华。）

师：我和同学们在这里相遇了。这是人生难得的。愿我们的相遇能够留下些什么。上课。

二、与文字相遇

师：雨过天晴，我们跟着叶绍翁一起——（生答“游园”）

师：在游园的路上推敲推敲这——（生答“不值”）

师：“值”，按教材中的解释，意思是——（生答“相遇”）“不值”呢？（生答“没有相遇”）

师：用两个字概括。（生齐说“不遇”，师板书。）

师：我们在“不遇”中遇到了些什么呢？让我们先读读，再聊一聊。

师：看看这首七言诗，该怎么读出诗味。

生：应——怜——屐——齿印苍——苔——。（根据刚才教的平仄来读，也带有一些自己的味儿，读得比较好，做到了字正腔圆，且有诗味儿。）

生：应——怜——屐——齿（短）印（短）苍——苔，小扣柴——扉——久（短）不开——。

生：春——色满园——关——不住（短促，乍停）。

生：一枝——红——杏出——墙——来——。（听课教师给学生掌声）

师：“诗”读百遍，其义自现。游园的路上，遇到了——

生：苍苔，柴扉，还有红杏。（生依次说出，教师让其再把这几个词读一下。）

师：谈谈你的所遇。

生：我说说“柴扉”，就是柴门，是用木棍和树枝编成的一个门。（生答完

想坐下去）

师：喔，是这样的门吗？（课件出示四扇门：第一、二扇是现代风格的门，第三、四扇是柴门。该生判断是后者）请对比前两扇门形容形容柴扉。

生：简陋。我觉得这扇门很简单，再普通不过了。

师：没有半点雕琢，是自然而然，接近大自然的本色，多么简单、朴素。谁再来读这句，让我们感受这是一扇特别的门？

生：小扣柴——扉——（重音，并拉长）久不开。（师一起跟着轻读，强调柴扉，感觉很好听。）

生：我知道苍苔是一种绿色的植物，苍苔的“苍”指绿色，“苔”指苔藓。一般都是长在石头上、一些石缝里面和潮湿的地方，看上去它们很滑，如果你站在上面的话，很容易滑一跤。（师连连点头）

师：嘿嘿，生气吗？

生：不生气，好玩、有趣，还有生趣。

师：多会说话，有趣，还加生趣。那是因为它给我们的生活带来了——

生：（齐）乐趣。

生：只要春雨绵绵，天气潮湿，就会有苍苔。

师：（放两张图片）看这幅，延路石子中隐隐约约的一点绿，从石缝里钻了出来；再看这幅，延阶而上，因了春雨，绿了一地。“低看苍苔色，欲上人眼来”。给你怎样的感觉？

生：哇，春天来了。

师：这么普通的小植物，却将春天的生命唤醒啦。难怪我们会这样感慨——

生：春天好美啊！

师：（缓缓地）那就请你读一读，把你的所遇告诉我们大家吧。

生：（轻轻地）应怜屐齿印苍苔。（“苍苔”一词读得有点颤抖）

师生：应怜……（老师还在拖音，“苍苔”拖得很长，学生已读完。）

师：我还没看够呢，你们就看完了！（学生心领神会，重新读了起来。）

生：我说说“红杏”。它一般在春天的时候开花。

师：春天的什么时候？（下面有学生说“清明节”）

师：清明节都晚了。（生笑）

生：初春。

师：看呐，(一边放课件，一遍吟诵)“万树江边杏，新开一夜风”。二月，正值莘莘学子要进京赶考，抬头望着那杏花，给他们带来希望，杏花也叫及第花，于是诗人笔下就写出了许多赞颂杏花的诗。和叶绍翁是好朋友的陆游一生的名篇佳作很多，其中，他也赞红杏，让我们也跟着夸夸吧。(出示课件)

生：杨柳不遮春色断，一枝红杏出墙头。

生：小楼一夜听春雨，深巷明朝卖杏花。(生美美地读起来)

师：所以，叶绍翁也禁不住赞叹他所见的这枝红杏。那我们把刚才感受到的送到这一枝红杏来吧！（读略）

师：抬头，那红杏将春天的生命——

生：燃烧。

师：说燃烧，比我想的还热烈。我想说的是照亮。(笑)你们看，游园所见的都是如此而已的园，如此而已的景物，然而给你怎样的感觉?

生：春意盎然!

师：好啊，你用成语表达。(又一学生随口而说出“生机勃勃”)

师：就这样，绿绿的苍苔，染着我们的眼睛；红红的杏花香，沁着我们的心脾。正是“风景这边独好”。让我们来美美地体会春天的景物所带给我们的愉悦。

(古筝乐起。师生齐读，注重平仄的同时，学生在刚才的感受中读得比较好。)

三、与文学相遇

师：这就是我们游园的所遇。这样一座普通的园，这样自然而然的景物，诗人对此赋予了怎样的感情? 从这首诗中的哪个字的字形可以看出来?

生：是“怜”字。(学生读这个字，教师板书该字。)

师：下面，就请同学们再默读这首诗，拿起笔来，一边读一边品，推敲推敲这诗中的哪个字，饱含了对我们所见的这些景物的“怜”。(学生在音乐中静静地读、画、推敲……)

（一）“怜”苍苔

生：“怜”就是喜爱的意思。我从这个“印”看出来“怜”苍苔。诗人舍不得“踩”苍苔，所以说“印”。你想啊，“印”上去，就好像在苍苔的肌肤上留下一点儿印儿，好像画上去的，一定很好看。

生：也许诗人想在苍苔身上留下印记，而不是踩，带有心心相印的意思吧。（掌声）

生：还有，诗人为何穿木屐？一是怕滑，他怕自己摔一跤，更重要的是屐齿少，印儿就少。

师：是啊，为什么要穿木屐？大胆想象。

生：是不是很时髦？叶绍翁穿着木屐，显示一种身份，说明自己很休闲。

师：到高年级我们就会背诵李白的“脚著谢公屐，身登青云梯”。

生：所以，叶绍翁也要穿木屐，自然的打扮，轻松的游园，好潇洒，好惬意。

师：可尽管如此，这屐下面还有齿，会给苍苔留下印，诗人有点担心屐齿给苍苔留下——

生：印子。还有一点，就是心疼的感觉。所以，觉得怜惜。

生：所以，这“怜”还有另一种滋味。

师：孩子啊，请你给我们走一走，怎么走就怎么读。（指一生，笑）我们来听听，这“印”中既有喜爱，还有怜惜的滋味儿。（该生小心翼翼地踮着脚走向老师）

师：嗯，明白了。为什么这样？穿着袍子啊，拎着衣角啊。（师模仿生动作）

生：因为不踮脚，印会更多一点。踮一下，印会少一点啊。（生读略）

生：他走得慢，要是我的话（作难以下脚状），得这么走。（该生走向老师，走得挺快，还跳着）我不忍心踩着一点点。踩得快，印就少，还浅！（生读，读得特别轻。）

师：这里还有着一个美丽的故事呢！（出示课件）“杨柳不遮春色断，一枝红杏出墙头。”“小楼一夜听春雨，深巷明朝卖杏花。”（生读）那日，叶绍翁看到陆游笔下的春雨过后的杏花。他偏偏不写春雨，而写春雨过后的苍苔，这也是——怜（“怜”字由学生说出）。

师：你知道吗，叶绍翁最初用的是“应嫌屐齿印苍苔”。

生：嫌，你就会想到嫌弃。那个叶绍翁，用“嫌”好像瞧不起人，让人觉得他可能在嘲笑这些苍苔，或者说园主人不喜欢诗人来游园。亏得用“怜”，不然的话怎么能体现出对苍苔的喜爱呢?

师：你怎么这么了解诗人的心哪！用了“嫌”，还有这句中的“应”，在古文里的意思是大概，这“嫌”就成了一种揣测，一种猜度，一下子就把感情拉远了。

生：就这么一句话，我们咀嚼推敲了这么长时间。可以写一篇三五百字的游记了。可古诗仅是几个字。

师：难怪古人说，“吟安一个字，捻断数茎须”。今天的我们回到诗里去推敲，深深感受到诗歌中藏着的韵味，我们对古诗是发自内心的一种敬重——这就是诗的魅力！（深情地）让我们把这个“怜”，小心地放在心里，体会对苍苔的特别的爱吧。（生读出了诗情）

（二）“怜”柴扉

生：对柴扉的“怜”，我从这个“扣”字中能体会出来。

师：扣的意思是——（生说“敲”）

师：刚才韩愈说用“敲”啊，那咱就把“敲”送进去读读吧！（指着另一学生）你笑什么?

生：“小‘敲’柴扉久不开”别扭。“小敲”读得不顺，“小扣”读得顺。而且那首诗中“敲”好，但放在这里就不合适。小扣就是轻轻地“扣”。（该生用动作区分了起来）

师：谢谢你的比较。那我们一起用动作体会体会。（学生表演略）

师：你看这位女同学的“扣”（指其中一位学生），刚才用手背“敲”，现在却用手心“扣”。同学们就像她一样扣一扣。（师生做动作，手呈握拳式，用手指肚扣。）

师：（继续对着这位女同学）从这个“小”字，想起了一个成语，叫小心——（生答“翼翼”。老师让学生小心翼翼、轻轻地扣柴扉。）

师：（指一生问）你扣了多久?

生：扣了很长时间，久得都记不住时间了。（生读略，体会“久”。）

师：虽然我性子比她急，但我还是要耐心地扣，小心地扣，轻轻地扣，尽管时间那么久，我还要扣（师做手势，一扣一扣，很有节奏，一边扣，一边朗读）。想起了一个成语，那叫扣人——心弦（师生齐说）。

师：就这么扣啊，扣出了对园主人的——（生说“尊重”）

师：对啊，也扣出了对春天的——（生说出“喜爱，热爱”）

生：还有对春天的虔敬。

师：真是“语不惊人不罢休”。（读略）

（三）“怜”红杏

生：毕竟我们小扣了这么长时间柴扉，可柴门还是不开，多少有些失望呢。

师：但，失望变成了希望——（教师引读诗的后两句“一枝红杏……”）

生：“一枝红杏”，让我想到了“春色满园”。

师：那就请同学们说说这两句中的哪个字让你感受到诗人对红杏的“怜”？

生：“出墙来”，你看一枝红杏从墙头翻出来，真了不起。

师：这个“出”和哪个字相对？

生：关。

师：（出示陆游的诗“杨柳不遮春色断，一枝红杏出墙头”）你能对比着讲讲吗？

生：叶绍翁和陆游都用了一个字来形容红杏的“出”。这一句“杨柳不遮春色断，一枝红杏出墙头”用“遮”；叶绍翁的这一句“春色满园关不住，一枝红杏出墙来”用的是“关”。“遮”就是简单地盖，想出来就出来，不想出来就不出来。“关”呢，表现关得很紧，要出墙来不容易，可红杏没有被关住，说明红杏很有生命力，很有活力。

生：这个“关”字，就是更加体现出关得更牢固，“遮”只是表面上遮了一下，而不是真正把东西禁锢住了。那就是说关得紧，出来需要费力。

生：“关”的意思就好像把它给牢牢地囚禁住了，而“遮”是在表面上遮了一下，它很容易就钻了出来，用“关”更体现出一枝红杏的力量有多大。

生：就像这屋子一样，把这门啊，都关上，这就叫“封”，我要想出去，那就需要力量。可是这个“遮”呢，就不怕，所以你看这个“关”字，你越关我，我就越想出来。你越使劲关我，我就越想出来。这样就显得这枝红杏多了不起啊。

师：你们的见解竟然和钱锺书的观点有异曲同工之妙啊。陆游的诗作很多，流传千古的也很多，而叶绍翁在《宋诗鉴赏辞典》中只留下三首诗，然而他仅用一个“关”字，就使这两句成了千古名句。

生：如果没有“关”的话，红杏就像野花一样，想怎么长就怎么长。我也不知道被“关”的滋味，所以这一“关”，就显得红杏特别有魅力！

师：不仅美丽，还有魅力。所以亲爱的同学，读这句。（师读前半句，生接后半句，读得很有力量。）

生：这枝红杏还有特别的地方，就是“一枝”引出“满园”。

师：那“一”和谁相对？

生：“满”字。

师：既然“一”相对于“满”，红杏越多不更能说明春色满园吗？让我们把这句改一下。

生：三枝红杏出墙来。十枝红杏出墙来。（全场大笑）

师：越多越好啊，那十枝、百枝更能说明满园的春色啊，干吗就这一枝？前后桌再讨论讨论。（生讨论）

生：我觉得这一枝太特别了，多独特啊。

生：如果十枝红杏都出墙来的话，就不能说是关不住了，“关”就没劲了。如果说十枝红杏出墙来的话，那么说明出墙很简单，就不能表示出红杏的力量。

生：一枝的话，我觉得很欣赏它，能更加体现出它的美，如果十枝的话，不觉得它特别吸引人，也不会非常注意它了。

生：看到“一枝”，才印象深刻，很神秘。所以，给我的想象太多了。

生：“一枝”让我想象到春意盎然，想到满园春色。越少越好！越少就越想到多！没有“一”哪来的“满”？！

师：你的话和老子说的是一个理儿。“道生一”——

生：一生二，二生三，三生四。（全场大笑，教师及时改成“三生万物”。）

师：难怪后来因这“一枝红杏”引出的“春色满园”成了一个成语。把这两句连起来，让我们再次体会这因“关”而“出”，因“一”而“满”，对红杏的特别的珍爱！（读略）

（四）和红杏对话

师：就这一枝红杏，我们想象出红杏“千朵万朵压枝低”，又让我们想到了一句“红杏枝头春意……”（生齐接“盎然”，老师改成“闹”，笑声。）

师：（来到一生面前）你就是这冲出墙外的那枝红杏，我要和你说说话。红杏，你好！你在园内都看到了些什么呢？

生：我在园内看到有杨柳啊，小草啊，它们都说外面的春色更加漂亮，我已经按捺不住激动，我想走出这座墙。

师：于是，你就出墙来了，是吗？哦，也感谢园内的植物这样关不住你，既然你出来了，我就问问你：在园外你又看到了些什么呢？

生：我看到的春色比园内更多……（生语塞，师指板书）有苍苔、柴扉。

师：还看到了——

生：全都是春色。因为我有欲望，我很想到墙外面来看看外面的世界，所以我就出墙来了。

师：“欲望”能否改成……

生：噢，“渴望”。我不满足于园内的生活了。渴望，有梦想，加上我的毅力，就实现了我的梦想。

师：祝贺你！你们（指其余同学们）就是关在这园子内的花啊，草啊，现在请红杏出来，你们有什么想问问它的吗？

生：我是一棵小草，又没有你长得高，我该怎么出去呢？

生：嗯，这个……（语塞，全场欢笑）我可以把信息传递给你，我这样子告诉了你，你也很开心啊，不就一样了吗？

生：可是百闻不如一见啊！

生：那也许只能算你倒霉了。（笑）

师：虽然是小草，也不能说人家“倒霉”。你还有好多办法，是吗，小草？

生：是的。不要紧，还可以出去，让风把我的种子带出去。

生：我要问穿粉色衣服的这枝红杏。你真够哥们儿，自己出去了，还把所见传递给我们，谢谢啊。我可以让蜜蜂啊，蝴蝶啊，一些朋友来帮我把我的梦带出园外。

生：是的，是要靠别人的帮助，但有的时候，更重要的是心里有梦。

师：有一句话说得好，借来的火照不亮自己的心灵。你的心灵亮了，借上它的火，让你锦上添花。依靠别人，更需要依靠你自己，我的朋友！（拍此生肩膀，全场笑。）

（五）和园主人对话

师：园主人也来凑热闹。我就是这园主人，你们就是叶绍翁。你来游我这园，能不能把你的感受具体地告诉我这个园主人？当然，我也希望你们像刚才那样，避重就轻，还可以模仿创造。所以，请叶绍翁们具体地讲给我这个园主人听听。

（播放课件，巩固诗的内容，同时进行口语交际训练。句式训练：园主人啊，我"________________"，"________________"。"________________"，"________________！"根据情况，教师总结。）

生：园主人啊，你知道吗，我穿了木屐来游你这个园子。不过我害怕我的屐齿留在苍苔上，为了怜惜你的苍苔，你知道我是怎么走的吗？当我小心翼翼来到你的门前，轻轻地扣你的门，而不是敲，可你就是不给我开门。我又舍不得，怕把你的柴门敲坏，就在那等啊，扣啊。你虽然没有给我开门，可是你那春色满园，哪里关得住啊！你看，那枝红杏已经跑出墙外了。好啦，看到你的那枝红杏我就心满意足了。

师：一枝红杏因何来？只因墙外有郎才。（生笑）春色满园还想看，柴门就为你打开。（师拍生肩膀，全场大笑，掌声。）

（六）回到"不值"

师：红杏真的会说话？我们真的听到了园主人和诗人的对话？（生摇头）

师：那我们是怎么感受到的呢？

生：想象出来的。

生：原来只要心里有，想象园子有多热闹，园子就有多热闹，想象园子怎么热烈，园子就怎么热烈。

师：其实，什么都没有发生，园子还是这座园子，柴门还是没有打开，我们压根儿就没进园子，压根儿就没见到园主人。原来心有多大，园子就有——多大（生说出）。心里所想的园子有多美，园子就有——多美（生说出）。

师：只不过我们都把这些热烈、热闹留在了心中。就让我们把这美好的憧憬和想象，深深地留在心里吧。

（播放课件，古筝乐再次响起，学生读得很轻，很静。最后一句读了好几种语气。）

四、与文化相遇

师：这真是“此时无声胜有声”啊。至此，我们还有必要再进到园子里边吗？还有必要非见园主人不可吗？（生说没有必要了）

师：为什么？请你读读《雪夜访戴不遇》，再读读《游园不值》，说说看。

（课件出示）

王子猷（yóu）居在山阴。某夜天降大雪，他一觉醒来，打开房门，举目四望，皎洁明亮。于是在雪地上来回走动，吟诵左思的《招隐诗》。忽然想起老朋友戴安道。当时戴安道在剡（shàn）县，王子猷马上乘船出发。船行了一夜才到剡县，可到了戴安道的家门前，王子猷竟然连门都不敲，转身就回去。旁人问他原因，他说：“吾本乘兴而行，兴尽而返，何必见戴？”（备注：《世说新语》中的名篇，“雪夜访戴”的典故。王子猷，王羲之的第五子。）

生：因为吾本乘兴而行，兴尽而返，何必进园？

师：哦，这句话，你根据哪句来的？

生：《雪夜访戴不遇》的最后一句。我觉得这与《游园不值》有异曲同工之妙。他心里已到了自己要去的地方，也没有必要进去了。

师：哦，谢谢你。

师：我突然明白了，原来这么多的不遇，是因为不遇中，我们发现不知中的有知，不可能中的可能，正如王子猷游访戴安道一样，我在路上已经获得了最美的精神享受，所以——

生：吾本乘兴而行，兴尽而返，何必进园？

生：吾本乘兴而行，兴尽而返，何必要见园主人？

师：原来这“不值”不仅仅是“不遇”的意思。其中还有一份舍不得、不忍的滋味。诗人呀，想要把这美好的想象和精神上的享受，永远地留在心中。

所以不遇中是有——

生：遇！不遇中有遇。（师板书）

师：天地大美而不言。生活中、人生中不就是如此吗？所以，请同学们回过头来再读诗题。游园虽不值，但——（指板书）

生：不遇中有遇。

师：所以，不值就是——

生：值！

师：那就让我们荡起欢快的双桨，唱起来吧。

（师生把《游园不值》填进《让我们荡起双桨》的旋律中，优美歌声响起，热烈掌声响起！下课。）

板书设计

游园不值

（宋）叶绍翁

应怜屐齿印苍苔，

小扣柴扉久不开。

春色满园关不住，

一枝红杏出墙来。

不遇中有遇

点评

《游园不值》教学评点

最大的感触是惭愧。作为大学老师，我们的文学课上得还没有他们上得好。我不是代表我个人，我是代表全体的大学老师。如果这首诗让大学老师来上的话，也许5分钟就上完了。我算是比较厉害的，顶多上20分钟，上一个小时就够厉害了。

第二个感触：经典，是一个范例。

第三个感触：我看到了一线生机。对我们的基础教育改革来说，最重要的是在这样严峻的关头，我们从荷兰引入了一个后现代的教育理念。多元对话、学生主体、多元价值，跟我们教育中的师道尊严，“一日为师，终身为父”的传统迎头相撞。

其次，现行的教育体制里的评估体系与原先僵化的、客观化的、标准化的美国教条主义的托福模式迎头相撞，在应试与素质之间发生了严峻的冲突。这就把一线的教师放在火炉上烤，把学生的青春和家长的企望都放在一个非常痛苦的、非常（我不说野蛮的）奇怪的两难境界中进行着有理的与无理的争论。这样就产生了一种现象，在基础教育改革的第一线的老师，要么就向应试教育投降，在题海战术里面讨生活，求一些表面的效果，增加一点分数，要么就脱离实际，脱离新课程标准的评估体系，脱离我们高考的淘汰制，进行所谓的素质教育。

有一个观念我顺便讲一下，就是绝对的应试教育和绝对的素质教育是没有的。应试本身就包含着一种能力，也是素质的一个部分，就像奥运会临场发挥一样，有的人平时非常好，到了运动场上一紧张，在最后关头失误，冠军被别人拿去了。刘翔平时跑得很快，到了奥运会上跑出了平时很难达到的水平。这说明，他的应试水平很高。鄙人在应试方面很有经验。我就是一个考试机器，我很会考试，为此我获益匪浅。我们必须全面地理解素质，我们要把应试作为素质的一个部分来看待。当然，这只是素质的一个部分，不是全部。另外，在我们平时的素质教育档案里，必须把真正的素质，能力化的素质，放在第一位。

我们今天正在反复钻研这个问题，这个问题是什么呢？我们表面上的改革、包装，都让我感到豪华。如果从这一点来说，今天这几位老师都有啊：多媒体、画面、音乐，包括学生的表演都有。但是窦桂梅老师，没有豪华的包装，包装也许有一点，但是非常动人。为什么？她有实实在在的内容。在下面听课的时候，我一路听一路想，现在努力作一下总结，我准备讲十一点。

第一点，总结窦老师成功的原因——她真正落实到文本。以文为本，是大家不应该忘却的，但是为什么忘掉了，去搞那些空热闹的满堂问呢？因为在文本上深入不下去。文本是一个整体，你要进行深入感悟，必须抓住关键，进行分析。窦老师的成功，关键在于她把文本落实在关键词上面。我感觉“关键词”非常重要，因为文章中有大量的非关键词，对于理解文本是有干扰的。如果不抓关键词，就这么一念，每个词都非常重要，结果每个词都不重要。她一共讲了这么几个关键词：第一个“怜”、第二个“扣”、第三个“印”、第四个“关”、第五个“满”、第六个“一”。每个字都有很大的潜在量，她不是随便讲就完了。为什么脱离文本的多媒体变成文本的干扰，就是忘掉了我们是母语教学，我们是语文教学，什么样的画面、音乐都离不开我们母语的言词的无限丰富。为什么“怜”呢？这个“怜”的现代汉语的意思是可怜，可是在古代汉语里，它是“爱怜”。在古代汉语中是个“怜”，在现代汉语中双音化了。她不提出“扣”和“敲”的区别比较，而且让学生体会，然后还联系到一个“久”，“扣”和“久”的关系。由这里，揭示了诗人的心理特点，是蛮有耐心的嘛。“关”字讲得很彻底，反复讲这个“关”的意思，因为包含着满园的春色，它的生机关不住，好像要冲出来的样子。还有，为什么红杏关不住，引申得非常好。“一”为什么好？“二”“三”“十”为什么不好？这些关键词讲得非常彻底。

窦老师的课有可模仿性和不可模仿性，包括模仿她的个性，包括她非常煽情的动作。别人模仿都是东施效颦，像我去模仿肯定不大好，因为我没她漂亮。这个课能讲到这样我觉得已经很不错了。她有一个模式，第一就是关键词分析法。古代汉语、现代汉语、动作、感觉的联系、分析和对比。第二是比较的方法。我们为什么一首诗讲不了多少东西呢？因为孤立地讲一首诗，它的妙处是出不来的。孤立地看任何一个事物，要分析当然也不是不可以，但是需要高度的抽象力。这样的分析对小孩子不一定有用。最好的办法是比较。比较有两种，一是同类比较，一是异类比较。最通俗的方法是同类比较。因为它提供了现成的可比性。就像拿我跟小老鼠比较，不好比较。同类比较提供现成的可比性，这许多老师能做到，我看过很多中学老师这样做，但是没有像她直接上升到同类比较的方法论上来，只是自发地应用了。“春色满园关不住，一枝红杏出墙来”，她就引用了两首陆游的诗，一首是“杨柳不遮春色断，一枝红杏出墙头”。都是一枝红杏，都是讲红杏，比较所要求的一点相通，也就是桥梁，就出现了。但有了一点相同作为桥梁以后，就不能满足于同，而是要同中求异，这样才能把深刻的奥秘揭示出来。“杨柳不遮春色断”的“遮”和“一枝红杏出墙头”的“出”相比较，这是很有智慧的，相同中有不同，增加了学生对母语的无穷含量的体会。她之所以这样自由，是因为她对这首诗是有研究的，她知道钱锺书的相关说法，还读了有关的赏析文章。一个小学老师能做到这一点是难能可贵的。我遇到许多中学老师、大学老师，他们的懒惰令我感到绝望。我到西部去讲学，有人说：“老师你别讲了，你给我个教案。”怎么可以这样？教案是每个人的生命、个性，你叫我给你生命，我给你了，我就没命了。窦老师用比较的方法把整个课堂调动起来，让学生兴奋起来。她自己进入角色，学生也是这样，这就是张文质讲的生命化教育，把生命最光辉、最积极、最活跃的感情调动起来，把对话上升为心灵的互动，形成一个共同创造的氛围。这样，她这个导演就成功了。她还用了另一种方法。讲“扣”字，用“敲”换下来。还有“印”字，如果换成“踩”字怎么样呢？她也许不知道，这在语言研究上是一种科学方法，叫作替换法，这个办法是我的老师朱德熙先生在课堂上教给我的。检查语法有几种方法，一种叫压缩法，一种叫扩展法，一种叫替换法。用这个替换法讲了一个“出”字，“关”字，就把同学们的情感激发起来，让他们参与了创造。教师提出为什么这一枝红杏出来了？同学们说有“欲望”，有“渴望”。为什么渴望，那个同学说了，“有梦”。这不是一般的创造，是诗意的创造。我在下面批：“伟大的成功”。调动学生到这种程度，不但是智慧，而且是诗化的想象，调动起来，这是我们一般的标准化，应试化的考试绝对不可能有这样的高度。而且后来就这一点讲到“有梦就能出墙”，而且要“快快长大”。我觉得这是一个很好的境界。这是我讲的第三点。

第四，她在讲到整首诗的时候，讲到春天的美好，这种形象是春天本身的吗？不，是诗人的想象。我听到这儿，写了一句话：“这个人是有理论的！”因为诗与散文不同，散文是写实的，诗是想象的、虚拟的、假定的。说她有理论，是因为她懂得诗的形式特点是想象的、虚拟的、假定的。有的老师讲诗，讲了一辈子，还是讲不好，原因就是对于诗与散文的最根本的特点，没有理论支撑，没有感觉。窦老师后来讲到“游园不值 ”的“不值”就是“不遇”，但是转化为“有遇”，遇到了什么？红杏。这么美好的发现。“不值”变成了“值”，我看出来了，她懂得辩证法，对立的统一和在一定条件下的转化。先是“不值”，但是在遇到了红杏的情况下，转化为“值”了。值什么？值的是这枝红杏太美了，很机智。最后她问学生这堂课怎么样，学生非常精彩地说“值”！这个“值”是个口语，是另外一个意思，语言相当丰富，相当活。所以我感觉到她是懂得辩证法的。这个“值”字的双重意味，让我感到她这堂课构思非常完整、精致，从游园不值始，以游园很值终。首尾呼应，首尾之间正好是对立的统一。

对立的统一表现在几个方面？就是我要讲的第五点：书面和口语。教师的课堂语言，有书面语言和口语之别。刚开始的时候我也担心窦老师，她用的全部是书面的、诗化的语言。诗的语言带有很大的想象性，书面语言缺乏现场感，不便于交流，我很担心，这样会形成教师和学生之间的障碍，有堵玻璃墙，感觉不能相通。你讲那么文雅的语言，可我是活在现实世界之中的。你完全是诗的语言，而我是散文的感觉。但是很快我的忧虑消失了，她的诗的语言渐渐超越文本，转化为学生的感觉，她开始用非常精彩的口语，这种口语的流畅和丰富是我们南方人无法达到的，只有北方人才有这种天分。是很会侃的那种，"侃爷"的语言，即兴地侃。有个同学讲到"生趣"，她说"多会说话"，然后那个同学很高兴。特别是后面的同学和园主人对话，她开始即兴发挥"一枝红杏因何来？只因墙外有郎才"，即兴调侃，出神入化。当然她可能有准备，但是有学生配合，形成一种氛围，交流无间。原来的抒情语言诗化，语言的某种隔阂成分到这里就完全和谐了。她那种诗化语言我觉得是有准备的，语言显然推敲过。即兴的语言是现场的，这就要有口才，两者都需要功夫，即兴的语言功夫更令人惊叹，这就是我讲的第五点。

第六点，她的动作带有强烈的戏剧性，有时是倾听，表现出小女生的样子，有时是非常大幅度的动作，一会儿带着非常丰富的表情，一会儿是非常微妙地暗示。这两者的结合，我说不可模仿，就是这一类。你去模仿很难看。作为诗，老师的肢体语言、表情、眼神甚至演技都要符合自己的个性。

第七点，我去年跟钱理群讨论的时候，对朗诵表示怀疑，他自豪地说他的朗诵很精彩，很动人。我一直表示怀疑。后来，我听了很多课，领略了很多精彩的朗诵，钱理群也是其中之一。但无疑钱理群的朗诵不是一流的，至少他不如窦桂梅，我觉得窦老师的朗诵特别精彩，她将朗诵转化为吟诵。现代的朗诵与古典的吟诵，她非常自然地转换。起初是现代的朗诵，现代汉语的抑扬顿挫，最后，更精彩的是，她把诗歌的朗诵转化为歌唱，这首诗居然在她的带领下转化为《让我们荡起双桨》的乐曲，学生都能很自然地唱出来。这是为什么我惭愧的原因，我不会朗诵，而她把她整个生命投入进去吟诵。每一个环节，每一个设计都不是孤立的，而是相互呼应的，有一系列的考虑。对她的敬业，我感到惭愧，感到焦虑。她有典范性，确实是这样。

我同意张文质的一点，我非常简单地把我的思想口语化。当然，这使我感到我们当前教改中存在的问题。我们老师的忧虑就是成天地研究怎么教，怎么进行师生对话，怎么使用多媒体、音乐，老是把注意力集中在用这些东西调动学生上。但是，忽略了老师要教什么东西，老师有没有真知灼见，有什么本钱，对文本有什么出色的理解，没人为这些问题伤脑筋。窦老师懂得怎么教，而且她非常深刻地理解了教什么，她的语言，对文本的理解，特别是她后来引用了“杨柳不遮春色断”来比较，表现了她的理解，当然对这个理解还可以讨论很多，但她的确有种独特的体会，是建立在她自己的专业和学养基础上的。这是第八点。

第九点，就是我们提出一些可以改进的空间，因为没有十全十美的教师。

我记得有一个学生讲了一句话，如果是我在上课的话，我会把这句话抓住，但窦老师没有充分注意到。这个学生讲“我们还看到了诗人惊喜的目光”，我觉得这讲得很好，为什么？你讲的是春天的美好、感动，我们看到了什么。但这是一首抒情诗，是表达诗人的感情的，我们也充分地讨论了“一枝红杏出墙来”。但从另一个角度来看，诗人为什么被这枝红杏吸引，虽然老师也接触到了“乘兴而来，尽兴而返”，但是这里有一个诗人的惊喜。窦老师也讲了，原来是失望的、扫兴的。但是，这个“惊喜的目光”是内心突然的发现。这首诗写的是春天，实际上写的不仅是诗人对春天的发现，而且是对自我内心的发现，发现后的自得。发现的情况很多，有非常抢眼的：“千里莺啼绿映红”，满眼都是花红草绿；鸟语花香，不抢眼，很微妙的，也可以；才看到“一枝”，就惊异起来了。所以“一枝红杏”，不是“多枝红杏”“十枝红杏”。这里有个典故，唐朝的诗人齐己，写梅花“前春深雪里，昨夜数枝开”，他的朋友笑说，不要“数枝”，“一枝”就够了，“一枝”是早春，而且是“我”第一个发现的，是一种内心的喜悦，更加敏感。而学生提出“惊喜的目光”，为什么“惊喜”？如果一大片，当然学生开心，但“一枝”，教师分析：“一”比那个“十”还好，“一万枝”都不行。我们的文学理论至今还受机械唯物论的束缚，总是在反映春天的景色上做文章，其实既然是抒情诗，就要更多地关注诗人内心的感情和感觉的转折和变化。讲一枝红杏出墙来了，因为它有梦，为什么比较精彩，因为把诗人的心灵提到了焦点上。我这里再提供一种可能，以从另一个角度讲，诗人突然发现，找这个朋友找不到，但是这个春色值得欣赏，虽然是“一枝”，但是，告诉“我”仅仅是关不住的一枝，那么“关不住”的还有很多，“我”知道那是“满园”的春色。

第十点，窦老师讲朗诵的时候，讲到汉语的声调美，平仄交替，平声是长的，仄声是短的，所以吟诵的时候，平声的调值是55拉长，仄声短。吟起来有困难。这种说法是不全面的。有的仄声很短，如去声，调值是51，从5到1迅速下降。但是，有的仄声不短，上声就不短。它的调值可能是5—2—4，“满园春色”，你不能把“满”缩短了。汉语的语音特点不是长短的问题，是曲折的问题，在语言学上“长短”是拉丁语。拉丁语的诗歌是分长短音交替的。而日耳曼语、俄罗斯语、斯拉夫语，则是轻重。我们以英语为例，英语的重读音是长的。比如有个词economic（经济），这“no”是重音，要拉长，按英语的读音规则，重音读一半，其他三个音节读一半。俄语也一样。所以从这一点来讲呢，我们汉语的特点固然有长短，更多的是，曲调的高低在起作用。

第十一点，窦老师非常成功地运用了比较的方法，同类比较非常成功。但是最后的比较用的是异类比较，异类的比较难度较大。虽然它也比了，用《世说新语》上的王子猷夜访戴安道的故事。“乘兴而来，兴尽而去”，但是和叶绍翁的游园不值，这两个东西有可比性，也有不可比性。因为王子猷是以自己的兴致为准，这和叶绍翁的突然的美的发现和自我发现，是不怎么相同的。讲讲是可以的，但是作为一个学问的话，推敲的余地比较大。

我以一个大学老师的眼光，按照我职业的习惯、批评的习惯评价她的这节课。她的优点是要充分肯定的，她整个语言比较丰富，既有现成的书面语言，又有即兴发挥的语言，包括跟学生的互动，摸摸学生的头，都是一种修养。这是我们大学教师要学习的。

（福建师范大学文学院教授　孙绍振）

聊故事里面的故事，聊故事后面的故事

——一起聊民间故事《牛郎织女》

主题：美满

步骤：写了什么；

怎么写的；

为什么写。

教学预热

（出示《古诗十九首·迢迢牵牛星》，师生一起读：“迢迢牵牛星……脉脉不得语。”）

师：好一个“盈盈一水间，脉脉不得语”，说的是谁呀？

生：牛郎和织女。

师：是啊，这是距今已两千多年的诗句，讲的就是牛郎织女的故事。千百年来，我们在歌曲中、戏剧里、电影里，甚至在许多诗篇里都能读到他们。今天我们再次聚焦这个民间故事。（板书：民间故事）

师：（出示银河图片）每当夜晚，我们仰望灿烂的星空，在银河的两边，我们发现有两颗最亮的星星，一颗大的叫什么？（生答“牵牛星”）这颗呢？（生答“织女星”）千百年来，人们——

生：（齐读）银烛秋光冷画屏，轻罗小扇扑流萤。天阶夜色凉如水，卧看牵牛织女星。

师：多少个夜晚，多少人，卧看牵牛织女星。看啊，想啊，把人世间的酸、甜、苦、辣种种情感都寄托到了这牵牛织女星上。于是有了流传千年的民间故事，它叫——

生：牛郎织女。（师板书）

师：每年的七月初七，我们有纪念牛郎和织女的传统。我们钻到葡萄架下去仰望夜空，想象、期盼着他们相会的时刻，多悠远、多美好！今天，就和六年级四班的同学们好好地聊一聊这个民间故事。

预学质疑

师：同学们预学了吗？

生：预学了。

师：的的确确，在学习中，我们需要带着准备来到课堂。

师：打开预学单，让我们一起进入预学环节。（出示预学单）

师：我们就一项一项地来检查，先谈谈你读了《牛郎织女》后的那些疑问。

生：为什么最后是喜鹊搭桥，而不是乌鸦等其他动物搭桥呢？

生：为什么王母娘娘不让牛郎和织女在一起？

生：文中王母娘娘是怎样的人？为什么要写她？

生：为什么牛郎织女在七月初七这天相会？

生：为什么王母娘娘一睡就是三年？

生：牛郎和织女在隔河相望时会想些什么？

生：这反映了怎样的一种现实？

师：把话说完整，这个民间故事反映……

生：这个民间故事反映了怎样的一种现实？

生：王母娘娘、老牛和天河在生活中各代表了什么？

生：牛郎和织女的故事给了人们什么启示？

生：为什么牛郎叫“牛郎”，而不叫“马郎”或“羊郎”呢？

生：既然老牛知道牛郎在树林里会遇到织女，为什么不告诉牛郎最后的真相呢？

生：这个老牛到底是谁？它怎么知道树林里有一个姑娘？

生：老牛在文章里起了什么作用？故事中为什么要涉及它？

生：既然王母娘娘已经气得暴跳如雷，为何还要等牛郎到地里干活了才去抓织女呢？

生：牛郎和织女不顾身份地位的限制结为夫妻，这体现了古代人什么样的追求呢？

生：是什么支持着牛郎和织女一直相爱下去？

……

师：同学们，你们提的问题真多啊！看来咱们班级是一个爱思考的班级。你们提的问题有的大同小异，有的角度不同，有的居然是老师备课中都没有想到的，这恰恰是你们和我在课堂上学习的意义所在。这样，带着我的准备，也带着你们的疑问，我们一起共学。（出示“共学”）

共学释疑

师：老师和同学们一起来学习，你刚才听见了其他同学的哪些问题？小组内试着交流解决。交流中解决不了的一会儿我们继续讨论。如果还生成了新问题，可以再提出来。

（生小组讨论，师巡视指导。）

师：我们一起分享，来吧。

（小组一发言）

生：我们刚刚解决的问题是：为什么牛郎不叫其他的郎呢？因为牛是一种勤劳的动物，而牛郎每天很辛苦地放牛，不怕吃苦，所以他才叫牛郎。

师：你满意吗？（以手示意提出该问题的同学）他讲得非常好，讲了牛本身的特点。一会儿咱们继续聊。谢谢你，掌声送给这位同学。（生鼓掌）

生：我们还解决的问题是：老牛在现实生活中代表怎样的人？我们觉得老牛在生活中可能有特殊能力，也可能没有，但是代表待人诚恳、很忠诚的一种人。

师：实际上你是在迁移，它代表着这样的一类人。那老牛就引发出了这个故事的主角，谁？

生：牛郎。

师：那你想想，换成“马郎”“羊郎”是啥感觉？

生：觉得不对劲。

师：你刚刚说代表一类人，这老牛的性格，无形之中也代表谁的性格？

生：也代表了牛郎的性格。

师：你把刚才的内容迁移上去，你的发言就不一样了。掌声送给她。

（小组二发言）

生：我们这个小组解决了“为什么最后是喜鹊，而不是别的动物来搭桥？”因为喜鹊象征着美好、幸福，所以喜鹊来搭桥。

生：喜鹊突出一个“喜”字，常说“喜上眉梢”。喜鹊都希望牛郎和织女幸福地过下去，最后喜鹊搭桥是一个美好的景象，也突出故事对真善美的追求。

生：我查的资料是喜鹊很通人性。

师：刚才讲的通人性啊，喜鹊的“喜”啊，都是人为的一种认识。你想补充？

生：喜鹊的尾巴是翘着的，咱们人高兴的时候眉毛也是翘着的，跟这个有没有关系？

生：这个我真不知道。但是，有一点，喜鹊自古以来被人们当作喜庆、吉祥、美满的鸟，所以人们就赋予了它更多的意义和想象。于是，这个故事里就设置了这个角色。

师：说得多好啊！就这个问题，窦老师也准备了。你能不能把你刚才说的知识融入老师准备的材料再给大家读一读？（出示关于喜鹊的材料，生读。）

在中国传统习俗上，喜鹊被认为是一种报喜的吉祥鸟。人们常说，喜鹊叫，预示着吉祥、喜庆、美满的到来；喜鹊立于梅花枝头，表示“喜上眉梢”。这体现了民间百姓祈福、祈求遂心愿的质朴、平实的传统心理。

师：谢谢她。

生：我们组预习的时候在思考“为什么是喜鹊在搭桥，而不是蝙蝠在搭桥？”我们开始认为蝙蝠也代表福，也是好的寓意，可为什么不用蝙蝠？

师：你们又生成了，层次又高了。

生：后来我们觉得他们俩也没有福，最终还是被河隔开了。但是他们相会了，是喜更好。

师：你看到的其他民间故事中有用蝙蝠是吗？

生：不是，我自已想的。

师：掌声送给他，他多会想。

（小组三发言）

生：我们组解决的是“为什么老牛不把牛郎和织女最终的结局告诉他们？”其实老牛可能已经知道了，因为它说“碰到紧急的事，你就披上我的皮”，说明它可能已经预见到了有事情会发生。

师：你说老牛对事情有预见性，那这是一头什么样的牛？

生：神奇的牛。

师：有没有同学知道这牛是什么变的？

生：是天上的金牛星变的，牵牛也是天上的神仙，因为触犯天条被贬下人间，然后投胎转世。金牛星替牵牛讲了几句好话，也被贬下人间了。

师：这是你看的另一个版本的故事。课文呈现的故事是叶老改编的，很多长的版本里就告诉了我们牛的来历。这是神奇的牛，所以在文章中就有独特的作用。

生：我还想说说这牛，它通人性，有知恩图报的精神。

师：所以牛和牛郎之间，互相善待，彼此都会知恩图报。

（小组四发言）

生：我们组解决的问题是：为什么王母娘娘不让牛郎和织女在一起？首先，人神不能相爱。另外，牛郎太穷了，王母娘娘嫌弃他。（众笑）

生：因为织女触犯天条，下嫁人间，王母娘娘为了维持天庭严明的纪律，所以就把织女抓回了天庭。

生：我们又发现了一个新问题，王母娘娘三年才发现，才去抓织女，可能是因为天上一天，地上一年。

师：这个组读着读着发现了新问题。

生：还有一个原因是她爱织女，她怕织女在人间和牛郎会过苦日子，在天上可能会有更好的生活。

（小组五发言）

生：我们小组解决了“为什么是在七月初七的晚上喜鹊来搭桥？”有可能是七月初七的那天，王母娘娘把织女抓走了。

师：所以，七月初七就把她还回给牛郎，想象力太丰富了。关于七夕的起源，请你为大家读一读吧。（课件出示，生读。）

七夕最早来源于人们对自然的崇拜。从历史文献看，在古代中国，随着人们对天文的认识和纺织技术的产生，有关牵牛星织女星的记载就有了。人们对星星的崇拜远不止是牵牛星和织女星，他们认为东西南北各有七颗代表方位的星星，合称二十八宿。读书人还把七夕叫“魁星节”，保持了七夕最早来源于星宿崇拜的痕迹。

七夕也来源于古人对时间的崇拜。“七”与“期”同音，月和日同“七”。古人把日、月与水、火、木、金、土五大行星合在一起叫“七曜”。“七七”在民间表现为时间的阶段性，在计算时间时往往以“七七”为终结。因为“喜”字在草书中的形状好似连写的“七十七”，所以把七十七岁称为“喜寿”。

七夕又是一种数字的崇拜。古代民间把正月正、三月三、五月五、七月七、九月九再加上预示成双的二月二和三的倍数六月六这“七重”均列为吉庆日。“七”又是算盘每列的珠数，浪漫而又严谨，给人以神秘的美感。

师：读完这些资料之后，你们对民间故事选择七夕让他们相会，有什么感想呢？

生：原来民间故事中有这么多的文化元素和丰富的历史。

师：再加上你的猜测就更有趣了。

生：我们组想，可能是因为“七”在古代，不管是西方还是东方，都是一个幸运的数字吧。

师：掌声送给他，有没有同学就他生成的新问题——七夕再说两句的？

生：我们以前查过，不管是数字的还是汉字的“七”都像一条龙，所以故宫的很多台阶都是七级的。

师：我记得是九级吧，到底是几级，要好好查一查。的确，这位同学给我们启发，老师在备课的时候和你想得一样。为什么是喜鹊搭桥啊？怎么就非得是七夕啊？你们想听我说还是想自己回去查？

生：自己查。

师：那我就别讲了。

（小组六发言）

生：我们小组想解决的问题是“这篇文章想表达什么？”从文章中我们看出表达了他们对真善美的追求，对爱情的追求，也是对自由的追求。

师：所以，才编出了这个故事。我记住你的发言了。

（小组七发言）

生：我们小组提出了新问题：为什么以老牛为线索贯穿全文？

师：掌声为这位同学响起。你发现没有，他们在面对那么多问题时，选里面最感兴趣的话题，之后，又生成了新问题。这才是我们课堂学习的意义。

生：我想回答这个同学的问题，因为老牛是暗线，所以用老牛把文章串起来。

师：你的答案还可以更具体，一会儿就你们的问题，咱们深入地探讨作者怎样用老牛把文章串起来。

生：我补充刚才的问题，老牛说的话就是为了设置悬念。

师：我刚才听到了一个词，挺好，我们把它留下来。（板书：悬念）

（小组八发言）

生：我们组解决的问题是“天河代表了什么？”我们觉得天河代表了王母娘娘的权力和管理天庭时的天条。

生：还有“王母娘娘代表了哪一类人？”她代表了那种特别有权势，特别喜欢管理别人，总是认为自己是对的，不顾别人感情的人。

（小组九发言）

生：我们小组也提出了一个新问题：为什么织女见牛郎心眼好，又能吃苦，就决定做牛郎的妻子？这在当今社会是不可能的。（全场笑）

师：为什么？

生：现在还得看看是不是有权有势，有没有房，有没有车。

师：好啊。同学们，还有很多问题没解决，可你说要都解决了，我们这节课接下来干吗？我听刚才同学们讨论的这些问题和生成的新问题，不外乎就三大方面。我也提醒同学们，以后提问时也要围绕这三个方面去问。首先，可以从内容上问，就是“写了什么”。然后，你还能从“怎么写的”这个方面来质疑，如刚才同学们提到的“暗线”与“明线”的问题，悬念的问题。刚才还有同学提到关于文章现实意义的问题，这就是我们要追问的“为什么写”。如果把问题聚焦、概括，其实就是这三个方面。当然，有些同学提的问题我们还没解决。即便有同学说帮他解决了，可能也只是解决了一半，我们还能深入一些，让这个问题更深化。此时，这个问题就变成了课题。下面老师就和同学们带着这些问题先走进第一个环节——写了什么。

写了什么

师：作为高年级的同学，一说文章“写了什么”，就是说主要内容或者是故事梗概。打开预学单，谁来说写了什么？

生：牛郎和织女在老牛的牵引下相爱了，经过了幸福的三年，有了一儿一女。三年后，王母娘娘将织女抓了回去，并在天上变出天河挡住牛郎。每年七夕，喜鹊在天河上搭起一座鹊桥，让牛郎和织女相会。

师：你是用什么方法来概括的？

生：我是抓住主要情节概括的。

师：有没有其他方法？他概括得挺好的，可是你看题目啊，有什么特点？

生：都是人物。

师：像这样用主要人物来命名的故事，概括故事内容还可以怎么做？

生：可以先抓住主要人物来概括主要内容。

师：对，这也是一种方法，你们两个的方法都对，用通用的方法，就是起因、经过、结果。概括这个故事你觉得哪种办法更好？（采访前面用情节概括故事主要内容的学生）

生：应该是抓主要人物，这样就能把线索概括得更加精炼。

师：哪几个人物？

生：牛郎、织女、老牛、王母。

师：仅仅四个吗？

生：还有喜鹊，哥嫂。

（师板书：人物）

师：咱们分个类，行不行？

师：这类（牛郎与哥嫂）是人的话，这一类（织女与王母）是什么？

生：神。

师：这边（牛郎与哥嫂）是人间的话，这边（织女与王母）是什么？

生：天上。

（师板书：人、神、人间、天上）

师：为了让故事梗概更清楚，咱们就好好聊聊这些人物的关系。这里（手指板书）最关键的人物是谁？

生：牛郎。

师：是啊，没有牛郎就没有这些事和这些人物了。现在以牛郎为核心，谈谈他与其他人物的关系。

（一）牛郎与老牛

生：牛郎和老牛很亲密。

生：老牛是牛郎的宠物。

师：这个词用得不恰当。

生：是他的好朋友。

师：讲得很好！快把课文打开，你的发言便言之有物了，而不是空谈。找到相关段落，读给我们听听。

生：牛郎照看那头老牛很周到……舔舔他的手呢。

师：正因为牛郎对老牛那么好，所以老牛回报他。怎么回报他的？

生：一天晚上，牛郎走进牛棚……

师：我听明白了，老牛用什么方式回报牛郎？

生：介绍媳妇。

师：（笑）是啊，介绍对象。介绍的还不是一般的媳妇，而是天上的仙女啊。

师：往后看，回报的就是这一件事吗？继续。

生：一天，牛郎去喂牛……老牛话没说完就死了。

师：古人常讲，身体发肤，受之父母。那可不能轻易把自己的皮剥下来送给别人，可是这头牛却做到了。你怎么评价这头牛？

生：忠实。

生：知恩图报。

生：无私。

生：善良。

生：够义气。（众笑）

师：由此可见，他们的感情……

生：非常深厚。

师：所以，能用宠物形容吗？

生：不能。

师：理解你的心情，宠就是爱的意思。

师：亲爱的同学们，回顾刚才那位同学的问题，“为什么牛郎叫‘牛郎’，而不叫‘马郎’或‘羊郎’？”

生：牛郎和老牛有很大的关系，一样老实忠厚。

师：掌声献给他！（全班鼓掌）从两者的关系看，我们对老牛的认识会迁移到对牛郎的认识，换成“马郎”“羊郎”，你还有刚才的感觉吗？所以，我们一下就对牛郎有了认识，你觉得牛郎是怎样的人？

生：忠实、老实、踏实、无私、善良。

师：你瞧，全迁移过来了。而且，古人非常善待牛，在中国几千年的农耕社会里，牛对于人的作用太大了，家有一头牛，胜过千万斗金。掌声送给他！（生鼓掌）

（二）牛郎与哥嫂

生：哥嫂跟他的关系很不好，嫂子还嫌弃牛郎。

师：找到相关段落读一读。

生：很久很久以前……大家都叫他牛郎。

师：你怎么评价这哥嫂？

生：哥嫂太坏了。

师：我觉得违反了中国伦理道德，我们讲“父母不在，长兄为父”，这哥嫂太不像话了。其实，叶圣陶老爷爷改编的这则故事比有些民间版本还好一点，还有版本写哥嫂给牛郎下毒的呢。你猜，为什么？为夺财产。夺什么财产？那头老牛啊。同学们，将来你们要做哥哥做嫂子可不能这么干哦。继续聊！

（三）牛郎与王母娘娘

生：我要聊一聊牛郎与王母娘娘的关系。

师：啥关系？

生：属于岳母和新郎的关系。（众笑）

生：牛郎本来和织女在一起，可是王母娘娘非要活生生把他们拆散。

生：王母娘娘是非常狠毒的一个人，对自己的亲人也忍心下狠手。

师：你们接受不了，是吗？找到相关段落读给我们听听。

生：再说天上……“快去找爸爸！”

师：我记得刚才有个同学问为什么织女这个时候让孩子去找爸爸，而不找别人。

生：这是因为织女只有牛郎可以依靠。

师：还有个同学问为什么王母挑牛郎不在家的时候抓织女回去。你怎么看？

生：如果牛郎在家的话，一定会拼命反抗，让王母娘娘把织女留下。

生1：我觉得王母娘娘不想看到别人在一起。

师：是吗？老师读了叶圣陶老爷爷改编这个民间故事的原版，我发现遗憾的是同学们手里拿的教材，叶老的这段话被删掉了。（出示被删掉的段落）读完之后再请你说说对王母娘娘的看法。

（生朗读）

从此以后，牛郎在天河的这边，织女在天河的那边，只能远远地望，不能住在一块儿了。他们就成了天河两边的牵牛星和织女星。织女受了很厉害的惩罚，可是不肯死心，一定要跟牛郎一块儿过日子。日久天长，王母娘娘也拗不过她，就允许她每年七月七日跟牛郎会一次面。每年七月七日，成群的喜鹊在天河上边搭起一座桥，让牛郎织女在桥上会面。就因为这件事，所以人们说，每逢那一天，很少看见喜鹊，它们都往天河那儿搭桥去了。还有人说，那一天夜里，要是在葡萄架下边静静地听，还可以听见牛郎织女在桥上亲亲密密地说话呢！

师：现在怎么看这个王母娘娘？

生：王母娘娘也是于心不忍，让他们七月七日相会可能也是对自己错误的反悔。

师：给这位同学一点掌声啊。

师：现在你（指生 1）怎么看？

生 1：我觉得王母娘娘还挺有人性的，还懂得一点别人也需要爱情。

师：你刚才评价绝对了，但不是你的错，教材呈现的文字就是那样。所以，有的时候，一定要谨慎地看待文字，不仅是文字的全部，还要想到后面缺了什么，补了什么，我们看待得是否周全，是否客观。

师：这样，王母娘娘找到了一个折中的办法，让他们两个人——

生：在鹊桥上相会。我还想到为什么牛郎织女在鹊桥上相会，但不能到人间去，可能因为鹊桥就是仙界和人间的分界线，只要越过一点就要受到处罚。

师：听你们一聊，我觉得有很大的收获，你们看这文字，少一段都不行，一下子就能影响我们对一个人的判断。正如同学们所说，天有天规，天上的神和人一样也有感情。有的时候就是很无奈，需要作一些选择。谢谢你啊，这位同学。继续聊！

（四）牛郎与织女

生：我觉得他们关系特别好，我从这段感受到的（读“牛郎和织女在树林……做牛郎的妻子”)。我认为织女特别好，因为她是天上的神仙，可没有娇贵感，也不像其他仙女一样挑剔。

师：两个人这么一见面，就……

生：就相爱了。

师：你有疑问吗?

生：我有一个疑问，在人间的话得见双亲什么的，可是他们一见面就结婚了。

师：还不仅是见双亲，还得有什么?

生：还得有房有车。(众笑)

师：所以，同学们，这牛郎和织女的爱情超出了寻常的现实，他们的感情一会儿我们再好好谈谈。掌声送给这位同学！（全班鼓掌）

（五）牛郎与喜鹊

师：还有和谁的关系没聊?

生：喜鹊。

师：很简单，我们一起来聊一聊。喜鹊干吗啦?

生：搭桥。

师：这个象征着吉祥、美好的鸟来帮助他们，成全他们。实际上这个故事里有两个桥，一个是老牛，一个是喜鹊。

师：聊到这儿，这篇民间故事到底写了什么?按照同学们说的，把人物串联起来试试。

(师生利用板书的人物关系，串联事件，概括故事梗概：哥嫂对牛郎很不好，老牛却对他很好，于是给他介绍织女成为他的妻子，还把自己的皮剥下来献给他。王母娘娘很生气，抓回织女，牛郎披上牛皮去追织女，被王母划下的天河阻隔。后来，王母拗不过他们的情感，允许他们七月七日在天河相会，喜鹊飞来成全了牛郎和织女的爱情。)

师：同桌之间说一遍。

(小组合作说故事梗概)

师：为自己鼓掌，这是概括故事内容的一个重要的方法，题目往往是文章的眼睛。

怎么写的

师：第二个话题“怎么写的”，咱们可不能只看到文中的字词。高年级的同学一定要注意……（手指板书）注意文本的体裁特点。咱们现在就快快地打开预学单，看这个问题（“了解民间故事在写作上的特点……说说《牛郎织女》体现在哪几处。”）。谁来汇报一下？

生：在想象上，奇特大胆。比如说把天空中灿烂的云霞想象成织女织的彩锦。仿佛让人身临其境，很吸引读者。（师板书：想象、语言）

生：人物说的话都没有特别的修饰，很朴实，让人很易懂。

生：我想从牛郎织女这两个名字谈一谈，牛郎就是一个放牛的人，而织女织得一手好彩锦。名字取得就很朴实，语言很通俗，这样才能口口相传。

生：还有“王母娘娘拔下头上的玉簪往背后一划，霎时间，牛郎面前出现了一条天河”，写得很生动。

师：刚才这几位同学发现了民间故事两个最重要的特点，一个是语言形象生动，另一个是想象奇特。继续。

生：情节一波三折、环环相扣，想象力丰富。以老牛为暗线穿插全文，语言通俗亲切。（师板书：情节）

师：我听到了一个很重要的关键词，是“情节”。民间故事情节的特点是刚才她说的一个成语，叫——

生：一波三折。

生：我觉得作者用了顺逆的写作手法。

师：什么？

生：顺逆。牛郎原来的生活很贫苦，遇到织女后生活就变得很美满，美满相对贫苦就顺下来了。美满过后王母娘娘又把他们拆散了，又变逆了。最后，王母娘娘仁慈了一下，每年七夕让他们相会，怎么着也是一年见一次，就顺了。就这样顺逆顺逆着，不断地顺逆。

师：其实这和那位同学说的一波三折是一个意思，民间故事哪能让你那么顺利。掌声送给这位同学，我从来没说过顺逆的写作方法，这是你自己的创造。

生：我觉得情节的一波三折也是为了突出牛郎和织女的感情特别真挚、永恒。

师：所以也是通过这样的一波三折来考量他们两人的爱情是不是真正的爱情。

生：语言朴素又紧扣题目，像“很久很久以前”，就像老奶奶给小孙子讲故事一样。

师：你的发现很好啊，“很久很久以前”表示一个时间，时间多长？

生：很久很久。

师：没说确切时间，但是的确很长很长。往下看，还有没有表示时间的词语？

生：一天晚上，第二天黄昏……

师：你发现的这些写时间的词语，叫故事的什么？

生：时间线索。（师板书：线索）

生：文章中还设有很多悬念，引起读者兴趣。

生：文章设置了很多悬念，老牛说牛郎会遇到一位美丽的姑娘，到底是什么姑娘呢，故意先不说，就是设置一个悬念，引起读者兴趣。另外一个悬念就是老牛说它死了以后，让牛郎把它的皮剥下来留着，碰到紧急的事就披上它的皮。这个紧急的事到底是什么，也是一个悬念。

师：刚才同学们聊了这么多，我们要知其然，还要知其所以然。看黑板，民间故事采用大胆的想象，形象的语言，同时又通过悬念和隐含的线索，来表现什么？

生：情节。

师：情节是最重要的，情节中要有——（生答“想象”），要有——（生答“悬念”），要有——（生答“线索”）。这是不同于一般故事的特点。继续小组合作，找到这个民间故事不同于一般故事的神奇或离奇的情节到底有哪些，想想这些情节又为何吸引听众。

（生小组讨论，师巡视指导。）

（一）牛会说话

生：最神奇的地方就是老牛说话，因为千百年来，人们都想和动物交谈，但是都无法实现。这篇文章中老牛会说话，这就是超越现实的。

生：最神奇的地方就是老牛。“明天黄昏的时候……可别错过了这个机会呀！”

师：怎么就神奇了？

生：这头老牛怎么知道树林里有一位姑娘呢？他有预测能力吗？

师：其实前面都谈过了，你们的发现很好。老牛说的话布局布得真有意思，你发现这句话有什么特点吗？

生：我发现老牛给牛郎的线索非常细致。

师：细致在哪儿？

生：每个细小的点都说出来了

师：都有哪些点？我们一起来看看。

生：黄昏、右边那座山、湖、湖边的树林。

师：我们尝试一下，少一个地方行不行？假如就少“黄昏”行不行？为什么呢？

生：不行，“黄昏”是时间，没有“黄昏”，会出现牛郎到达指定地点，但是什么都没有的情况。“翻过右边那座山”是地点，有很多山，去掉“右边”，牛郎就不知道是哪一座山。“山边有一个湖”，就是那么大的一片区域，假如不规定一片小的范围，牛郎找起来很麻烦。

师：是啊，我们古人常言写文章少一处叫不解。那难道写多了就行吗？你说牛郎听完会怎样？

生：我要是牛郎，本来没识多少字，听后就混乱了。

师：这叫过犹不及。要把信息送进牛郎的耳朵里，老牛该怎么说啊？

（生读该段，几个需要强调的信息重读。）

师：有点意思了，老牛啊，再夸张一点告诉牛郎，这可是第一次说呀。

（生读该段，在几个需要强调的信息处重读、停顿。）

师：小时候听过别人讲故事吧？（生顺势讲三个和尚的故事，师辅以手势指挥。）

（生读该段，强调重点时语速缓一些，句末音调上扬。）

师：给这位同学掌声！我再提一点建议，别忘了老牛的身份、性格特点，老牛可不是小狐狸哦。

（生再读该段，模仿老牛说话低沉的语气。）

师：老牛的性格特点表现出来了，你想象一下，老牛现在心情怎么样？

生：欢喜。

师：欢喜还着急啊，希望牛郎赶紧去呀。他既有老牛的身份特点，还有讲故事的神秘的特点，但是还特别急切地想告诉牛郎，又该怎么说？

（生再读该段，模仿老牛说话低沉的语气，语速加快些。）

师：这就是想象的一种境界，就这么简单，一句话，你心中的老牛是怎么样的，你就会怎么说。给自己一个机会，你们现在就是老牛，我是牛郎，快快告诉我。

（全班齐读老牛的话）

（二）牛郎和织女在树林里相识

生：（读“牛郎和织女在树林里相识了……做牛郎的妻子”）我觉得这里有点不现实。因为现在要结婚的话要有房有车，这里织女只看到牛郎的“心眼儿好，又能吃苦”，就决心做牛郎的妻子。

师：哪两点？

生：心眼好和能吃苦。

生：我感觉是那种一见钟情吧。

师：民间故事的情节就这么简单。

生：故事表达了牛郎和织女的纯真情感，两人都很单纯，就决定在一起度过余生。（众笑）

师：我听到了一个重要信息，那时候人都很纯洁。看重什么？

生：看重牛郎善良、忠实、单纯。

生：我想到了一首诗，“身无彩凤双飞翼，心有灵犀一点通”。两人情投意合，只一看就对眼了。

师：谢谢你的发现，一见钟情也好，情投意合也好。民间故事就是这样，该复杂的时候复杂，该简单的时候简单。但是，有不同的版本，看看他们怎么相识。（显示另一版本中的牛郎）

生：我觉得牛郎和织女知道了对方的身份以后，织女就决定留在人间，做牛郎的妻子有点离谱。这种一见钟情的事情很少，一般都得先交几年的朋友。

师：我刚刚听见一个词，叫离谱。我们刚才说，民间故事是离奇。你们小组刚才说这个情节不符合实际。再讨论讨论，到底是离谱还是离奇？

（生齐读牛郎织女相会的段落）

生：我觉得既不离奇也不离谱，人家作者就是这样写的，每个人的情感各有不同，别人愿意怎么样就怎么样，就愿意一见钟情！

师：织女见牛郎能吃苦、心眼好就决定留在人间，做牛郎的妻子。她看中的是什么？

生：牛郎的勤劳、善良。

师：有了这些也许就会有……

生：有那些辛劳换来的结果，像房子之类的。

生：后来牛郎在地里耕种，织女在家里纺织，他们的生活非常普通。牛郎要求织女是那种贤妻良母，织女要求牛郎要善良勤劳。

师：反正作者就是一笔带过。咱们来看看其他版本的情节，也写了织女和牛郎两人的相识。其中有一个版本写的是这样的（出示课件），谁来读？

生：牛郎躲在树林里等着。一会儿，七个仙女来了，她们一个个脱了衣裳，扑通扑通跳到了水里。牛郎瞅准了那身红衣裳，窜过去抓起来就跑……

师：这个版本中的牛郎怎么样？

生：太急切了。

生：有点要流氓。（众笑）

师：我问你啊，这个版本和叶老那个版本来比，哪个离奇？哪个离谱？

生：这个离谱。

（采访刚才说“离谱”的小组）

师：这个牛郎你怎么看？你能做这种牛郎吗？

生：肯定不做。

师：这么做行不行？

生：不行。

师：所以必须得两情——

生：相悦。

师：好，咱们再看一个版本，别着急，你们认识的是这样的牛郎，觉得他离谱啊，再看看另一个版本写的织女。谁来读？

生：仙女偷看了他一眼。第二天夜里，独自来到玉池边，大着胆子看牛郎。第三天夜里，望着牛郎微笑，第四天夜里便向牛郎点点头，第五天夜里端出一篮蚕，第六天夜里偷出一架织布机，第七天夜里拿着织布梭奔向牛郎……

师：你怎么看这个织女？

生：这个织女很奔放，很主动，直接奔向牛郎。（众笑）

师：如果说民间故事叫“离奇”，他们这么写叫“离谱”。所以，叶老的版本有那么一些味道，他们俩在树林里相识，就给了你——

生：想象的余地。

师：只简简单单地写了牛郎心眼好、能吃苦这两个最重要的特点。有了这些就可以拥有一切。

师：不能轻易用“离谱”，“离奇”就在于你不接受，没事儿，人家织女和牛郎就这样相识了，人家织女就见牛郎心眼好、能吃苦，就决心做牛郎的妻子，不接受是你的事儿。这就是民间故事神奇、惊奇的所在。关于情节的问题就聊到这儿。

（三）讨论民间故事的两个要素

师：其实不只这两处，还有好多处。刚才已经谈到了情节里的——（生齐读“悬念”“线索”）。民间故事很通俗，你看看最鲜明的悬念在哪儿。

生：牛郎得知织女被王母娘娘抓走，心急如焚。可是怎么上天搭救呢？

师：一个凡夫俗子怎么能上天去，太不可能了，这里设定了一个问号。

生：一天晚上，牛郎走进牛棚，忽然听到一声“牛郎！”，是谁叫他呢？

师：还有好多好多，巧设悬念真是太多了。咱们选一个有意思的，体会悬念的味道。（显示“这姑娘是谁呢？”）

师：你要想讲给小伙子听，该怎么读？（生音量高）

师：如果讲给老奶奶听——（生声音变小）

师：讲给妇女们听——（生声音平缓）

师：讲给小朋友们听——（生模仿童音）

师：因为姑娘太神秘了，想强调姑娘，该怎么读？

（师示范后，生注意“姑娘”后停顿，加上表情动作。）

师：“是谁”其实你知道，欲擒故纵，明知故问，你该怎么问？

（两位学生读，读出不同感觉。）

生：这姑娘究竟是谁呢？（生增加“究竟”，“是谁”声音上扬，语速加快，读出好奇的语气。）

师：掌声一定要送给他。

师：所以，同学们，讲故事的人不一样，读出的悬念就不一样。所以，民间故事就是你讲我的，我讲你的，口口相传，讲出来的意思、情节都不一样，都是多彩的。

师：咱们再看看线索，刚才同学们已经谈到了，找出来吧。（显示表示时间线索的词语）找一处朗读。听你们读，看看多长时间啊？

生：很久很久以前。

师：也就两百来年。（生放慢速度读）

师：有点意思了，五六百年。（生再放慢速度）

师：你这是多少年？

生：一千年。（众笑）

生：很久很久很久很久很久很久以前。（生带表情和神秘感读）

师：你可以把这么多很久都藏在这两个很久里面。比如：前面一个高，后面一个低；前边一个低，后边一个高；两个都高，所有人都能听见；神秘点，夜晚在灯光下讲。（师做动作，生分别试读四种不同情况。）

师：看，只是声音的变化，就藏着太多让你想象的空间。想读读这个线索？看我指挥吧。（师指挥四种情况，全班齐读。）

师：下面同学们讲，我们可以对比一下。我可以前边一个低，后边一个高，我要引起你的注意。作为一个成年人，充满激情，同时又有很多生活的经历，让他可以储备，可以回味，前面可以高，后面可以低。时间太短了，要把故事快速地讲完，你可以快一点。要想慢，不断地拉开拉开。也别太慢了，不然别人就得问你：你 80 了吗？

师：你们现在要对着下面这么多人讲，要压住场子，声音要大一点，往上走，开始！（生音量较大，语速缓，语势平。）

师：你就对我一个人说就行了，再来。（生音量小，语速加快。）

（师范读，生音量再小。）

师：你低声耳语。（生向旁边的同学悄悄地说）

师：我今天引发大家这样读的目的是，民间故事不仅仅是朗读，你是真的要用讲的方式，用声音去体会民间故事的味道。

师：同学们，太好玩儿了，你们发现了没有，用这样的语言，这么大胆的想象，用这样的悬念和线索突出这样的情节，民间故事最终要表达的是什么？

生：情感。

师：这才是人们愿意将民间故事讲下去的重要力量，那就是用情节推动情感。（板书：情感）刚才你说到的牛郎和织女两个主角的关系就是两个人的——（生答“情感”），原来所有的都是为了服务两个人的——（生答“情感”）这是怎样的情感？

（显示“织女见牛郎心眼儿好，又能吃苦，便决心留在人间，做牛郎的妻子”，生齐读。）

师：找一位仙女吧。（采访其中一名学生）织女啊，留在人间可是要付出代价的。你准备好了吗？

生：我准备好啦。

师：你为什么决心留在人间，做牛郎的妻子呀？

生：可能是因为……

师：什么可能啊，你不是旁观者。

生：因为牛郎心眼儿好，又能吃苦，而且我本身也向往自由，我决心留下来做他的妻子。

师：就这么简单？

生：就这么简单。

师：和你一起下凡的还有谁呀？你的姐姐们呢？（生请出3位姐妹）

师：这是你们朝夕相处的姐妹，她要留在人间做牛郎的妻子，你们快劝劝她吧。

生2：别在这儿了，天上多好玩啊，在这儿还得跟着这个穷小子吃苦。

生3：别做白日梦了，你看他又没钱。

生4：祝你们相厮相守，永不分离。

生2：要不然把牛郎接到天上去吧。

生3：人间实在是太苦了，你不一定吃得了这种苦啊。

生4：王母娘娘也不一定会同意，你还是再想想吧。

师：听了她们的劝，你怎么看？

生：谢谢你们的好意，我意已决。我还是决心留在人间做牛郎的妻子，因为我觉得虽然他没钱，但是他心好，又能吃苦，我就决心留在人间，跟着他了。

师：从此，男耕女织——

生：（齐读）牛郎在地里耕种，织女在家里纺织。两个人辛勤劳动，日子过得挺美满。转眼间三个年头过去了，他们有了一儿一女。

师：织女的决心决定了他们的日子过得挺美满，细心的同学还会发现美满前面加了一个字。

生：挺。

师：为什么不说很美满，特美满，而说挺美满？

生：因为跟着牛郎过日子还是很辛苦的。

生：日子苦却觉得很甜蜜。

师：日子苦但是心里甜，所以说他们——

生：挺美满。

师：三年后，他们就有了一儿一女，这是怎样的一个“好”啊。（显示“子”和“女”合成“好”字）我们觉得他们挺美满，其实在他们心里是觉得好美满。

师：刚才你想送他们一首诗，现在你还想为他们送上一曲吗？（配乐，师生合唱黄梅戏《天仙配》选段。）

师：你我好比鸳鸯鸟，比翼双飞在人间。同学们，三年，他们的情感经得起考验吗？

师：谁来考验他们来了？

生：王母。

师：王母娘娘是怎么考验他们的？快读读。

（显示“牛郎得知织女被王母娘娘抓走……挑起来就往外跑”，生齐读。）

师：织女决心留在人间，牛郎的决心是……

生：追上织女。

师：一个凡夫俗子，他怎能抵挡天兵天将？但是，即便如此，也要挑上儿女追上去。

（配河水的声音，显示“王母娘娘拔下头上的玉簪……牛郎飞不过去了”，生齐读。）

师：牛郎飞不过去了，他回去了吗？

生：没有。

师：化作星星我也要留在天上。读起来。

（生读“从此以后，牛郎在天河的这边……他们就成了天河两边的牵牛星和织女星”。）

师：这就是令人神往的美好的爱情，然而这正如你说的，故事开始从顺转入逆了。真是一波未平，一波又起。

师：若说前面感受到织女下嫁人间的决心，那么人间的凡夫俗子牛郎的决心在哪儿呢？牛郎为了追寻平等、自由的爱情，他面对天河，回去了吗？

生：没有。

师：于是，他就在天河的这一边，等啊，望啊，那是一年——

生：又一年。

师：一年——

生：又一年。

师：又是一个一年——

生：又一年。

师：于是，两个人就成了天河两边的牵牛星和织女星。同学们，成就两个人这样的决心的究竟是什么啊？

生：忠诚。

生：心心相连。

师：是啊，坚贞不渝。

生：患难与共的心。

生：向往自由、平等的爱情。

师：所以，他们要付出这样的代价为这样的爱情去努力、去追寻。于是，人和神，天上和人间，宁可化作星星，也要在一起。于是，人们面对此情此景，都对他们感慨——

（生齐读《古诗十九首·迢迢牵牛星》）

师：这“盈盈一水间”，这“脉脉不得语”，有谁不为他们感动？有谁不同情他们？你读到这儿，有什么感受？

生：现在我认为只要双方都忠于对方，都能患难与共，爱情没有房也是可以的。

（显示“从此以后……天河两边的牵牛星和织女星”，生齐读。）

师：从此以后，谁知道有多少年呐？1年，10年，50年，100年，我就在这儿等你，就在这儿隔河相望。就这样，他们永远地定格在天上，后人把他们的名字定为牵牛星和织女星。面对这样的情感，你想对牛郎和织女说什么呢？

生：祝你们的爱情更长久。

师：是的，那么狠心的王母娘娘也是有人性的。所以，她抓回织女时，不忍心看见夫妻两人分手的情景，趁牛郎不在家的时候带走了织女。最终她还允许两个人相会。看啊，这就是七夕的时候，喜鹊都来了，它们要搭桥让这两个人相会。想象一下，织女会对牛郎说什么呢？

生：我想你了。

师：多么朴素的话呀。

生：儿女都还好吗？

师：牛郎也要对织女说呀！

生：我终于见到你了，你现在身体还好吗？

生：两情若是久长时，又岂在朝朝暮暮。

师：这牛郎有文化！

生：我们终于相会了。

生：天河那么冷，你没冻着吧？

生：一年不见，我的眼泪都快哭干了。

生：让你在天河这边等我，你受苦了！

师：我相信人间的我们都想用这些诗句对他/她说——（出示课件）

生：几许欢情与离恨，年年并在此宵中。

生：在天愿作比翼鸟，在地愿为连理枝。

生：天涯海角有穷时，只有相思无尽处。

师：你还想用自己的话对他们说——

生：希望你们海枯石烂，永不分离。

生：祝你们有情人终成眷属。

师：刚才你用了一句诗，“两情若是久长时”——（生答“又岂在朝朝暮暮”)，毕竟他们一年才见上一面，你觉得他们的爱情……

生：稳定吗？

师：你怎么看？

生：会不会牛郎觉得等不了了，就又去找了一个？

生：织女会不会想在天上找一个？

生：我觉得他们感情非常真挚，就算分离再长时间，他们也能相聚。

师：一年才能见上一次，太艰难了，这种煎熬的日子，对人是一种多么大的考验。

生：我相信不论他们相距多远，他们的心是在一起的。

生：即使你们一年之中有364天都没有见面，但是只要有那一天就已经很满足了。

师：为何呀？

生：就是因为这一天你们的爱才完满。

生：我认为他们不会受到煎熬，因为在剩下的364天中，他们会有美好的回忆。两个人你想着我，我想着你，生活就不会特别空虚和无聊。而且，他们很珍惜彼此在一起的时间，根本就不会吵架。

师：同学们，今天我们谈得太多啦！而你们所说的这真挚、这满足、这完满、这珍惜，放在一起，用文中的一个词，就是——

生：美满。

师：面对这样的情感，我们的古人不就像你们刚才说的那样吗？读起来吧。(生朗诵《鹊桥仙》)

为什么写

师：多好啊，亲爱的同学们，有了这样千百年来流传下来的爱情故事，我们才发现这样的决心带来了两个人执着的、坚守的、永远不可磨灭的爱情。这个故事就这样一辈辈流传下来，为什么我们要表现这样的爱情故事，这个问题就变得简单了，想答吗？

生：人们创作这个故事，表达了牛郎和织女真挚的情感，抒发了人们对美好爱情的无限向往。

生：因为现在的人们对爱情不够忠诚，牛郎和织女一年见一次面却那么恩爱。

师：于是我们才发现，这个故事不仅仅放在教材里给六年级的小同学学习，还应该给成人学习，学它多么有现实意义啊！

生：现在的人都很物质，而牛郎织女他们什么都没有，却真心拥有彼此。

师：是啊，所以，人们才带着你们刚才的那些感受和困惑，对现实生活的不满，每天卧看牵牛织女星，想象出故事来。（出示星座图片）你看多么神奇，想象的故事将人和天连在一起，实现我们最古老的文化传统——天人合一。同学们都查资料了，你们说现实中有这个事吗？

生：没有。

师：何以见得？

生：牵牛星和织女星相距16光年，牛郎和织女打一个电话要32万年才能接上。

师：太好了，你也收集到了这个信息。可是，人们宁可相信这个故事，宁可将它一代代流传下来，不就是为了表达心灵的诉求吗？还有和《牛郎织女》并肩的另外三大民间爱情故事。它们是——

生：《白蛇传》《孟姜女》《梁山伯与祝英台》。

师：你们读了吗？做了预习报告单吗？

生：做了。

师：那快来说说你们的发现吧。

生：我发现里面人物的性格都差不多。

师：举例来说。

生：牛郎和许仙一样。

生：主人公都是一对夫妻，都会受到一些阻拦。也会有好人相救，而且都感人肺腑，最终都是终身相守。

生：虽然一波三折，却都十分美妙。

师：人物有：男主角——牛郎、许仙、梁山伯、万杞梁；女主角——织女、白素贞、祝英台、孟姜女。（边说边显示表格填写）

师：这位同学说得好，人物的性格都很像，女主角都有什么特点？

生：家境都比较富裕，地位都比男士高。

师：一般都是仙女嫁给——（生答“穷小子”）然后就会出现一个反对者，分别是王母娘娘、法海、马文才、秦始皇。也有帮助他们的：老牛、小青、大风、孟母、孟老伯。（边说边显示表格填写）

师：同学们，这样我们就发现了最大的密码，民间故事的结构——

生：大同小异。

师：掌声响起！（全班鼓掌）如果你要改编，结构不能丢，这是民间故事最好的传统。但是里面的内容、情节可以不断地调整。

师：表现的情感都是要追求爱情的永恒、美满。还有，上节课我们已经把《牛郎织女》的故事梗概按人物串联的方式完成了，你们回去也试着用这个方法概括其他故事。现在就让我们一起走进这四大爱情故事。一起去分享、去感受这爱的美好。

（配乐朗诵四大民间爱情故事结局）

师：亲爱的同学们，咱们从牛郎织女的故事引发开去，走进了另外三大民间爱情故事。我们发现，原来对美满爱情的追求是人类永恒的话题。试想，每天的日子没有这样的爱情故事去滋养、震撼我们，让我们流泪，让我们反思，人类仅仅就为了生育繁衍，你们说这该多么无聊和无趣呀。而这，恰恰是民间爱情故事要告诉我们的理儿啊。

师：我想，课下你们不单单会沉浸在这四则民间爱情故事里，一定还会进一步延伸学习下去。你们还小，今天这两节课将为你们埋下一颗爱情的种子，你们可以把自己的梦想融入到你们要改编的牛郎织女的故事里边，去完成你们对这个问题的思考，去塑造你们心中的形象。几千年以后，人们可能不是读叶圣陶改编的故事，可能是读你写的爱情故事呢！

师：课文上到最后，你又有了怎样的思考要表达？又有了怎样新的感言要宣告呢？

生：那些阻拦者是真的坏吗？他们是为了自己的生存或者是有不得不说的纪律，才把男女主人公拆开的。

师：所以，你对法海、对王母娘娘、对马文才有新的认识，你说有没有改变的办法？

生：有。

师：什么办法？

生：就是修改天规，改变人们的思想。

师：掌声一定要为他响起！同学们，他带给我们的启发是看待问题可以有多个角度。

师：事先我们在预学时查过资料，刚才大家谈到了那么多的背景，大家都知道牛郎织女不是现实世界发生的故事，那为什么要写呢？

生：这可能反映了当时的一种社会现象，一些贫民可能喜欢上了官僚子女，但是又得不到，只能写在故事里了。

师：以前讲究等级观念，现在追求自由、平等，我听到了。

生：是要告诉我们父母不要干涉儿女们的爱情，要让他们为自己的爱情自由做主。

师：所以“王母娘娘”们不要再干涉下去啊！

师：生活在民间的普通人期盼美好的爱情，而现实并非如此。于是，他们创造了一个这样的故事来表达自己美好的愿望。这正是老师开场时引发的话题的道理。

师：我们不妨读读咱们附小的一个家长格非叔叔，也是清华大学中文系系主任，对《牛郎织女》的看法。

（生齐读格非的话：《牛郎织女》渗透了中华民族传统的儒、道、佛文化，反映了儒家道德伦理，如哥嫂对牛郎的态度，体现了道家对神的敬重与向往，以及佛教追求人与动物、与神仙众生平等的思想。）

师：原来看似这么简单的小故事里，却蕴含着这么大的道理。

师：不仅是《牛郎织女》这个故事，体现人们对美好爱情的追求的还有——

生：《白蛇传》《孟姜女》《梁山伯与祝英台》。

师：加上《牛郎织女》，就是我们中国古代四大民间爱情故事。老师让大家做的读书报告单。都做了吗？

生：做了。

师：好啊，想想为什么人们非要想象编织这么多美妙的民间爱情故事？为什么要写呢？

生：我想说的是《梁山伯与祝英台》，主要人物有梁山伯、祝英台和马文才。它被称为中国的《罗密欧与朱丽叶》，代表中国千百年来的永恒的爱情。

师：至死不渝的爱情。

生：我想说一下《白蛇传》,《白蛇传》与《牛郎织女》不一样的是，织女是个神仙,《白蛇传》里的白素贞原来是个妖怪，现在她想当神仙，虽然是个妖怪，但是碰到了人间普普通通的给人看病的许仙，他们的爱情能长久。

生：我想说一下《孟姜女》,《孟姜女》的人物有孟姜女、万杞梁、秦始皇。故事是这样的：孟姜女刚和万杞梁结为夫妻，就被抓去修长城了。得知万杞梁已死，孟姜女痛哭，哭倒了长城。说明他们夫妻的恩爱感天动地。

师：多好啊，所以，同学们发现没有，四大民间爱情故事都是用人物来做题目的，要讲它们的故事梗概，不妨就用刚才学到的《牛郎织女》的故事来迁移，回去再把这些故事梗概修正一下。《牛郎织女》的人物已经呈现了,《白蛇传》《梁山伯与祝英台》《孟姜女》，咱们一起来横着看男主角，再看女主角，再看这些人物（幻灯出示），你发现了什么？

生：我发现男主角一般都比较贫穷，但心眼都比较好。

师：接着讲，女主角——

生：女主角一般都是神仙或是家庭富裕的人，比男主角条件好。

师：同学们，民间故事的一个规律被他发现了，一般都是——

生：女的比男的条件要好。

师：接着来。

生：总有破坏他们感情的人。

生：总有给他们搭桥的人物，假如没有这些人物，这些故事就不能成立。

师：在这些人物当中你发现了民间故事的什么结构规律？

生：一般都是男主角和女主角偶然相遇，他们结为夫妻，又被人破坏，结局都有点一样，一般是悲情的比较多。

师：说得好，谢谢你的发现。我们讨论为什么民间故事要这么写的目的就是让人看到结构的简单，便于口口相传。当你发现这个规律之后，你就找到了民间故事的密码，可以用这个规律讲故事、编故事。所以，人们就这样口口相传到今天。面对这样的四大民间爱情故事，需要用我们的心，以我们的生活，去衡量，去思索。让我们怀着一颗崇敬的心再去读读它们吧。

（播放《梁祝》，生分别读四大民间爱情故事的结局。）

师：正是这生生死死、至死不渝的爱情，才让我们这一代又一代的人，因为情感的给予，活出了美满的生活的意义。两节课后，我们的共学并没有结束，你们一定还会进一步去延伸学习。甚至用你们对民间爱情故事的视角从我们中国的领域延伸到西方，也去读西方的那些民间爱情故事，去思考人类为什么把这样的爱情作为人们不断谈论的话题和追寻的主题。当然，若有可能，你也可以试试改编《牛郎织女》，刻画你心中的牛郎、织女、王母娘娘，再现一个你心中的结局。也希望一千年后，那时候的人们钻到葡萄架下，不讲叶老的《牛郎织女》，讲你那个版本的《牛郎织女》，该多好啊！课上到最后，思考没有结束，问题与困惑还会伴随我们的课堂，甚至你的一生。此刻，对爱情你有怎样的新思考要发问？对现实你有怎样的新建议要发布？

生：不要认为有房有车就是好的，要有爱才会有家，有房有车不算有家。物质条件不重要，重要的是精神条件。

生：我认为爱情不是靠父母拼凑出来的，要靠自己对对方的一见钟情、两厢情愿，才可以构筑真正的爱情。

师：你终于认可一见钟情了，我可记得课前你认为他俩过于简单了，我尊重你有自己的理解。

生：我认为爱情是不需要分国界的，与人的身份和地位还有一些金钱和物质上的待遇无关，有牛郎织女的忠诚、互相信任和患难与共，爱情才是最美丽的。

师：（掌声响起）太好了，你的这段话可改成这堂课的结语。

师：很好，亲爱的同学们，我们聊得多畅快啊！我发现我在这课上也成长了很多，收获了很多。未来的你，到窦老师这个年龄的时候，当生活遇到了选择或抉择的时候，如果你还能想起，少年的时候，一个姓窦的老师曾经拿着六年级的一篇课文，在你的心里播下一颗美满的爱情的种子，如果这对你未来的人生有所启示，也许才是我上这两堂课的意义。下课！

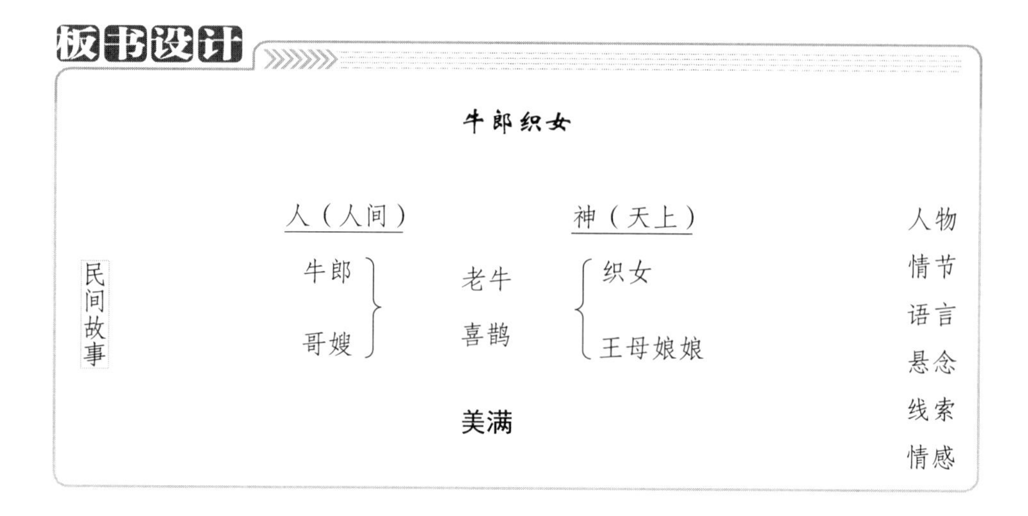

预学单

一、重点学习四大民间爱情故事之一

牛郎织女

很久很久以前，有个孤儿跟着哥哥嫂子过日子。哥哥嫂子待他很不好，叫他吃剩饭，穿破衣裳，每天天不亮，就赶他上山放牛。他没有名字，大家都叫他牛郎。

牛郎照看那头老牛很周到。每天放牛，他总是挑最好的草地，让它吃又肥又嫩的青草；老牛渴了，他就牵着它到小溪上游，去喝最干净的溪水。那头老牛跟他很亲密，常常用温和的眼光看着他，有时候还伸出舌头舔舔他的手呢。

一天晚上，牛郎走进牛棚，忽然听到一声“牛郎！”是谁叫他呢？回头一看，微弱的星光下面，原来是老牛在讲话。老牛说：“明天黄昏的时候，你翻过右边那座山，山边有一个湖，湖边有一片树林。在树林里，你会遇到一位美丽的姑娘。可别错过了这个机会呀！”

第二天黄昏，牛郎翻过右边那座山，来到湖边的树林里。忽然，远处传来轻盈的欢笑声，牛郎循着笑声望去，只见湖边有几个姑娘正在嬉戏。过了一会儿，其中的一个离开伙伴，向树林走来。这姑娘是谁呢？原来她是王母娘娘的外孙女，织得一手好彩锦，名字叫织女，每天早晨和傍晚，王母娘娘拿她织的彩锦装饰天空，那就是灿烂的云霞。这天下午，王母娘娘多喝了几杯美酒，靠在宝座上睡着了。织女和众仙女见机会难得，便一起飞到了人间。

牛郎和织女在树林里相识了。交谈中，牛郎明白了织女的身份，织女也知道了牛郎的遭遇。织女见牛郎心眼儿好，又能吃苦，便决心留在人间，做牛郎的妻子。

从此牛郎在地里耕种，织女在家里纺织。两个人辛勤劳动，日子过得挺美满。转眼间三个年头过去了，他们有了一儿一女。

一天，牛郎去喂牛，那头衰老的牛又讲话了，眼眶里满是泪花。它说："我不能帮你们下地干活了，咱们快分手了。我死了以后，你把我的皮剥下来留着，碰到紧急的事，你就披上我的皮……"老牛话没说完就死了。

再说天上，王母娘娘知道织女下嫁人间，气得暴跳如雷，发誓要把织女抓回天庭，严厉惩罚。一天，王母娘娘趁牛郎到地里干活，便带领天兵天将闯进牛郎家里，来抓织女。两个孩子跑过来，死死地抓住妈妈的衣裳，王母娘娘狠狠一推，两个孩子跌倒在地。王母娘娘拽着织女，一齐飞向天宫。织女一边挣扎，一边望着两个孩子大声喊："快去找爸爸！"

牛郎得知织女被王母娘娘抓走，心急如焚。可是怎么上天搭救呢？忽然，他想起老牛临死前说的话，便赶紧找出牛皮，披在身上，然后将一儿一女放在两个竹筐里，挑起来就往外跑。一出屋门，他就飞了起来。他越飞越快，眼看就要追上织女了。王母娘娘拔下头上的玉簪往背后一划，霎时间，牛郎面前出现了一条天河。天河很宽，波涛汹涌，牛郎飞不过去了。

从此以后，牛郎在天河的这边，织女在天河的那边，两人只能隔河相望。日子久了，他们就成了天河两边的牵牛星和织女星。

每年农历七月初七的夜晚，一群群喜鹊飞来，在天河上搭起一座"鹊桥"，让牛郎织女在桥上相会。每逢这一天，喜鹊也确实少了许多，据说它们都到天河那儿搭桥去了。

（备注：自读《牛郎织女》完成以下内容。）

1. 查阅牛郎星和织女星的相关资料，选择与课文有关的信息记录下来。

2. 了解民间故事在写作上的特点，如语言、情节、线索、悬念、情感、想象等，说说《牛郎织女》体现在哪几处。

____

3．读了《牛郎织女》，我的疑问是：

____

二、略读其他三大民间爱情故事

梁山伯与祝英台

越州有一女子祝英台，喜欢吟读诗书，一心想出外求学，但是当时的女子不能在外抛头露面，于是她就和丫头银心乔装成男子，前往杭州读书。二人在半途遇见了也要前往杭州念书的芜州书生梁山伯及书童四久，梁山伯和祝英台二人一见如故，遂义结金兰，一同前往杭州。

在杭州三年期间，梁山伯和祝英台形影不离，白天一同读书、晚上同床共枕，祝英台内心暗暗地爱慕梁山伯，但梁山伯个性憨直，始终不知道祝英台是个女的，更不知道她的心意。有一次清明节放假、二人去西湖游玩的时候，祝英台借景物屡次向梁山伯暗示，可是梁山伯完全无法明白，甚至取笑祝英台把自己比喻成女子，最后祝英台只得直接地向梁山伯表示，梁山伯才恍然大悟。可是这件事全被在一旁偷看的马文才得知，马文才也知道祝英台原来是个女的了。

后来家人写信催祝英台回家，临走前，祝英台留下一封信告诉梁山伯“二八、三七、四六定”，意思是要梁山伯十天后去祝府提亲，但是梁山伯却以为是三个十天加在一起，所以一个月后才去提亲，等到梁山伯欢欢喜喜赶到祝家时，才知道马文才已经抢先一步提亲，并且下了聘礼，梁山伯只得心碎地离开，祝英台沿路相送、难舍难分。

梁山伯回家后，相思病重，写信向祝英台要一些找不到、拿不到的药方，表示对病情绝望了，同时希望祝英台能前来探望一番，祝英台则回信告诉梁山伯，今生无缘，只希望二人死后可以一起安葬在南山。后来梁山伯病逝，祝英台假意应允马家婚事，但是要求迎亲队伍必须从南山经过，并且让她下轿祭拜梁山伯。当祝英台下轿拜墓，一时之间风雨大作、阴风惨惨，梁山伯的坟墓竟然裂开，祝英台见状，奋不顾身地跳进去，坟墓马上又合起来，不久，便从坟墓里飞出一对形影相随的蝴蝶……

白蛇传

清明时分，西湖岸边花红柳绿，断桥上面游人如梭，真是好一幅春光明媚的美丽画面。突然，从西湖底悄悄升上来两个如花似玉的姑娘，怎么回事？人怎么会从水里升出来呢？原来，她们是两条修炼成了人形的蛇精，虽然如此，但她们并无害人之心，只因羡慕世间的多彩人生，才一个化名叫白素贞，一个化名叫小青，来到西湖边游玩。

偏偏老天爷忽然发起脾气来，霎时间下起了倾盆大雨，白素贞和小青被淋得无处藏身，正发愁呢，突然只觉头顶多了一把伞，转身一看，只见一位温文尔雅、白净秀气的年轻书生撑着伞在为她们遮雨。白素贞和这小书生四目相交，都不约而同地红了脸，相互产生了爱慕之情。小青看在眼里，忙说："多谢！请问客官尊姓大名。"那小书生道："我叫许仙，就住在这断桥边。"白素贞和小青也赶忙作了自我介绍。从此，他们三人常常见面，白素贞和许仙的感情越来越好，过了不久，他们就结为夫妻，并开了一间"保和堂"药店，小日子过得可美了！由于"保和堂"治好了很多很多疑难病症，而且给穷人看病配药还分文不收，所以药店的生意越来越红火，远近来找白素贞治病的人越来越多，人们将白素贞亲切地称为白娘子。可是，"保和堂"的兴隆、许仙和白娘子的幸福生活却惹恼了一个人，谁呢？那就是金山寺的法海和尚。因为人们的病都被白娘子治好了，到金山寺烧香求菩萨的人就少多了，香火不旺，法海和尚自然就高兴不起来了。这天，他又来到"保和堂"前，看到白娘子正在给人治病，不禁心内妒火中烧，再定睛一瞧，哎呀！原来这白娘子不是凡人，而是条白蛇变的！法海虽有点小法术，但他的心术却不正。看出了白娘子的身份后，他就整日想拆散许仙白娘子夫妇、搞垮"保和堂"。于是，他偷偷把许仙叫到寺中，对他说："你娘子是蛇精变的，你快点和她分手吧，不然，她会吃掉你的！"许仙一听，非常气愤，他想：我娘子心地善良，对我的情意比海还深。就算她是蛇精，也不会害我，何况她如今已有了身孕，我怎能离弃她呢！法海见许仙不上他的当，恼羞成怒，便把许仙关在了寺里。

"保和堂"里，白娘子正焦急地等待许仙回来。一天、两天，左等、右等，白娘子心急如焚。终于打听到原来许仙被金山寺的法海和尚给"留"住了，白娘子赶紧带着小青来到金山寺，苦苦哀求，请法海放回许仙。法海见了白娘子，一阵冷笑，说道："大胆妖蛇，我劝你还是快点离开人间，否则别怪我不客气了！"白娘子见法海拒不放人，无奈，只得拔下头上的金钗，迎风一摇，掀起滔滔大浪，向金山寺直逼过去。法海眼见水漫金山寺，连忙脱下袈裟，变成一道长堤，拦在寺门外。大水涨一尺，长堤就高一尺，大水涨一丈，长堤就高一丈，任凭波浪再大，也漫不过去。再加上白娘子有孕在身，实在斗不过法海，后来，法海使出欺诈的手法，将白娘子收进金钵，压在了雷峰塔下，把许仙和白娘子这对恩爱夫妻活生生地拆散了。小青逃离金山寺后，数十载深山练功，最终打败了法海，将他逼进了螃蟹腹中，救出了白娘子，从此，她和许仙以及他们的孩子幸福地生活在一起，再也不分离了。

孟姜女

秦始皇统一中国后下诏书给各郡县，每户三丁抽一，五丁抽二，强逼三百多万人去服苦役，将原来六国修筑的长城连接成一体。浩大的工程使无数人死伤，长城合龙处又一再倒塌，秦始皇为此忧心忡忡。

虔诚地修炼了五千年的九尾狐和仙鹤，因违犯了天庭的清规戒律而被罚入人间，他们就是孟姜女和万杞梁。一个貌美如仙，一个才华横溢，一个秀外慧中，一个出类拔萃。巫师进言："修长城，伤断龙脉，需龙体接通，查姑苏才子万杞梁与皇上同是寅年所生，可代皇上接通龙脉。"秦始皇下诏捉拿万杞梁，押往长城，代其接通龙脉。

万母闻讯官府要捉儿子万杞梁去修长城，知道此去凶多吉少，她不顾自己年迈多病，逼儿子赶快逃命。万杞梁背井离乡，逃到华亭的莲花池里躲藏。这天，孟姜女在莲花池划船采莲，不慎落水，被万杞梁救起，孟家母女为报救命之恩，带万杞梁回家更衣休息。孟母发现此人是正遭官府四处捉拿的姑苏才子万杞梁，对他十分同情。孟姜女久闻万杞梁博学多才的大名，对他产生爱慕之情。万杞梁不想连累孟家人，提出离去。孟姜女怕他被官兵捉去，执意挽留。孟老伯与万杞梁的父亲曾是同窗好友，又看出女儿的心思，遂立即做主，将孟姜女许配给万杞梁，当晚拜月成婚。不料此时秦兵突然闯入，抓走万杞梁。离别时，孟姜女含泪将心爱的葫芦坠交给万杞梁，并说："我等你。"

转眼几年过去了，万杞梁仍杳无音讯。孟姜女思君心切，不顾家人的阻拦，决定去长城探望万杞梁。孟姜女路过姑苏时去了万家，婆婆已故，只剩小妹玉姑。姑嫂两人相依相伴，一同去找万杞梁。途中，玉姑病亡，孟姜女伤心地掩埋了她，又继续赶路。孟姜女一路上风餐露宿，还曾遇到他人的勒索、嘲讽和侮辱，她向人们诉说了自己的身世，得到了人们的同情和帮助。

孟姜女终于来到北方的长城工地。她听老役夫讲，万杞梁被秦始皇加封为长城侯后即活埋在长城下。孟姜女千里寻夫，希望变成泡影，她捶胸顿足，仰天呼叫："苍天啊！你若通人性，快快偿还我夫君！"孟姜女的真情感动了天地，一时间电闪雷鸣，长城不断倒塌，她在倒塌的城墙里，找到了万杞梁的尸骨和葫芦坠。招魂台上，秦始皇下跪叩首，孟姜女在祭奠亡夫之后，一跃跳入东海。

三、朗读相关诗词、歌词

秋　夕

银烛秋光冷画屏，轻罗小扇扑流萤。

天阶夜色凉如水，卧看牵牛织女星。

鹊桥仙

纤云弄巧，飞星传恨，银汉迢迢暗度。

金风玉露一相逢，便胜却人间无数。

柔情似水，佳期如梦，忍顾鹊桥归路。

两情若是久长时，又岂在朝朝暮暮。

天仙配（选段）

树上的鸟儿成双对，绿水青山带笑颜。从今再不受那奴役苦，夫妻双双把家还。你耕田来我织布，我挑水来你浇园。寒窑虽破能避风雨，夫妻恩爱苦也甜。你我好比鸳鸯鸟，比翼双飞在人间！

四、对比阅读完成读书报告单

题目	《牛郎织女》	《梁山伯与祝英台》	《白蛇传》	《孟姜女》
相关人物	牛　郎			
	织　女			
	王母娘娘			
	老　牛			
故事梗概				
我的发现				

点　评

我们究竟需要什么样的语文教学

——简评窦桂梅的观摩课《牛郎织女》

窦桂梅老师执教的《牛郎织女》是一堂大气磅礴、挥洒自由、内涵异常丰富、具有巨大感染力与震撼力的语文“大课”，也是一堂勇于挑战自我、超越自我的尝试课，它的思想的力量、精神的力量久久地激荡着孩子们的心灵，也撞击着与会老师们的心……

在2012年4月15日第四届“现代与经典”全国小学语文教学观摩研讨会上，全国著名特级教师、清华大学附属小学的窦桂梅老师为我们上了一堂观摩课《牛郎织女》。听罢，我不由得思考这样一个“形而上”的问题：今天，我们究竟需要什么样的语文教学？众所周知，小学教育是为学生一生幸福奠基的教育，就语文而言，我们究竟给孩子们打下怎样的语文基础？究竟需要什么样的语文教学？这是摆在所有语文教师面前重大而又现实的问题。对这一问题的回答，见仁见智。窦桂梅老师以她那富有感染力、震撼力的《牛郎织女》的教学实践，好似“一滴水反映太阳的光辉”，独特而又比较完美地回答了这一问题。《牛郎织女》的教学非常符合新课程理念，是对语文新课程的成功探索与实践，必将成为我国未来语文教学的主要方向之一。

一、《牛郎织女》教学很好地诠释了“语文是工具性与人文性的统一”这一核心思想

《语文课程标准》指出：工具性与人文性的统一，是语文课程的基本特点。这是目前指导我国中小学语文教学实践最权威、最具法规性的观点。

所谓“工具性”，“三老”认为，语文是工具，这个“工具”既是生活的工具，又是“思维和交际的工具”，其他学科的工具（基础），还是中华民族文化复兴的工具（终极目标）。语文教学最重要的是培养学生了解文字和运用文字的能力，也就是进行听说读写的语言教学。语言教学是整个语文教学的基础和核心，任何形式的语文教学都必须以语言实践为主体，为归宿。《牛郎织女》充分体现了这一要求。无论是课堂中的朗读（用来解决教师提出的问题，如：

老牛对牛郎怎样好？），还是让学生想象（如：牛郎与织女一年才见一次面，织女会对牛郎说些什么？牛郎又会对织女说些什么？），抑或是对课文的概括，或者是对写作手法的提炼（作为“故事”的要素——人物、悬念、情节、线索等的探究）和对我国古代四大民间爱情故事“共性”（相同点）的概括，以及学生们在自读课文及补充材料的基础上不断地与教师“聊”，等等，这些无一不是“语言教学”，无一不是学生的“语言实践活动”。就是在这样一些丰富的、多样化的语言实践中，学生们的语文积累之门洞开，他们侃侃而谈，妙语连珠，既再一次训练了听说读写的能力，又习得了更多的语文方法、语文能力、语文思维。《牛郎织女》也充分体现了语文“人文性”的特点。关于“人文性”，学界存有很多争论。就哲学意义上讲，一般认为，“人文”包含“人”和“文”，前者是关于理想的“人”、理想的“人性”的观念，后者是为了培养这种理想的人（性）所设置的学科和课程（往往是“人文学科”）。由于作为人文的第一方面的“人”的理念是更重要、更基本的方面，因此，为了强调这更重要的方面，人们有了“人文精神”的说法，所谓人文精神是一种基于对人之为人的哲学反思之上的批判态度和批判精神，即一种自由的精神。那么，语文的“人文性”又指的是什么呢？语文课程中的“人文性”至少包含三层意义：

第一，体现人文之“文”（教化之义），即强调用语文课程所特有的丰富的人文内涵对学生进行熏陶感染，拓展及深化学生的精神领域，对学生的人文精神“固本厚根”。具体讲就是引导学生开掘汉语汉字的人文价值，即汉语汉字中所包含的民族的思想认识、历史文化和民族感情，注意体验中国人独特的语文感受，学习中华民族的优秀文化，简言之，就是培养“民族的认同感”。第二，追求自由的精神，即强调个人（特别是学生）的自由与尊严，在教学中充分尊重学生的自由及自主，把“选择权”还给学生，精心呵护、培养学生独立思考、反思和怀疑批判的精神。第三，强调每个人独特的生命价值，尊重学生的独特性、差异性和多样性，在教学（特别是阅读教学）中，“要珍视学生独特的感受、体验和理解”。

《牛郎织女》（包括本课补充的《梁山伯与祝英台》《白蛇传》《孟姜女》）这一中国古典民间传说故事本身对学生就构成了一种“民族文化”的涵育与教化，而其中渗透的中国民族传统的儒、道、佛等文化道统（课堂中揭示的“小故事蕴含的大道理”），中国传统文化精神（如窦老师向学生揭示的中国“农耕文化”对“牛”这一“半神半动物”的崇敬），以及其间充溢着的对纯真、美满爱情的忠贞和执着的追求（以区别于当下势利与功利的“爱情观”），无一不是中华民族的优秀文化，无一不包含中华民族的思想认识、历史文化和民族感情。不仅如此，在师生对话、互动中，故事的主题一次次被拓展、被深化，从“对美满爱情的追求”到“爱情属于我们整个人类”的主旨的升华，学生的思维、思想乃至精神境界得到极大的提升，这无疑是一次精神的洗礼，无疑在学生的“精神成长史”上具有里程碑的意义。

而在教学中，窦老师又善于引导和鼓励学生通过自读、自悟以及自由的表达（窦老师谓之“聊”——一种朋友之间、双主体之间的轻松、自由的对话），说出自己对文本的感受、体验与理解，不论什么观点（当然是合理的），窦老师都充分尊重（她经常挂在嘴边的话语是“我尊重你们的想法”），并一再要求学生说出自己独特的感受。因此，和窦老师以往的教学风格一脉相承，《牛郎织女》的教学也突破了只挖掘文本所提供的具有“人文性”意涵的做法，在教学过程中强调学生的自由与尊严，充分尊重学生的自由及自主，把“选择权”还给学生，精心呵护、培养学生独立思考、反思和批判的精神。在体现语文的“人文性”方面达到了一个新的高度，树立了一个典范。

这里，笔者想特别指出的是，和窦老师的其余经典课例（如《秋天的怀念》《晏子使楚》《游园不值》《清平乐·村居》《珍珠鸟》等）一样，《牛郎织女》一课属于“深度语文”之列，似乎更强调语文的人文性，强调对于文本多角度、多元化、创新化的深度解读与挖掘，强调在课堂中师生之间的“深度”对话与互动，注重课堂的“文化含量”（思想力量和精神力量）和“思维含量”（思维深度），注重对课程资源的整合，力求“为学生打下一个精神的底子”（钱理群语）。

笔者认为，这一追求理应成为我国今后中小学语文教学的方向之一。众所周知，现代教育最大的问题就是教育的精神价值的失落，这是儒家学说“经世致用”（强调实用性、功利性，注重眼前利益，中国人往往缺乏想象力、抽象的形而上学的思维，缺乏终极关怀）造成的。按照康德的理论，人不仅仅是为了追求眼前的物质利益而活着，人还有一种超越于现象世界的追求（实体世界），一种形而上的精神的追求。因此，就终极意义而言，著名学者、北大中文系教授钱理群认为：语文教育应给学生一个“精神的底子”，就是要培养学生的一种终极关怀，培养人的信仰和信念，唤起人的一种想象力，一种探索的热情，一种浪漫主义精神，即语文教育就是要把人变得更美好、更纯洁、更善良。窦老师的《牛郎织女》深刻地、极富诗意地体现了这一点。

《牛郎织女》不仅分别体现了语文的“两性”，而且将其较为完美地统一了起来。所谓“工具性与人文性的统一”，即两者内在地融合于“语文”一体，是语文根本性质的相辅相成、不可分离的两方，我们不能机械地脱离了一方去谈另一方，因为没有脱离了人文性的单纯的工具性，也没有脱离了工具性的抽象的人文性。这正如吴国盛先生所说“教养和文化、智慧和德性、理解力和批判力这些一般认同的理想人性，总是与语言的理解和运用、古老文化传统的认同以及审美力和理性反思能力的培养联系在一起”一样，工具性与人文性也总是联系在一起的。

二、《牛郎织女》在教学范式上，体现了“立足文本、超越文本、回归文本”的统一

《牛郎织女》在教学范式上承继了窦老师阅读教学的一贯风格：立足文本、超越文本、回归文本。我们注意到，《牛郎织女》教学的线索是“聊故事里面的故事，聊故事后面的故事”，主要由梳理《牛郎织女》故事人物→理解故事是怎么写的→为什么要写这样的故事等几个环节组成。

在寻着这一结构展开的过程中，首先，窦老师与学生立足文本，也就是教师紧扣教材提供的文本，至少在前两个环节，主要通过语言文字、音乐及声响（黄梅戏的恰到好处的引入）等创设出可感可触之情境，让学生多读多悟，吟咏品味，含英咀华，在潜移默化中受到感染。这一做法非常符合新课程语文的教学规律。众所周知，就我国现状来讲，教材是最重要的课程资源，它是课程标准的具体体现，是新课程理念、知识与技能、情感态度与价值观等的载体，是师生互动的主要凭借。从教育文化学角度讲，教材实质上体现了教育对文化的一种“选择”，所选择的文化一般都是社会规范的、稳定的文化，镌刻着人类的智慧；就语文来讲，在选文时又特别强调文章的典范性、文质兼美、富有文化内涵和时代气息，强调要从母语教育的角度要求教材注重继承与弘扬中华民族优秀文化等；而且选择的过程也是文化系统化、条理化的过程，如教材的编写，都经过了教育者的精心加工、组织，其结构、体系更趋合理与完善，它有利于

提高学生的能力。因此，只有首先立足文本，用好文本，读好文本，才能提高语文教学质量。

当然，“立足文本”仅仅是语文阅读教学的基础而不是全部，因为教材提供的文本是有限的，阅读能力的提高、语文学习能力的发展必须在立足文本的基础上“超越文本”才能最终完成。超越文本有两层含义：一是突破“文本”的限制，让语文教学“回归生活”，确立“生活语文”的观念；二是让学生大量阅读“文本”外的文章，增加积累。《牛郎织女》显然采取了第二条路径，这也是窦老师一贯倡导和践行的“主题教学”的鲜明特色。我们看到，几乎在所有环节，窦老师都能有效地整合各种相关的资源，从中国“农耕文化”对“牛”的崇敬（让学生理解为什么写“牛”而不写“马”）到黄梅戏的引入（让学生深刻体会人间的美满爱情），从《牛郎织女》到四大民间爱情故事（“聊”故事背后的故事，让学生体会人们为什么要改编这个故事）再到《牛郎织女》故事本身的演化过程（培养学生深邃的历史感），从牵牛星和织女星相关的天文知识（科学性）到人们编的这一故事所寄托的理想追求（人文性），天衣无缝地把“科学与人文”统一于一体，从不同版本的《牛郎织女》故事与叶老的《牛郎织女》作比较到揭示《牛郎织女》的民族文化意蕴等等……不一而足，历史的跨度，空间的转换，天马行空，开合自如，古今中外，尽收眼底，所有的这些“超越文本”，都有效地服务于学生对于《牛郎织女》这一文本的学习，服务于超越这一文本的“大语文”的学习，服务于学生生命的成长和精神的成长，服务于把学生变得更美好、更纯洁、更善良。

语文阅读教学固然需要超越文本，但如果操作不当，很容易导致“一行白鹭上青天”式的“离题万里”的现象，造成“散乱的活跃”之局面。因此，有必要“回归文本”。语文阅读教学中的适度回归文本，既有利于加深学生们对文本中字词句的理解，在不知不觉中获得积累，从而更具有“语文意味”，又能进行必要的“价值引导”，体现语文的“人文性”和语文的“文道统一”。特别是后者，更需要“回归文本”的强化。众所周知，由于语文的“人文性”使得许多课文具有强烈的“价值引导”的目标，其内在的“价值取向”有一定的“规定”，如果任意地“创生”，有可能导致“价值取向”的残缺，从这个意义上讲，“回归文本”是非常有必要的。当然，这不能成为重走“以本为本”的老路的理由，关键是“超越文本”与“回归文本”的统一。《牛郎织女》很好地体现了这一点。在与学生们不断地深度地“聊”的过程中，窦老师不断地回到《牛郎织女》的主旨（赞美美好的爱情）上，不断地强化这一主题，使“追求美好纯真的爱情”的种子在学生尚嫌幼小的“心灵”中生根发芽，这不仅是窦老师孜孜以求的美好目标，也是我们这个日益浮躁和功利化社会理应追求的崇高目标。

三、《牛郎织女》体现了新课程标志性学习方式“自主·合作·探究”的精神实质

基于人才培养目标的转向，即培养具有创新意识、实践能力的一代新人，新课程在学习方式上确立了以“自主·合作·探究”为核心理念，以自主学习、合作学习、探究学习等为具体形式的学习方式，这就形成了新课程标志性的学习方式。《牛郎织女》一课的教学也很好地体现了“自主·合作·探究”的理念。曾经有人针对《晏子使楚》指出，窦老师的课“牵的痕迹太重”，拽着学生走，任意拔高。在《牛郎织女》的教学中，窦老师注重让学生自主提出问题，在窦老师的引导和指导中，学生的自主学习（如阅自读文本和补充材料）、自主探究（如概括四大民间爱情故事的“相同点”，并用“读书报告单”来作汇报）、自由讨论等是整个课堂的主要学习方式。正是由于有了这些学习方式，学生才能自读自悟，感受深刻，表达自如，常常口吐莲花，妙语连珠，引得听课教师时不时地给予热烈的掌声。限于篇幅，在此就不展开了。

（南京师范大学教育学系主任　吴永军）

长大的儿童

——一起学习小说《魅力》

主题：长大的儿童？！

步骤：发现儿童；

理解儿童；

讨论儿童。

版块一：发现儿童

（一）引子

师：窦老师的一生中总有些难忘的记忆，今天将和一零一中学初一九班的同学一起的交流分享也定会让我难忘。要知道我是一位小学老师，和中学同学在一起学习，很特别。让我们一起回到童年。（PPT 出示，学生齐读。）

一个孩子
向最初的地方
那最初的
变成了孩子生命中的一部分
……

——［美］惠特曼

（二）汇报预学内容

师：多么有魅力的诗篇，令人回味。让我们一起走进以“魅力”为题的苏联的一篇小说。古人说，凡事预则立，不预则废。打开预学单，汇报你们预学的收获。

1. 概括主要内容

师：先来聊聊这篇小说写了什么，即主要内容。

生：我感觉小说的主要内容是女主角卡佳第一次来剧院，很可怜那个汤姆叔叔，怕他被卖掉，而后知道那只是演员，很失望。

师：有补充吗？你请个同学评价一下你的发言。

生：×××，你来吧。（同学们为这位同学鼓掌）

生：我觉得应该是，卡佳第一次上剧院，看到汤姆叔叔被卖了，非常伤心。然后旁边的人都觉得她不太正常。当她知道那只是演戏的时候，她非常失望。

生：和他的回答大同小异嘛！同学们看预学单，下面有几个友情小提示。

这实际上也是在帮助我们，便于梳理主要内容。我们看，第一个小提示告诉我们说，小说有三要素，大家都清楚，应该是环境、人物、情节。

师：好，这位同学结合预学单的提示对主要内容进行概括，是一种学习思路。看看这篇小说一共有多少个自然段。你们在初中一年级遇到的课文有过这么长的吗？

生:（齐）有！

师：啊，在小学里，好像还没有这么长的文章，其实你会发现虽然文章这么长，大多是以什么方式构成的？

生:（齐）对话。

生：其实也没什么，只不过人物的语言太多了连在一起，一共 57 个自然段。如果按照小说的情节要素划分，可以分为三部分。

师：好，接着说。

生：我觉得 1—15 段是小说的第一部分，可以概括为看剧前，16—48 段为看剧时，49—57 段为看剧后。

师：同学们要谢谢她，我要是你们，就会养成一个好习惯，迅速在她说的地方旁边做批注，有利于理清脉络。原来这么多的自然段可以读短了，真好！（同学们顺势做批注）

师：回过头来我们再看刚才两个同学的发言。把内容分为三个部分概括，这个主要内容就显得更加——

生：全面了。不然的话，这个小说的主要内容就让你一句话概括了，所以，我们平常说主要内容，我想不是用一句简单的话就能把它概括清楚的。

师：对啊，要基于对小说的尊重，完整地叙述它三个情节所应表现的内容。只不过，在这三个情节中，你们说，应该突出哪一个情节？

生：看剧时。

师：看来这个部分我们应该重视。那么大家看看这里面的人物都有谁？

生：卡佳、父亲、观众、演员和秃顶男人。

师：真好，有这么多人。如果要概括主要内容，用把所有人都用上吗？

生：不用，一号人物是卡佳，二号人物是爸爸，其他是配角。

生：小学时，我们会经常说到一个“求主舍次”的方法。那么今天回过头来知道了，在这样的情节里面，把主要人物的表现放进去，串联起来，就构成了这篇文章的主要内容。

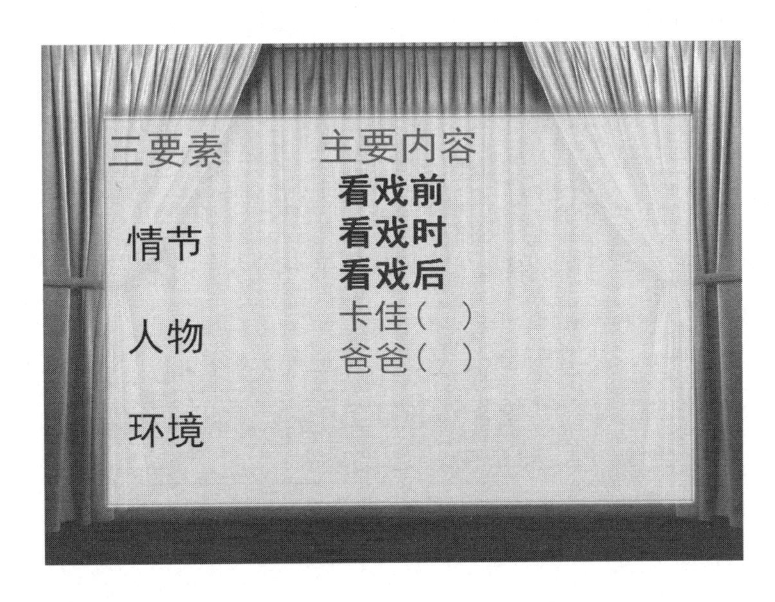

师：小说不是有三要素吗？那环境描写还放进去吗？

生：我觉得不用描写环境，就把几个主要人物的主要事件描写清楚就可以了。

师：同意吗？

生：嗯，同意！

师：那现在回过头来再看你们的预学单，小组内、前后桌互相讨论一下，结合小说的内容，可以把预学内容稍微调整、完善一下。（生讨论补充完善预学内容）

师：这下好了，当别人再问你们这篇小说写的是什么的时候，就像刚才你们彼此交流的那样，告诉大家吧。

2. 交流初读的感受

师：但阅读不仅要知道到底写了什么，还要发表自己的一些感受。所以，这里就有了第二个预学的内容。谁来聊聊？

生：我的感受是卡佳可笑、不懂事，邻座秃顶男人的脾气不好。

师：好，你说话的时候，我建议你把你的信息说给别人听，让别人能够听清楚。这样给别人一个简介，而不是自言自语。你再来一遍。

生：我的感受是卡佳很天真、可笑、不懂事，邻座秃顶男人的脾气不太好。（教师让学生上前板书：天真、可笑）

师：嗯，你是这样认为的。还有补充吗？

生：我觉得卡佳还非常善良，非常有同情心。（板书：善良）

生：我认为这篇课文写卡佳的表情非常的丰富，好几次都写到了卡佳怎么愁眉苦脸、噙着泪之类的。

师：你在阅读的时候，发现了小说细节描写的珍珠，拿笔批注一下这些词语，这是语文积累的重要方法之一。

生：我觉得卡佳并不是可笑，她是完全融入到戏中了，所以可以看出她的天真、纯洁、善良、幼稚。（板书：纯洁）

师：为什么说她幼稚，谁来说一下？

生：是别人觉得她很可笑，很幼稚。

师：其他看法呢？

生：我觉得她不是幼稚，而是完全融入戏中才会有这样的表现。她就是天真、有同情心和善良。其实说的是她丰富的内心。（板书：丰富）

生：我觉得书中虽然没有直接写汤姆叔叔，但他也是一个善良、忠厚、老实的人。

版块二：理解儿童

（一）质疑

师：按理说，主要内容我们聊完了，又谈了你们的感受，这课文似乎学完了，不是吗？该下课？

生：我觉得应该提出问题。

生：应该是对小说提出……（生没有回答完整）

生：我觉得应该看看读完了小说，还有哪些不懂的地方。

生：我觉得可以问一下不懂的，更好地了解小说的深层含义。

生：我们应该在学习上有这样一种“学贵有疑”的态度。有了思考，而不仅仅停留在这样一个认识上，才让我们的判断、我们的评价更为客观和周全，这才是我们进一步学习的意义所在。

师：那你们自己解决呢，还是需要我讲?

生：我们自己学吧。

生：那我们也太自信了，老师您跟我们一起学习，不会的您帮我们。(笑)

师：好啊，那我们一起“共学”。结合预学单，小组内先谈谈你们的疑问，看看哪些你们能自己解决，哪些需要大家帮你们解决。(学生间互相交流)

生：我的疑问是卡佳为什么最后同意卖掉汤姆叔叔。

师：这个问题好，她抓住了小说最后的情节来提问，掌声给这个同学。继续聊。

生：我的问题是为什么这篇文章的题目叫“魅力”，我觉得文章的内容和题目没有关系。

师：意思就是这篇文章里面没有“魅力”这个字眼。真好，这个同学能够结合题目问为什么。

生：卡佳去剧院，走进剧场大厅，为什么说这些足够她记住一辈子啦?

生：我感觉这篇文章没有写完。

师：你的意思是意犹未尽，结尾还应该写点什么。

生：我也觉得读到结尾戛然而止，就感觉这篇文章没有结尾。

师：刚才你说话用“戛然而止”这个成语，不错。啊，原来我们可以从文章的结尾提问。

生：我也认为这篇文章没有写完。看来这篇小说真的引发了我的思考，我还想继续探究下去。

师：这个问题问的和前面两个同学一样，看来后面的讨论中我们要特别关注。

生：这篇文章的写作目的是什么?

师：这是中学同学的感觉啊！我们小学同学不会问写作的目的是什么。

生：之前卡佳她不知道戏是假的，她不想让汤姆叔叔被卖掉……(学生表述起来很紧张，不完整。)

师：顺着你的话，你的意思是——

生：看戏时，文中用了好多词语形容卡佳。为什么她要那样子难过，而且爸爸给她奶油蛋糕她也不吃?

生：汤姆叔叔究竟是怎样的人，让卡佳如此难过，想花二百元，以超过一倍的价钱买他回家？

生：明明是戏剧，可卡佳为什么要把汤姆叔叔买回家？

师：这个问题问得真好。把刚才一位同学的疑问——为什么卖和把你的问题——为什么买连起来，对这个问题的思考就完整了。

生：卡佳看戏时要把汤姆叔叔买回家，后来为什么又同意卖了？

生：秃顶男人说卡佳有毛病，我认为没有毛病。那到底谁有毛病？

师：感谢同学们的思考，给我提供了学习的机会啊！刚才有这么多同学发问，有的围绕题目，有的围绕小说的内容，这都是我们提问的一种方法。其实，解决问题的方法也有，在这堂课上你发现了吗？

生：我发现无外乎有三种：第一是你自己解决；第二是同学们之间互相讨论，和老师们探讨解决；当然，第三种情况，有的问题啊，可能你现在觉得你解决了也不一定就真的解决了，还能伴你一生，让你去思考。生活中是这样，学习也如此。（掌声）

师：那你们说，我们还可以进入哪种方案的学习中？

生：后两种情况的学习中。

师：好，听你们的！把同学的问题编辑一下，关于魅力的问题，写作目的及没有写完的问题等。你们觉得先解决哪个问题会让这些问题迎刃而解？

生：先从情节入手。

生：比如，卡佳为什么要……（生欲言又止）

师：把你们的小眼睛睁大，其实你们还没有丢掉上小学时的天真呢，尽量不要用初一少年的眼神来看着我啊。你看我多投入啊，表情多丰富啊！（笑）

生：就是卡佳为什么要买，后来卡佳为什么又要卖掉汤姆叔叔这个问题。

师：你为什么这样认为？

生：我也说不清，反正我觉得小说嘛，看的是情节，而情节往往一波三折，里面有矛盾，正如这里的“买”和“卖”。

师：这不就是结合情节中的矛盾冲突吗？先抓住冲突，可能是我们解决问题的突破口。

生：是的，围绕情节的冲突去问为什么，我也是这样想的。我在阅读当中就发现，当我们就这个问题思考的时候，去不断追问的时候，小说的写作目的可能就明确了，其他问题也可能就都可以解决了。

师：那请刚才提出这个问题的学生到前面，把你的问题输入屏幕中。（生到前面将问题输入课件中，学生鼓掌。）

（二）释疑

1. 小组讨论“为什么买？为什么卖？”

师：好！我们一起先聚焦你们刚才的问题。打开共学单，还是要通过小组合作学习，我们共同来讨论，提取信息、推理信息，概括出你们的观点。不过，窦老师还要提醒大家一定要紧扣文本、链接资料，如《汤姆叔叔的小屋》《花脸》等。

（学生讨论大约 5 分钟，教师参与指导，之后汇报。师板书：紧扣文本、链接资料。）

生：最主要的原因是卡佳从来没有去过剧院，不知道那个戏是假的。她相信这个剧情是真的。第二个原因就是，她应该是知道《汤姆叔叔的小屋》这个故事里的剧情，知道接下来会发生什么。第三点是她对那个汤姆叔叔有同情心，不希望汤姆叔叔被卖掉。（板书：相信）

师：你问问你们班的同学，有没有不同意见，或者还有帮你补充的吗。

生：我感觉她买汤姆叔叔，是为了让他获得自由，因为她知道那个故事。我想那个故事中，他被卖掉以后应该是很惨的。

师：你读过这本书吗？

生：没有。

师：哎哟，太遗憾了，应该读一读。原来小学没有在清华附小念书是不是？你要在清华附小念书就会读到，我们学校必读书单里就有《汤姆叔叔的小屋》这本书。好，读过的跟我们分享一下。

生：我给他补充。因为她相信剧情，她原来看过书，虽然前面说演员用一种木呆的声音读旁白，但是她看过书，知道汤姆叔叔会被活活打死，因为事先知道剧情，她沉浸在书的内容当中，这体现了一种文字的魅力。

师：书给她带来的影响。我听懂了，还有……

生：汤姆叔叔在被卖掉之后会经历很多苦难，非但不会获得自由而且会被打死。所以她想买到汤姆叔叔之后，改变汤姆叔叔的命运。然后善待汤姆叔叔

并且给他自由，让他回去找那个孩子伊娃和他的家庭去，给他应该有的生活。（掌声）

生：我还要补充，因为她在看戏的时候特别投入，太忘我了，忘了在看戏了。所以她才会对剧中的汤姆叔叔生发同情心。

师：听你们刚才聊，我发现你们特别会提炼信息。在看剧的情节里提炼了两个观点，一个就是卡佳特别相信这个——

生：（齐）剧情。

师：第二个就是刚才两个同学讨论的，卡佳觉得汤姆叔叔——

生：（齐）太可怜。

师：因此卡佳决定要买。还有原因吗？注意细读，还有没有？这个小组，刚才我和你们讨论了，你们说得很好，难道懒得和大家分享？（笑）

生：我觉得还有卡佳她自身的原因，如果说卡佳看过那本书，相信这剧情，也是第一次来剧院，但是她本身要是没有同情心，一点也不善良的话，她根本就不会想要买下汤姆叔叔。

师：听人说话要听音。我听清了你刚才说的话。你刚才说了卡佳自己一个重要的原因，她——

生：有同情心。

师：为什么我们的卡佳决定卖掉汤姆叔叔？也像刚才那样提炼你们的观点，紧扣文本、链接相关资料，如冯骥才的《花脸》。

生：有一个原因，请大家看第50自然段，说扮演汤姆叔叔的演员看起来活像一个小丑，原先介绍汤姆叔叔的形象是善良和憨厚的，而她到后台发现演汤姆叔叔这个演员卸了妆之后就不像是汤姆叔叔而活像一个小丑，对“汤姆叔叔”非常失望，所以她就决定要卖掉他，因为他不是汤姆叔叔。

师：换句话说——

生：原来她相信剧情，现在感觉被欺骗了。

生：看戏的时候，主要是结合戏的内容和自己读书时的幻想来判断汤姆叔叔这个人在心中的印象，后来看到戏后的“汤姆叔叔”，觉得他的形象和自己心中的形象有很大的反差，所以很失望，作品对于她的魅力就失去了。

师：是什么导致的？难道是作品本身的错吗？

生：不是，是演员和她心中的汤姆叔叔有很大的反差。那里面还有演员们的问题。

生：我觉得汤姆叔叔本身在卡佳的心中肯定是非常的憨厚、美好的，但是她现在发现原来汤姆叔叔根本就是个假的，是别人演出来的，甚至说长相都反差那么大，她肯定会感觉到很失望、很忧伤。

2. 小组品味“为什么买？为什么卖”

师：那让我们再次走进文本，看看作家是怎么写这一“买”和一“卖”的矛盾冲突的。

（1）品味“看戏前”的描写。

（生朗读第一幕场景：1—8 自然段）

师：朗读至此，你对卡佳怎么看？

生：我觉得卡佳第一次到剧院看戏比较好奇、比较紧张，所以才踱来踱去，而且眼神庄重、严肃和焦急。

师：你有过这样的经历吗？

生：我第一次坐飞机的时候特别着急。我总担心那个飞机，提前两个多小时到了，最后坐在那个候机大厅里等啊等。

师：你那时候几岁？

生：我记得那时候应该是 6 岁。

师：和卡佳差不多大。她和你一样，都有那种——

生：天真。

师：是天真，可笑，是不是？我感觉到你在表达中的那份可爱。更可爱而且可敬的是，你能够联系生活，去感同身受，帮助我们理解小卡佳此刻的心情。（板书：联系生活）这让我们对这份天真又多了一份特别的理解，所以我一看你的时候，感觉小卡佳真的如你那样天真啊！第一次对于一个人来说是多么的重要啊！所以，从来没去过剧院的卡佳是那么庄重、严肃。因此父亲不得不在开演前的一个小时，就带卡佳出发了。

（生朗读第二幕场景：9—15 自然段）

生：读到了那“咖啡色外衣下的幼小心脏似乎一下子停止了跳动”的时候，我的心也跳了一下。我画了波浪线，我觉得这个作家这样写，表现了小卡佳此刻的心情是那样的紧张。所以，她怯生生地问。

师：这个“怯生生”是我们生活中的害怕吗？

生：应该不是。因为她是第一次。就像我第一次去上小学的时候，又紧张又兴奋，不像现在是卡着点来的。（笑）

师：你还留恋上小学的第一次。

生：有那么一点儿。

师：那请你带着这份感受读读，体会体会这个“怯生生”。

（老师扮演爸爸，学生扮演卡佳。）

生：这位同学把怯生生的那份担心读出来了。不过，还没有兴奋的感觉。

（老师扮演卡佳，学生扮演爸爸。）

生：老师读卡佳，不仅读出了紧张中的兴奋，声音还小，有一点撒娇的味道。（全场掌声）

师：朗读至此，还记得你曾提出的问题吗？为什么这一切足够卡佳记住一辈子啦？

生：我从“她那颗隐藏在咖啡色外衣下的幼小心脏似乎一下子停止了跳动”可以看出她非常紧张。因为她没有来过剧院，这是第一次，而且还被剧院的枝形吊灯等装饰和气氛给镇住了，还有她第一次看剧，看的还是心中的汤姆叔叔，所以她不相信幕布真的会启开来。因为是第一次，所以，她觉得可以记住一辈子。

师：是啊，她从来没有见到过这样的剧院大厅，小小的她不相信幕布真的会启开来。因为是第一次，所以，生命中的最初一刻，她觉得可以记住一辈子啦。

（2）品味“看戏时”的描写。

师：《汤姆叔叔的小屋》这出戏就在卡佳焦急、紧张而又怯生生中开始了。在第一次幕间休息的时候，我们的卡佳已经这样了——

（生读第三幕场景：22—31自然段）

师：还记得你提出的问题吗？为什么用了这么多词语写卡佳此刻的心情，而且爸爸要买奶油蛋糕她也吃不下去？（走到提这个问题的那名同学跟前）

生：我觉得她哭主要是因为她投入进去了，她读过那篇小说，她知道汤姆叔叔永远是一个黑奴，自己被卖来卖去，没有权利把握自己的命运。所以，她知道汤姆叔叔马上就要被卖，她很伤心，她不想汤姆叔叔被卖掉，艰苦地劳作。

生：我给她补充几句——在上面的感受中，我们早就知道卡佳是带着感情来看戏的。正所谓戏没开演，情已经来到。因此，连她最喜欢吃的奶油蛋糕，也因为心情不好而吃不下去。这里写卡佳的心情用了这么多词语：轻声抽泣、噙着眼泪、脸色忧郁、愁眉苦脸，就是说明她难过。但恰恰是这样细致的描写，再加上爸爸给她买蛋糕她不吃，更加强调卡佳心情的沉重！

师：这名同学多么细腻，她让我们从这些细致的描写中感受到卡佳的心情。正如刚才一个同学提出的问题：汤姆叔叔究竟是怎样的人，让卡佳如此伤心难过，那么喜欢的奶油蛋糕都吃不下？

生：汤姆叔叔是一个基督徒，他能忍受一切痛苦。（板书：忍受）

生：（朗读《汤姆叔叔的小屋》片段）汤姆是真正的基督徒，他不会对任何人失信。

师：小小的我们，还不知道基督徒的含义，但我们知道他们一定是善良、隐忍的。小卡佳可能还想到这样一幕场景——

生：汤姆叔叔从来没有抱怨，也没有仇恨，总是充满希望和快乐。（板书：希望、快乐）

生：（朗读《汤姆叔叔的小屋》片段）伊娃在旁边一边笑着，一边朝汤姆的脖上挂上一串玫瑰花环。“汤姆，你看上去真是好玩极了。”汤姆没有说话，脸上挂着憨厚、善良的笑容，看得出来，他和小主人一样正享受着同样的快乐。

师：你的朗读让我们感受到我们眼前的汤姆是那样的憨厚、善良。他虽然是一个黑奴，一次次被人卖掉，但他依然和小小的伊娃充满快乐，从来都没有抱怨过。在看戏的时候，卡佳一听说他们要卖掉汤姆叔叔的时候，她想起了这样一幅场景——

生：（朗读《汤姆叔叔的小屋》片段）“起来！死家伙！”烈格雷用力地踢了他一脚说道，“你终于醒来了！我先前就警告过你，要给你点颜色看看。感觉怎么样，嘿！嘿！嘿！你那身贱骨头撑不住了吧！”

师：当这一幕出现在卡佳面前的时候，卡佳知道，他是要被烈格雷打死的。她不能让他死掉。她不能让善良的、憨厚的、充满快乐的汤姆叔叔死掉。于是，在下一幕开始的时候——

（生读34—40自然段）

师：终于在下一幕开始的时候，引发了刚才你们提出的问题。她为什么就这样要买下他？那就让我们一起再细细走进这里，再一次感受天真的小卡佳的表现。注意读读这里边的词语。

生："细细的、如怨如诉……铮铮作响……"竟然在第一排，那个小小的身体发出一声："二百。"

师：细细的、如怨如诉和铮铮作响不是矛盾吗？可是这样的声音就这样发出来了。只两个字，体会体会这"二百"里的滋味。

生：二百。（声音较大）

师：不仅是铮铮作响，还如怨如诉，我们再听听——

生：二百。（声音里有委屈）

师：不仅有委屈，还有坚定。我们还要听——

生：二百。（朗读时"二"和"百"之间停顿，"二"高些，"百"低些，现场体会到铮铮作响和如怨如诉结合在一起的声音。）

师：其实，我们怎么朗读也不能切身感受卡佳如怨如诉又铮铮作响这种矛盾的声音。虽然声音细细的，但剧场里的所有人都听见了，非但如此，在所有的人都笑的情况下，在扮演汤姆叔叔的演员把脸捂住的情况下，我们的卡佳又接着"嚷"道——

生："二百，二百块！"卡佳嚷道，"爸爸，不能把他卖掉！……好爸爸！……"

师：按我们正常的情况，这个"嚷"应该放在这句话的前面，起着提示语的作用，清楚明白，干吗放在中间？

生：这个"嚷"在这句中间起着承上启下的作用，更重要的是，"二百"承接上文，也突出强调"二百"落地有声！

师：亲爱的同学们，我们的蒋一勋爷爷在翻译作品的时候，有可能会把这个嚷翻译成——

生：喊。

师：还可能翻译成——

生：叫。

师：可是这里却翻译成——

生：嚷。

师：非但这样，看我们的翻译家，竟然在这句话里用了三个叹号，语气一定非常的——

生：（齐）强烈。

师：把刚才的几个字比照一下，那是一份怎样的“嚷”？来，“嚷”出来！

生：二百，二百块！爸爸，不能把他卖掉。好爸爸！

师：我们听到了这“嚷”中的责备。

生：二百，二百块！爸爸，不能把他卖掉。好爸爸！

师：有那么一点小味道，有请求的意思。注意是“嚷”道——

生：二百，二百块！爸爸，不能把他卖掉。好爸爸！

师：给她鼓掌，乞求的语气，感情更强烈了。

生：二百，二百块！爸爸，不能把他卖掉。好爸爸！（有哀求的意味）

生：二百，二百块！爸爸，不能把他卖掉。好爸爸！（有命令的意味）

师：瞧，这“嚷”里还有省略号。省略号在这里有什么作用？

生：这个省略号让人感到卡佳说的话意犹未尽。所以这个“嚷”里面还有没有说完的话。“二百，二百块！爸爸，不能把他卖掉。好爸爸！求求你啦，不然他会被打死的！”（掌声）

生：很多时候省略号有表示停顿的意思，因为上文写到卡佳哭得那么伤心，这个时候说这句话一定是有些上气不接下气的样子。“二百，二百块！爸爸，不能把他卖掉！……好爸爸！……”（该生把省略号当作语气的停顿）

师：原来，这省略号好比卡佳的眼泪。大家听出来了，她的朗读里面有哭泣。

生：我感觉还有一种撒娇的感觉，就是向他爸爸哀求。她的朗读让我们感受到停顿里面的意犹未尽。

师：亲爱的同学，真好！只有通过朗读，才能走进人物的内心世界。看似简单的“二百”，因你们的朗读而变得那么神奇！其实，其中隐藏着丰富的感情，你们所感受的如怨如诉、铮铮作响、满脸愁纹、抽搐、轻声抽泣啊，她要把汤姆叔叔买回家的期盼啊，都融入到这里面去了。

师：瞧，一个人第一次读到一本好书，遇到一个重要的他人，经历一个重要的事件，会影响他的一生的！《汤姆叔叔的小屋》这本书不就影响了卡佳吗？

师：现在回过头来看看，课开始的时候，有个同学说卡佳可笑。你还觉得卡佳可笑吗？（老师走到那个同学面前）

生：不是可笑的问题。因为她融入到剧情中去了，所以她才会特别投入。然后她把自己想象成当时拍卖场里的买主了，并不是不懂事。我的用词是有些不恰当，但最初我的评价也不是否定卡佳，应该说“可爱”可能更加客观一些。

师：那你想把“可笑”改成——

生：可爱或者天真。

师：比较一下，哪个更好?

生：可爱。

师：那你到前面改一下。(生到黑板上改)

师：瞧，一个“笑”字的改变，意义大不相同。让我们在这个“可爱”里面，感受到了小卡佳如此的天真。她，有如此善良的金子般的心，富有特别的童心，于是在她第一次去剧院，在她第一个走进剧院，在她第一次读到了《汤姆叔叔的小屋》的时候，所有的第一次都给她留下了这么多心理的沉淀，播种下了这么多的好的种子。多好！所以小卡佳正如你们说的那样，她不顾一切，不顾这些成人的想法，她决定要买回汤姆叔叔！

师：所以，亲爱的同学们，现在我们回过头来看。文章57个自然段这么长，大多都是用这样的对话完成的，我们仅仅就重点地品味了这样一段。要说，很简单，不就是卡佳乞求爸爸要把汤姆叔叔买回家，就这一句就得了呗！为什么还要这样描写?

生：我觉得通过对语言的描写，更加显现出卡佳的坚定，还有很同情汤姆叔叔，非常想要把他买下来，拯救他。

生：如果没有了这些对话，没有了这些语言，这小说读起来就太骨感了。(笑)

师：我在网络上听说过这个词，你用在这里很形象。这就是小说文字的魅力！我记得莫言在获得诺贝尔文学奖的时候，他说，要感谢我们的翻译家们。因为他们，才让自己国家的语言走向了世界。我们真的要感谢蒋一勋爷爷，正是因为他翻译的努力，让我们读到了苏联的布霍夫的这篇小说！请分角色朗读“看戏时”这一情节。

(生合作朗读，内容略。)

(3)品味“看戏后”的描写。

师：然而——（PPT 出示课文）

生：卡佳两眼的火光熄灭了，她既忧伤，又失望地说："卖掉吧。"

师：到此，你又有什么要问的？

生：卡佳两眼的火光是什么？为什么火光熄灭了？

师：那么，火光究竟是什么？

生：我觉得卡佳的火光是那颗童心，是心中满怀的希望和憧憬。（板书：憧憬）只不过因为爸爸把卡佳带到后台让她知道真相，希望破灭了。

生：卡佳两眼的火光是渴望看到汤姆叔叔，在没看到汤姆叔叔之前她一直以为汤姆叔叔就是在戏中要被卖掉的黑人，她两眼的火光熄灭了是因为她知道了真相，两眼的火光就是看到汤姆叔叔的这个渴望。（板书：渴望）

师：火光还是什么？

生：相信。（板书：相信）

师：还代表什么？

生：我觉得火光是指她的童心和她的想象。（板书：童心）

师：照你这么说，她的童心也熄灭了是吗？

生：对！原来小小的卡佳，小小的孩子，她真的好天真，她有的时候不分现实和剧情。而当小卡佳第一次看演出的时候，她的爸爸告诉了她真相，让她的火光熄灭了；当她第一次怀着渴望的心情与相信看剧时，邻座秃顶男人的斥责也让她的火光熄灭了；当她第一次那么相信汤姆叔叔甚至相信演员也会像汤姆叔叔那样时，这个演员也让她的火光熄灭了。所以只留下忧伤的三个字：卖掉吧。（板书：忧伤）

师：若说卡佳是儿童（板书：儿童），爸爸、演员、秃顶男人啊，他们都可以说是长大的人（板书：长大）。你怎么看这些长大的人？

生：请大家再回过头来看看小说中写到的观众，这个秃顶的男人的表现，我就感觉他好像就是不能理解卡佳的同情心，感觉他的心灵特别麻木，看了这个剧之后一点都不会感动。

生：记得有个同学提问说，到底谁有毛病。我觉得这个秃顶男人没有一点同情心，太麻木了。他和卡佳看戏的目的是不同的。秃顶男人是打发日子，图消遣，而卡佳却当作一件神圣的事情对待！所以秃顶男人说卡佳有毛病。

生：还有，对汤姆叔叔的扮演者的描写，第 50 和 54 自然段，说用凡士林抹去脸上的黑颜料之后变得又胖又红，加上扑粉，看起来活像一个小丑。还有从他呵呵大笑起来，“我真的是……要不要我给你表演黄鼠打哨”感觉出来他就是没给卡佳留下特别好的印象。

生：我觉得爸爸这样做对又不对。对是因为他让这个很天真善良的卡佳知道了真相，她知道了这个戏是演的，她知道汤姆叔叔并没有遭受后来那些苦难，这个戏全部是假的。但是他不好是在于卡佳以后看戏都不会有这种投入进去的善良的童心了，然后她对里面这些演员也不会有同情心，对这些戏剧的童心也都丧失了。

生：因为他们都是成人了，早已失落了他们的童心，他们在小的时候也许跟卡佳一样，有他们的天真，或许也会相信这样一个故事。

生：我觉得成人有对，有错，首先错的一点是没有换位思考，没有考虑到孩子们所想的一些事情，他们已经完全把他们小时候的事忘记了！

生：而他们对的是，因为看戏是从正常角度看，是不能乱说话的，那样的话会影响他人，如果大家都按卡佳那种方法做，那么一场戏就没法看了，那就成了集体表演了。但卡佳也不是扰乱秩序，她是太投入了，这一点大人应该具体情况具体对待。从这个角度说，成年人肯定是有对有错的。

师：当卡佳第一次读到《汤姆叔叔的小屋》，被汤姆影响，而最终的结局却是失望而又忧伤的三个字——

生：（全体呼出）卖掉吧。

师：当卡佳怀着庄重严肃的心情第一次走进剧院时，这可以让卡佳记住一辈子的戏剧，最后的结局却是失望又忧伤的三个字——

生：（全体呼出）卖掉吧。

师：当卡佳愿多出一倍价钱，要用200元把汤姆叔叔买回家的时候，最终的结局却是失望又忧伤的三个字——

生：（全体呼出）卖掉吧。

师：所以我记得课前你在质疑的时候说的一个问题：这篇小说好像没写完。要是你的话，你该写些什么？（走到该女同学面前）

生：卡佳以后再看剧的时候会有怎样的表现。或许她不再激动，不再投入，更没有激情，因为她觉得这只是演戏，是假的。

师：若长大的卡佳也带着自己的孩子第一次去看戏，会有怎样的情况？

生：不堪想象。也许这就是结尾戛然而止的原因吧。留给我们更多的思考和回味的空间。（掌声热烈）

师：是啊，戛然而止的结尾，留给我们来议论。此刻你最想说的是什么呢？哪怕一个词，哪怕一句话。

生：童心可贵，大人应该尽量地理解儿童，不要去把他们的希望、天真给浇灭。

生：我觉得大人眼中的世界是真理至上的，是乏味的；而儿童眼中的世界是虚幻的、奇妙的。我认为不应该让儿童眼中的世界崩溃，不然这个世界不可救药。（学生和听课老师自发鼓掌）

生：我以前看过好多本书，几乎都是同样的问题，就是残酷的事实和美丽的谎言到底该选哪个？！

师：所以你一直也很困惑，困惑便是你的收获。

生：我觉得在我们这个世界里，如果卡佳长大了之后还是这么的天真、这么的可爱、这么的善良，是没有办法很好地生存下去的，因为这个世界毕竟有着丑陋的一面，现实功利的一面，不一定所有的事情都是美丽的，所以说人们在维护这种美好的心灵的同时也不能让它受到更进一步的伤害。我相信她长大之后，没有这个剧的故事，就比如说之前有的老人摔倒了，但是别人去扶了他，那个老人还污蔑好心人，我相信如果卡佳经历了这件事之后，她会受到更大的伤害的。（再次鼓掌）

师：同学们初读有了一些感受后，通过刚才的细读有了这些思考，瞧，这就是小说结尾令人回味的魅力！给了我们这么多发问、思考的空间！

师：我们的思考正如这个同学谈的那个困惑一样，两节课是说不清楚的，我们没有权利去批评成人，但我们有权利去学会理解、包容、相信、渴望。所以，亲爱的同学们，小说读到这，课前有个同学问了为什么以“魅力”为题，你们觉得呢？

生：我想这个问题的答案一定很多很多。有小说写作的魅力，童年的魅力，汤姆叔叔的魅力，小女孩的魅力，等等。

生：还有就是我们应该学会相信他人、理解他人，学会渴望一些东西，也不要伤害他人。

生：今天这节难忘的课，也令我觉得都是收获的魅力！

版块三：讨论儿童

师：（音乐响起）好啊，你们的思考，正应了《小王子》里的一句话："我们往往看到了事情的表面，我们却看不到里面藏着的东西，那是要用我们的心灵去感受的。"真好！所以回去以后，我希望我们所有的同学能够有选择性地去阅读一部诗集——泰戈尔的《新月集》，去感受什么叫童心，什么叫可爱、善良与美好。（提示学生读出延学建议）

生：要读一本童年的宣言之书《小王子》。

生：还可以去看一部电影《美丽人生》，去看看里面的父亲是怎么对待他的孩子的。这些一定能引发你最美好的思考。

师：今天窦老师作为一个小学老师来到这里，最后我想跟大家说的一句话是：长大永远是必然，但童年里的第一次，生命最初的第一次里的天真、可爱、善良、同情心应永远地保存在我们的心中。究竟我们是想长大，还是永远做儿童？究竟大人与儿童之间存在永远的分水岭，还是努力成为长大了的儿童？（板书：的，把黑板的词语串联成"长大的儿童？！"）

师：课堂的大幕为你关上，但人生的大幕已为你打开，相信岁月，相信种子，因为——（全体学生朗读）

一个孩子
向最初的地方
那最初的
变成了孩子生命中的一部分
……

——［美］惠特曼

（下课）

板书设计

魅　力

布霍夫

可爱、善良、纯洁、相信、丰富、忧伤…… 紧扣文本

渴望、憧憬、希望、怜悯、快乐、忍受…… 链接资料

长大的儿童?! 联系生活

课　文

魅　力

［苏］布霍夫著，蒋一勋译

（1）今天是第一次带卡佳上剧院。

（2）打从早上起，她便在屋子里踱来踱去，头上别了个天蓝色的大花结，神情是那样的庄重、严肃，父亲忍不住想在她那散发着香味和孩子气息的细脖颈上吻上一吻。

（3）“我们走吧。”好不容易等到晚上六点钟开灯的时候，她说，“要不，别人都坐上了位子，我们就找不到地方坐了。”

（4）“剧院位子都是编号的。”父亲微微笑了笑说。

（5）“是对号入座？”

（6）“是的。”

（7）“那别人也快坐好了。”

（8）她的眼神是那样的焦急，父亲不得不在开演前一个小时便带她出发了。

（9）父女俩第一个走进了剧场大厅。枝形吊灯、镶着红丝绒的包厢座位、若明若暗地闪动着光泽的大幕，使她那颗隐藏在咖啡色外衣下的幼小心脏似乎一下子停止了跳动。

（10）“我们有票吗？”她怯生生地问。

（11）“有的，”父亲说，“就在这儿，第一排。”

（12）“有座号吗？”

(13)“有座号。”

(14)“那我们坐下来吧。要不，你又会像上次在公园里那样把我丢掉的。你准会。”

(15)直到戏开演前的一刹那，卡佳还不相信幕布真的会启开来。她觉得，现在所看见的一切足够她记住一辈子啦。

(16)可是灯光熄灭了，周围的人立即安静下来，没有人再把戏单弄得哗哗响，也没有人再咳嗽。幕，启开了。

(17)“你知道今天演什么？”父亲轻声问。

(18)“别出声。”卡佳答道，比父亲声音还要轻，“知道。《汤姆叔叔的小屋》。我读过这本书。讲的是买卖一个黑奴的故事。一个老黑奴。”

(19)从舞台上飘来一股潮味和寒气。演员们开始用一种木呆的声音读着早已腻烦的道白。卡佳抓住坐椅的扶手，沉重地喘息着。

(20)“喜欢吗？”父亲慈祥地问。

(21)卡佳没有吱声。值得回答这样一个多余的问题吗？

(22)第一次幕间休息时她蜷缩在那张大椅子上，不住地轻声抽泣。

(23)“喀秋莎，我的小女儿，你怎么啦？”父亲关切地问，“你干嘛哭，傻孩子？”

(24)“他们马上要卖他了。”卡佳噙着眼泪说。

(25)“要卖谁了？”

(26)“汤姆叔叔。卖一百块钱。我知道，我读过。”

(27)“别哭，卡佳。人家都在看你。这是演戏，演员们演的。好了，我给你买一个蛋糕，好吗？”

(28)“奶油的？”

(29)“奶油的。”

(30)“算了，”她脸色忧郁地补充说，“我哭的时候不想吃。”

(31)她愁眉苦脸地坐在那儿，一句话也没有说。

(32)“这孩子有点毛病。”邻座一个秃顶的男人一边嚼着果汁块糖，一边不满地说道。

(33)“这孩子第一次上剧院。”父亲悄悄地赔不是说。

(34)下一幕开始了。汤姆叔叔被拍卖。

(35)“现在开始拍卖黑人汤姆。一百块钱！谁愿意给个高价？”

(36)忽然，像是一股细细的、如怨如诉的水流，从第一排座位上冒出来一声铮铮作响的童音：

(37)“二百。”

(38)拍卖人放下了小木槌，困惑地望了望提台词的人。站在左面最前头的一个不说话的配角笑得打了个嗝儿，躲到侧幕后去了。“汤姆叔叔”本人用双手蒙住了脸。

(39)“卡佳，卡佳，”父亲吃惊地抓住她的手，“你怎么搞的，喀秋莎！”

(40)“二百，二百块！”卡佳嚷道，“爸爸，不能把他卖掉！……好爸爸！……”

(41)秃顶邻座把戏单往地上一扔，低声斥道：

(42)“我看这孩子是有毛病！”

(43)后几排的观众开始探究地伸长了脖子。爸爸急忙抱起卡佳往出口走。他紧紧地搂住她的脖子，一张泪汪汪的脸颊贴在了父亲的耳朵边。

(44)“喏，这场戏看得好。”走进休息室时爸爸生气地说，他两颊通红，十分狼狈，“你这是怎么啦！”

(45)“汤姆叔叔真可怜。”卡佳轻声答道，“我不再这样做了。”

(46)父亲瞥了一眼歪在一边的大花结和挂在眼角上的一行泪，叹了一口气。

(47)“喝点水吧。你要愿意，我马上带你去看看他。想看汤姆叔叔吗？他正坐在自己的化妆室里，好好的，并没有被卖掉。想看吗？”

(48)“带我去吧。我想看。”

(49)观众已经吵吵嚷嚷地从演出厅涌向走廊和休息室。大家都笑着在谈件什么事情，父亲慌忙把卡佳带到走廊尽头的一间屋子。

(50)扎波利扬斯基已经用厚厚一层凡士林抹去了脸上的黑颜料。他的脸变得又胖又红，再加上扑粉，看起来活像一个小丑。刚才扮演拍卖人的那位叔叔正忙乎着系领带。

(51)“您好，扎波利扬斯基。”父亲说，“喏，瞧吧，喀秋莎，这不就是你的汤姆叔叔吗？好好瞧瞧吧！”

(52)卡佳睁大眼睛朝演员的那张满是扑粉的脸望了望。

（53）“不对！”她说。

（54）“哦，”扎波利扬斯基呵呵大笑起来，“真的，我真的是……要不要我给你表演黄鼠打哨？”

（55）不待她回答，他便打了一个长长的呼哨，可一点也不像黄鼠。

（56）“喏，怎么样，”刚才的那位“拍卖人”打好蝴蝶结后问，“现在可以把他卖掉了吧？”

（57）卡佳两眼的火光熄灭了，她既忧伤，又失望地说：“卖掉吧。”

点 评

你的教法就是你的活法

——听窦桂梅上课

我非常非常喜欢窦桂梅老师。

我一直关注小语界。小语界的名师似乎比中语界多。大概是因为畸形的应试压力要小些的缘故，小学老师们更能施展手脚，更能健康成长。窦桂梅也好，王崧舟也好，于永正等老教师就更不用说了。总体来看，小学的语文名师比中学名师成果更丰富，个性更鲜明。所以，我持续关注他们，阅读他们，向他们学习。

上上个周，在北京市一零一中学举行了特级教师联谊。由中语和小语的两位大腕级人物——一零一中学的副校长程翔老师和清华附小校长窦桂梅老师同课异构。他们上的是小学语文六年级的课文《魅力》，以此探讨中小学的衔接问题。两堂课都非常精彩，让人叹为观止。

程翔老师我太熟悉了。一起上课的机会也很多。以后再撰文专门分析他的特色。今天先说说窦桂梅老师的课。

我几乎算听过读过窦老师的大部分课，对她的期待是很高的。我毫不怀疑她会精彩。我的期待值是她能精彩到什么程度，或者说，她有什么改变。

她当然没有让我们失望。你听完她的课，脑子里心里好几天都会是这堂课。窦老师的魅力就在此。我说一堂好课就是一座纪念碑。如果你不太明白，听听窦老师的课，你就会恍然大悟。

我非常想找一个很好的话题来评课，觉得挺难的。好老师上课，她上的已经不是课了，她上的是人生，是生命，是智慧，是情怀。你如果用一般的评课标准去评，很难评出妙处。

我想到一句话，想用它来表达我的感受，那就是：你怎么活，你就怎么教。或者说，活法就是你的教法。这话是从我的作文课《向<泰坦尼克号>学写作文》的总结语中化过来的。死法、爱法、活法、写法、教法……全是一个法。课的精神就是人的精神，课的思想就是人的思想。课堂就是一面镜子，完全地映照出你对自我，对孩子，对这个世界的态度。你没有办法撒谎，甚至没有办法掩饰。课堂就是光天化日下一个你无处逃逸的舞台。你一张口，一举手，一投足，就完全暴露，彻底现形。甚至可以这么说，课堂还是一面“照妖镜”，你已经“修行”了多少年，你是人是鬼是妖是仙是佛，照得纤毫毕现。

所以我说，对语文教师而言，得课堂者得天下。

我以为，窦老师的课，是仙的境界，也接近佛的境界。

佛的境界乃是超越生死，普渡众生。观窦老师的课，你时时处处都能清晰地感受到她对学生的爱。那是期待，是鼓励，是帮助，是点拨，是点化。总之，她给予学生的一切，都是春风化雨。比如其中的一个细节：

最开始她让孩子初读《魅力》，谈自我感受。一个孩子说故事中的小主人公卡佳“可笑”。窦老师笑而不评，只是请孩子把这个词语写在黑板上。当时我狠捏了一把汗。我知道，这样做很冒险。写下来，就意味着在后面必须回应。但是，对于回应完全生成的内容，是很难的。一般老师上着上着课，难免就会忘记。而老师要抓住一个极佳的契机不露痕迹地纠正——让孩子自己去纠正，这几乎算是教学智慧中的最高层次的机智了。

但显然我的担忧是多余的。接下来窦老师带领着孩子们不断地深入文本。曲径通幽，柳暗花明，随着卡佳的形象越来越清晰地呈现在大家面前，时机终于到了。真的就是水到渠成地，不露痕迹地，窦老师又站在了那个女孩子面前，问她：“你还觉得卡佳可笑吗？”小女孩儿当然懂了！这个环节由窦老师请女孩儿第二次上黑板自己把“可笑”改为了“可爱”而圆满结束。这个细节，几乎横跨两堂课近90分钟。这似乎只是不经意的一笔，我以为，却是整堂课最具魅力的“神来之笔”。

窦老师之聪慧，之冷静，之沉着，之慈悲，之机敏，可见一斑。

因为面临的授课对象不同，小学老师比中学老师更讲究课堂的铺路搭桥，这事实上是一种课堂关怀：用最适宜的方式帮助每一个学生慢慢抵达终点。小学老师的“点拨花样”比中学老师丰富得多。他们的教学技艺炉火纯青。这些方式，从教学法的角度来看，都堪称经典，都值得中学老师学习。我们说要“朴素”地上课，并不能成为“呆板”地上课的借口。我们说回归语言本位，也不能成为干瘪瘪地咬文嚼字的托词。带领学生字斟句酌更需要智慧，需要技巧，需要技术，甚至是需要艺术。

窦桂梅老师，王崧舟老师等，把这种艺术，展示到了极致。

其实窦老师的课堂设计是很朴素的。全课共分两个部分。第一部分：交流预习单内容。她组织学生概括小说内容，初谈感受，质疑问难。第二部分：深入文本，共同探讨一些难点内容。初看并不奇崛，似乎卑之无甚高论。但是，课的美妙都在细节——在于老师高超的点拨技艺和纯熟的对话技巧。

这些技巧，反复出现在窦老师的课堂当中，是完全可听可感可学的。

其中最靓丽的乃是她帮助学生补白文本的功力。教文学，最重要的是要教出文字背后的东西，教出没有老师帮助，学生很难自己读出来的东西。

总有一些语言点被窦老师重锤敲打得金光闪闪。她像个冶炼大师，一炉又一炉的火，一锤又一锤的耐心，锤锤下去，石块变成金子。

比如她总是适时地鼓励学生联系生活来解读文本。当教到卡佳进剧院前的紧张兴奋时，窦老师问孩子们有没有这样的经历。孩子回答小时候坐飞机前的紧张，对于上学的期待和恐惧等等，引发了一串串笑声。难点不讲自破。

她自己的朗读水平很高。她自始至终传递着对朗读的热情。整个课，底子都是诵读。所有的关于文本解读的过程和结果，几乎都以朗诵的形式表达出来。这课，因为读而洋溢着浓浓的语文味儿。读，就有这么神奇——它既展现了课堂上已经教出来的东西，更展现了课堂上还没有教出来但已经呼之欲出的东西。朗读让课堂走向了无限。

窦老师的点拨收放自如。她能以一个词语、一个句子为跳板，把《魅力》引向小说的背景内容《汤姆叔叔的小屋》，引向同主题的冯骥才的《花脸》。这种“跳出”自然无痕，几乎算是“羚羊挂角，无迹可寻”。因为这样的“跳出”，卡佳为什么会“噙着眼泪说”，为什么“两眼的火光熄灭了”这些空白点全部变为了充实丰满的内容。那不是理性的分析，没有丝毫的说教，就在自然的引进式诵读中，人物的思想和情怀展露无疑。学生就这样学懂了，在他们自己可能都还不知道的时候就学懂了。

我以为，这样的“学懂”，乃是语文式的“学懂”。而在中学的语文课堂上，充斥着太多“数理化式”的“学懂”：条分理析，随意肢解；标签硬贴，模式强套。这样的“学懂”，不是文学本位的，不是语文本位的，事实上是应试本位的。

窦老师极善制造思维风暴。她不断地把孩子们引向两难境界：是谁让卡佳“醒过来了”？这样长大的成人们有错吗？如果你来续写，你如何写？此刻，你正在想什么……每一个问题，其实都没有标准答案，但正是这些问题，不断地把孩子们的思维引向遥远的地方。她的课堂，像一块大海绵，不断地吸收，不断地吸收各种各样的思维的精华、情感的精华，慢慢变得沉甸甸的，湿润润的，从海绵变成了大海，一直浸润到了人的心灵深处。

窦老师的《魅力》的魅力真是一言难尽。

总而言之，那是预设与生成、技术与艺术的完美结合：这课，是经过高超的设计的。在每一个细节中，我都能看到教师的呕心沥血的匠心。但是，这课又是开放和率性的，因为尊重学生，时时刻刻都在“旁逸斜出”，又在九九归一。精致而又大气，严谨而又圆融，教学效率非常高。我以为，这是最佳的课堂状态。

这课，是激情和理性的完美统一。开头说到期待窦老师的变化，她确实也在变化着。总的来看，更沉着，更冷静，更能控制自己的激情了。她的课堂，越来越少舞台表演的夸张的华丽，而渐渐走向朴素和深沉。那种激情，慢慢地化为一种劲道，静水深流，大美无言。

我读过窦老师的不少书，知道她是如何从一个学校的打杂工人走到今天这个高度的。她的活法就是她的教法。朋友王开东撰文《玫瑰，华丽的绽放》，可是，有多少人知道，这个绽放过程中，有多少苦与痛，血与泪。

我是知道的！

我觉得，中学老师也应该读读窦桂梅。你会有收获的！

（清华大学附属中学　王　君）

辑三

整本书主题教学

高贵：苦难中追求梦想，幸福中心怀谦卑

——一起学习童话《丑小鸭》

主题：高贵

步骤：读出童话语言的味道；

读出童话背后的味道。

第一步：读出童话语言的味道

走近《丑小鸭》

师：有位作家说，生活就是童话。（板书：童话）他写《枞树》《红鞋子》《海的女儿》《丑小鸭》（板书）……他爱好旅游，到过很多国家，对中国一直很向往。他曾幻想能从花园挖个隧道，通到地球另一端的中国，说不定洞中还会走出一个白胡子神仙为他领路。可惜他生时没能造访中国，成为一大憾事。他在 1843 年写的《夜莺》是他唯一一篇以中国为背景的童话故事。你们一定知道他是谁。

生：他就是——安徒生（师板书）。他还写了《豌豆上的公主》。有位作家说，是他让我们走进了童话里，是他让整个世界都有了童话。

师：三年级的时候我们学过这篇拟人体童话《丑小鸭》。这篇童话选自《安徒生童话全集》，其中《丑小鸭》的译文有近七千字（课件展示），但是你知道吗，在课本里被压缩成不到 500 字了。（学生打开课文，发出了“哇”的惊奇声。）

生：我们在课文里学过的，与这六千多字的译文比，就像一个故事梗概，不过它还是按照丑小鸭出生、童年、成长，以及成为天鹅的顺序来概括的。

师：既然像个故事梗概，那么请同学们尽情发挥想象，说说文中可能缩写或删掉了哪些内容。

（学生们静想后发言）

生：我认为会删掉一些环境描写呀什么的。比如丑小鸭在什么样的环境中生活呀，因为童话大多都有景色描写等。而课文《丑小鸭》中几乎没有。

生：既然那么多文字，一定会有好多故事情节。比如课文中说丑小鸭冻僵了，被一位农夫救了，那么在农夫家一定也发生了故事，课文就用一句话概括了。

生：再有，丑小鸭遭受的欺负，课文没有具体写，只是一句话。我想，具体的情节一定更丰富，可课文里只留了个结果。

生：我认为会删掉一些人物对话的内容。你看，课文里写了鸡、鸭、小鸟、猎狗……想想吧，丑小鸭遇到了那么多人物，怎么能不说话呢？

生：我感觉它最后一部分肯定是改编过了。作为一个很完美的结局，应该是要详写丑小鸭的心情、心理等。也许安徒生写了，课文不能那么长，用那么多字，于是就都删掉了吧。

师：同学们多会推想啊。在你们的发言中，我们发现，缩写的或者删掉的环境描写、对话描写、细节描写、心理描写等，无外乎两种语言，一种是叙述性语言，一种是人物语言。这也是童话叙述的重要方式。你想啊，加上你们说的那些，才符合童话的趣味。既然如此，你们说这节课，我们是回到原来的课文还是到译文中，读这个故事呢？

生：当然要到译文中学习感受了。现在想来，课文就好比方便面里的那一小袋菜，都是脱水的干菜，被水冲泡在面中已经没有了菜味了；译文呢，就好比新鲜的蔬菜，好吃！（笑）

师：呵呵，我也是这样想的。我们一起走进译文，读出童话语言的——味道（课件出示）。你怎么理解这句话？

生：我认为，就是要理解童话语言表达的意思。

生：我认为“味道”也就是理解语言的不同滋味。（老师紧跟着追问“哪些不同滋味？”）好比生活中品味的“酸、甜、苦、辣”。就是说童话语言表达的意思啦，感情啦，以及为什么用这个词语或句子表达啊，等等。另外，我觉得还要了解作者写这篇文章的目的和背景。

生：我觉得就是读出这篇童话深层的意义，也就是说，这语言究竟要告诉我们什么。

师：是啊，你们说的这些，不就是语言的味道吗？一堂课，我们不可能把那六千多字的译文拿来，逐字逐句地品读，下面我们就走进《丑小鸭》，选取译文中的几个镜头，品读它语言的味道吧。

走进《丑小鸭》

1. 出生

师：我们先来一起走进丑小鸭的“出生”——（出示课件）

生：太阳暖烘烘的。鸭妈妈卧在稻草堆里，等她的孩子出世。

师：课文是这样写的。译文又是怎样写的呢？读读，看你读出了什么味道。

（出示原译文，生读。）

乡下真是非常美丽。那时正是夏天，小麦是黄澄澄的，燕麦是绿油油的；干草在绿色的牧场上堆成垛，鹳鸟迈着又长又红的腿在散着步，喋喋不休地讲着埃及话。这是他从母亲那里学到的一种语言。在田野和牧场的周围有些大森林，森林里有一些很深的池塘……这儿有一只母鸭坐在她的窠里，得把她的几个小鸭孵出来。

生：我觉得小鸭出生的地方非常宁静，非常美丽。这段的第一句话就告诉我们了。

师：是怎样一个美呢？

生：你看，这环境里，“小麦是黄澄澄的，燕麦是绿油油的”。

师：他读出了一幅幅宁静美丽的图画。小麦是——黄澄澄的（生接），燕麦——绿油油的（生接）。是啊，这“黄澄澄”，这“绿油油”。多美的叠词，多美的画面，这是生命的色彩，是暖暖的，甜甜的。谁再来读读？（教师指导学生通过朗读，体会“黄澄澄”和“绿油油”）仅这两幅画？

生：还有，“干草在绿色的牧场上堆成垛”，干草在绿色的牧场上的垛，远远看上去，像一朵朵大花点缀在绿色里呢！（老师点评“点缀”用得好）

生：远处呢，还有森林，还有很深的池塘……这段用了省略号，说明还有许多美丽的景色。

生：不仅有这些，还有呢，“鹳鸟迈着又长又红的腿在散着步，喋喋不休地讲着埃及话”。我觉得这鹳鸟很好玩，可以想象他又长又红的腿在散步的样子。而喋喋不休地说，就是没完没了地说，而且还说着埃及话，估计别人不会埃及话，就他会说，所以喋喋不休地显示自己了不起，太有趣了。

师：在丹麦的传说中，鹳鸟是从埃及飞过来的，所以安徒生就想象成他这样说着埃及话。哈哈，你的想象很童话啊。

生：我觉得鸭妈妈很负责任，她选择一个很优美的环境生自己的孩子，她也是很浪漫的。你看，她偏偏选择一个这样幽静、神秘的地方生自己的孩子，这就预示着一个特别的故事在这样神秘的环境中发生呢！

师：你们说的这鹳鸟和母鸭，不就是一幅幅动态的、神奇的画面吗？正如你们感受的，他们好有情调，好浪漫呢。安徒生的笔写出的是一幅幅画卷，是没有画的画册呢!

师：现在我们再做一个游戏。还是这段文字，把这段文字纵向排列，再读读，看你还读出了什么味道。（出示课件，生读。）

那时正是夏天
小麦是黄澄澄的
燕麦是绿油油的

干草在绿色的牧场上堆成垛
鹳鸟迈着又长又红的腿在散着步
喋喋不休地讲着埃及话
这是他从母亲那里学到的一种语言
在田野和牧场的周围
有些大森林
森林里有一些很深的池塘……

生：我觉得这里很迷人，很神秘，特有意境。

师："意境"一词用得好啊。这意境，是一种什么味道?

生：就是诗的味道啊。这里的环境不但美，还很舒服，一幅一幅的画组合在一起，很和谐。

生：我在书上看到有人评价安徒生，说他的语言特有诗意呢。

师：（把刚才诗的格式的一段话恢复成译文原来的句段形式）安徒生就是诗人，所以写出的语言都是诗。然而，这浓浓的诗意不是刻意寻求诗的格式，而是这诗意，就如同呼吸一样，这么平铺直叙、自然而然地弥漫在字里行间，充满了一种情调，用一个成语，那就是——（引导学生说出"诗情画意"）

师：既有情境也有意境，这才叫诗意呢！（板书：诗意）一会儿我们还能读到这充满诗意的叙述语言。不仅是这篇童话，安徒生的叙述语言大多充满诗意，令人神往。随着年龄的增长，相信你对"诗意"的理解不仅仅是这种感觉，你还会体会得更深。好，带着感受再读这段！（生再读，略。）

师：听着你们读这段语言，感觉就像潺潺的小溪，流荡过我们的舌尖，湿润着我们的心。这娓娓道来的温馨，这诗的味道，那么纯净，那么美好。童话的诗意就这样播撒在心田，引我们到亮堂堂的故事里去了——瞧，“噼！噼！”几声后，鸭妈妈的最后一个小宝宝诞生了——

生：（朗读）他的毛灰灰的，嘴巴大大的，身子瘦瘦的，大家都叫他“丑小鸭”。

师：译文却说（出示译文，师生同读）——“他又大又丑”。

2. 童年

师：既然大家都叫他丑小鸭，可以想象，小鸭的童年是什么样的了。让我们走进小鸭的“童年”。（出示课文内容）

生：丑小鸭来到世界上，除了鸭妈妈疼爱他，谁都欺负他。哥哥、姐姐咬他，公鸡啄他，猫吓唬他。

师：刚才同学们猜想这一段的时候，提到可能删掉了小鸭怎样被欺负的细节。下面我们就看看译文中的三个片段。（课件出示三段译文，分别让三个学生读。）

片段一：“……呸！瞧那只小鸭的一副样儿！我们看不惯他！”——于是马上就有一只鸭子飞过去，在他的颈上啄了一下……“对，不过他太庞大、太特别了，”啄过他的那只鸭子说，“因此他必须挨啄！”

片段二：小鸭是那么丑陋，他处处挨啄，被排挤，被讪笑，不仅在鸭群中是如此，连在鸡群中也是这样。“他实在太大！”大家都说。那只雄吐绶鸡一生下来脚上就有距，因此他自以为是一个皇帝。他把自己吹得像一条鼓满了风的帆船，来势汹汹地向他走来，瞪着一双大眼睛，脸上涨得通红。

师：这是头一天的情形。后来一天比一天更糟——（生接着读）

片段三：大家都要赶走这只可怜的小鸭，连他自己的兄弟姐妹也对他生起气来。他们老是说：“你这个丑妖怪，但愿猫儿把你抓去才好！”……鸭儿们啄他，小鸡们打他，喂鸡鸭的那个女佣人也用脚踢他。

师：你发现没有，这三个片段描写鸭子对小鸭的欺负都用了一个字——

生：我听出来了，都是“啄”字。

师：与课文中的“啄”相比，说说片段中哪些个“啄”让你感受得更具体？

生：我觉得片段一中的“啄”能够让我感觉到丑小鸭被啄的滋味很难受。你看，那只鸭子啄小鸭的动作，是在颈上啄。那个地方的羽毛最短也最少。还有，这段啄小鸭的理由都写出来了，感觉很具体。

生：我觉得译文中的第二个“啄”更让人感觉小鸭可怜。“处处挨啄”，就是说走到哪里都被啄。（老师及时点评学生读书细心，抓住了“处处”。）

生：还有片段三中，有一句话是“鸭儿们啄他”，这就是说，不只是一只鸭子，是一群鸭子，恨不得所有的鸭子都啄他，可不只是课文里说的“公鸡啄他”。原译文里不仅公鸡啄他，兄弟姐妹们也都啄他，就像课文里说的，这个世界上除了妈妈疼爱他，谁都欺负他。

师：好在鸭妈妈疼爱他。课文也没有具体描述，译文是这样写的——（出示译文，生读。）

鸭妈妈说：“……他是我亲生的孩子！如果你仔细看他的话，他长得还蛮漂亮呢。我想他的身体很结实，将来他自己总会有办法的。嘎！嘎！跟我一块儿来吧，我把你们带到广大的世界里去，把那个养鸡场介绍给你们看看……”于是鸭妈妈在丑小鸭的颈上啄了一下，把他的羽毛理了一理。

师：这里重复用了一个“啄”，和前面提到的“啄”一样吗？（学生纷纷举手）把你的理解，送到下面的句式中去。（出示两个句式）

译文：
于是马上就有一只鸭子飞过去，在他的颈上（　　地）啄了一下。
于是鸭妈妈在丑小鸭的颈上（　　地）啄了一下，把他的羽毛理了一理。

生：于是马上就有一只鸭子飞过去，在他的颈上（狠狠地）啄了一下。
于是鸭妈妈在丑小鸭的颈上（温柔地）啄了一下，把他的羽毛理了一理。

师：说得不错，前面用的是“狠狠地”，后面的用“温柔地”也可以，如果讲究诗意的美和对仗，你看看还可以填什么？

生：我明白了，妈妈的啄，带给丑小鸭的感觉是温暖。括号里填“轻轻地”，这样感觉更直接一些，而且读着与前面的对比起来，好听——于是鸭妈妈在丑小鸭的颈上（轻轻地）啄了一下，把他的羽毛理了一理。（掌声）

师：这同一个“啄”，带给你的感受一样吗？

生：不一样。虽然鸭子也不会做什么动作，只有“啄”，可第一个“啄”感觉是疼的，体现的是他们对丑小鸭的讨厌。第二个感觉是舒服的，体现的是鸭妈妈对小鸭的“疼爱”，也正是课文中形容妈妈的词。

师：相同的一个“啄”，却让我们有不同的感觉，从中体会到了不同的感情。然而在译文中，这感觉不像课文，不是直接告诉我们的，而是藏在“啄”里的。可见，看似用词简单、重复，但内涵却是——

生：我觉得内涵挺深的，意思和感情是不一样的，丰富多彩的。

师：也可以说是“丰富”（板书）的。下面就把你们品味的丰富内涵送到“啄”里去，再次感觉“啄”的不同。

（生再读刚才的两句话，括号里的内容不读，富有动作和表情。读得很形象，很有味道。）

师：尽管有妈妈的疼爱，但毕竟太有限。你想啊，刚才我们读到，小鸭是处处挨啄，鸡也啄，鸭也啄，甚至连喂他们的那个女佣人也用脚踢他，走到哪里都被排挤、被讥笑。小鸭的童年怎样啊？

生：（自言自语地说出以下语词）可怜、悲惨、孤单、苦难……

生：如果说用味道形容的话，就是酸酸的。

师：是啊，酸酸的，有苦也有难，真是“苦难”（板书）的童年。

3. 成长

师：怎么能一味地忍受这苦难呢？若是你，该怎么办？

生：我想我要想办法，改变自己的样子，或者想一个法子让他们对我刮目相看。

生：万一永远改变不了他们的看法呢，依我看，最好的办法就是选择离家出走。

师：呵呵，不是离家出走，是到外面寻求出路。改变不了别人，就要改变自己对这件事情的态度。小鸭也是这样想的，他离开家寻找出路去了。让我们走进丑小鸭的“成长”镜头。看，这就是课文概括的丑小鸭的成长——（因已经学过，这里学生只是浏览。）

丑小鸭来到树林里，小鸟讥笑他，猎狗追赶他。他没有朋友，只好继续流浪。秋风瑟瑟地吹着，树叶飘落在丑小鸭身上，他孤零零地走着，走着，泪珠扑嗒扑嗒往下掉。

有一天，丑小鸭看见一个大湖，他跑过去，在湖水中自由自在地游起来。虽然湖水很凉，但丑小鸭却游得十分高兴，忘记了烦恼。忽然，他看见一群雪白的天鹅掠过湖面，向南方飞去。他们的样子那么高贵，姿态那么优雅，丑小鸭又惊奇又羡慕。

冬天到了，湖面上结了厚厚的冰。丑小鸭不能再游泳了，他又冷又饿，趴在湖边的芦苇丛中，昏睡过去，被一个农民救走了。

师：课文就是用这三个自然段概括小鸭的成长的。其实一个人的成长，绝不是这么简单。里面的情节正如同学们刚才猜测的那样，经历一定很多，这里我们只认识一下小鸭成长路上遇到的几个人物。

师：离家一路奔跑的小鸭，最先遇见了野鸭——（出示课件，生自由读。）

“你真是丑得厉害，”野鸭们说，“不过只要你不跟我们族里任何人结婚，这对我们倒也没有什么大关系。”

师：接着又遇到了大雁——（生读）

“听着，朋友，”大雁们说，“你丑得可爱，连我都禁不住要喜欢你了……离这儿很近的另一块沼泽地里，有好几只甜蜜可爱的雁儿。她们都是小姐，都会说：‘嘎！’你可以跟她们碰碰你的运气！”

师：在他们的话中，你听出了什么味道？

生：我从第一段中读出了野鸭们对小鸭的轻蔑。（该生带着自己的理解，读了野鸭们的话。）

生：我听出的是好笑。就好像野鸭多高贵似的，还担心小鸭和他们家族的鸭子结婚，太搞笑了。要是我哦，我会这样读……（该生带着轻松的语气读出了野鸭的好笑）

生：我觉得大雁的语气比野鸭好些。大雁说“你丑得可爱”，而且还给小鸭提供交朋友的路子，真好玩。（该生带着自己的理解，读出了自己的语气。）

生：我觉得大雁的语气也许更是一种嘲讽。“你丑得可爱”，瞧这话里有一种幸灾乐祸的样子。

生：我觉得野鸭和大雁比那些鸭子、女佣人强多了，他们至少不啄丑小鸭，而且话里也是善良的，没有伤害。

师：谢谢你们多维的理解。不管怎么样，你们觉得这段对话语言，安徒生写得如何？

生：我觉得是风趣的，换句话说，是幽默。（师板书：幽默）在这里，野鸭们虽有些傲慢，以为自己门第多么尊贵，了不起，但也让人觉得好笑而不可恨。而大雁们则是顽皮，特别是这句话："她们都是小姐，都会说：'嘎！'你可以跟她们碰碰你的运气！"大雁们说她们都是小姐。读这段的时候，我就忍不住要笑起来。

师：是啊，安徒生的语言多幽默啊。这人物一出场，笔墨不多，只说这一句话，就给你留下这么深的印象。而且读着"你真是丑得厉害""你丑得可爱"——瞧，也是雅致的幽默，其中不乏诗的意味。

师：可没等大雁说完，"砰！砰！"两声枪响，两只大雁被猎人的枪打死了。这时，猎人带着的猎狗扑通扑通地逼近了丑小鸭（课件出示文字描写片段）。结合这段情景，尤其注意这个"藏"字，怎么藏的，为什么藏。想象一下，小鸭会怎么说最后的这句话？（学生自由朗读）

猎犬都扑通扑通地从烂泥里跳过来……对于那只可怜的小鸭说来，这真是可怕的事情！他把头掉过来，藏在翅膀里。正在这时候，一只骇人的大猎犬逼近他的身边。他的舌头从嘴里伸出来，伸得很长，一双眼睛发出丑恶而可怕的光。他把鼻子顶在小鸭身上，露出他的尖牙齿，却又——扑通！扑通！——跑开了，并没有把他抓走。"啊，谢谢老天爷！"小鸭舒了一口气。"我是这样的丑，连猎犬也不要咬我了！"

师：注意，小鸭是舒了一口气，可不是叹了一口气，小鸭的话该怎么读？只读小鸭的话。（让学生练习"舒"气）

生：啊，谢谢老天爷！我是这样的丑，连猎犬也不要咬我了！（该生在"舒"了一口气中朗读，前半句读出了一种庆幸。）

生：啊，谢谢老天爷！我是这样的丑，连猎犬也不要咬我了！（该生处理的"啊"以及结尾的"不要咬我了"表现出了一种难过。）

生：啊，谢谢老天爷！我是这样的丑，连猎犬也不要咬我了！（该生在整体的语气中，读出了自嘲的味道。）

师：呵呵，本来小鸭的童年就够多磨难了，可他的幽默，让我们在心疼中也会心地一笑。幽默带来阳光，这，也是一种优雅的表达方式啊。

师：猜猜，躲过一劫的小鸭，还会遇到谁？

生：也许会遇到乌鸦，乌鸦不知道自己黑，还觉得丑小鸭长得很难看呢。也许他会说：瞧你那丑样，体型真难看，羽毛灰灰的，还不如我们黑黑的羽毛漂亮呢。

师：哈哈，你太富有想象力了。如果创编，你倒可以加上这段情节的。天黑的时候，丑小鸭来到一个歪歪扭扭的小屋门前。这里住着一个老太婆，她有一只公猫和一只母鸡。于是在这间屋子里，又发生了有趣的对话，请同学们扮演不同角色表演。看看你们又读出了什么味道。

（学生分角色练习，之后分角色表演。）

那只猫儿是这家的绅士，那只母鸡是这家的太太，所以他们一开口就说："我们和这世界！"因为他们以为他们就是半个世界，而且还是最好的那一半呢。小鸭觉得一个人也可以有相反的意见，但是这一点母鸡却忍受不了。

"你能够生蛋吗？"母鸡问。

"不能！"

"那么就请你不要发表意见。"

于是雄猫说："你能拱起背，发出咪咪的叫声和迸出火花吗？"

"不能！"

"那么，当聪明人在讲话的时候，你就没有发表意见的必要！"

"我想我还是走到广大的世界里去好。"小鸭说。

师：呵呵，又是一段幽默的对话。（采访扮演"丑小鸭"的同学）你为什么对母鸡说"不能"？

生：因为我是公的，不能下蛋，所以我说"不能"。（生大笑）

师：哈哈，那公猫要求你，为什么你也说不能？

生：因为我是一只鸭子，不是一只猫。他要求我做的，我根本就做不了。

师：哦，我明白了。他们总是按自己的生活方式要求丑小鸭，他们的话语是想让小鸭成为他们，那是违背了小鸭的本性的，小鸭只是他自己，所以说

“不能”，而且连用了两个“不能”，语言简单，语气也平静。你倒有绅士风度呢！（笑）那你“能”的是什么？

生：到广大的世界里去，去游泳，去飞。

师：请注意，小鸭说的“世界”。让我们把这句话放大。（老师对着刚才的“公猫”和“母鸡”）你俩开口就说：“我们和这世界！”那么你（公猫）的世界是什么？

生：我们的世界是最好的世界，是属于我的那间小屋子。而且我还会发出咪咪的叫声，并迸出火花。

师：原来，这就是你的世界，还是你自认为最好的世界啊。你真挺可爱的。那“母鸡”你的世界呢？

生：我可以生很多很多的蛋。（笑）

生：（扮演“丑小鸭”的学生）听到他们理解的世界，我根本就不属于他们的世界，不属于那个歪歪扭扭的小屋子，而属于“广大的世界”。

师：那么，当年妈妈也曾对你说，要带你到“广大的世界”，与你说的又有什么不同呢？（出示鸭妈妈的话）

生：妈妈说的世界就是养鸡场，而我的世界是外面更大的世界，更远的地方。

师：正如安徒生所说，幽默是他童话里的盐，这才让童话有了别样的味道。这味道不是调侃，不是简单的逗乐，也不是暂时的博人一笑。从刚才幽默的对话中，这“不能”，这“世界”，这“广大的世界”，如同刚才的“啄”，看似用词简单重复，可我们却分明感受到这语言令人深思、令人回味无穷的深意。原来幽默中包含着不同的人生态度，善意的提醒，自我的确定。由此可见，安徒生在幽默的语言中蕴含着多么丰富的内涵，这又是多么智慧的表达啊。

师：正因为要到广大的世界中去，小鸭想起了新鲜的空气和阳光。他感觉自己有一种奇怪的渴望，想到水上去游游。这下，丑小鸭看到了什么？（出示课文中的文字）

丑小鸭看见一个大湖，他跑过去，在湖水中自由自在地游起来。虽然湖水很凉，但丑小鸭却游得十分高兴，忘记了烦恼。忽然，他看见一群雪白的天鹅掠过湖面，向南方飞去。他们的样子那么高贵，姿态那么优雅，丑小鸭又惊奇又羡慕。

生：看到了大湖里的天鹅。这里用了一个词形容天鹅的样子，是“高贵”。

师：让我们来看看译文，说说这是一只怎样高贵的天鹅。（板书：高贵。出示译文，学生朗读。）

一天晚上，正当美丽的太阳下落的时候，有一群漂亮的巨鸟从灌木林里飞出来。小鸭从来没有看到过这样美丽的东西。他们白得发亮，他们的颈又长又柔软。这是一群天鹅。他们发出一种奇异的叫声。他们展开美丽的长翅膀，从寒冷的地带，向温暖的国度，向不结冰的湖泊飞去。

生：我觉得这段写得也很诗意呢。我们亲眼看见他们的羽毛白得——发亮，他们的颈——又长又柔软，他们的翅膀是——长长的，好美丽的鸟啊。

生：我认为安徒生把天鹅描写得很美，而且这也是从丑小鸭的视觉角度写的，说明了丑小鸭对高贵、美好的向往。所以，课文用了一个词形容丑小鸭的心情——“又惊奇又羡慕”。

师：的确如她所说，小鸭是“又惊奇又羡慕”。想亲眼看看天鹅吗？（播放天鹅飞翔录像，学生静看，沉浸其中。）

师：还想再看一眼吗？闭上眼睛，让我们再一次用心体会那高贵的形象。（老师配乐读描写天鹅的部分，学生在音乐声中让语言变成画面来感受。）

师：小鸭怎能按捺住内心的兴奋？快睁开眼睛哪——（出示译文，生读。）

他在水上像车轮那样不停地旋转，同时把自己的颈高高地向他们伸着，发出了一种那么奇异、那么响亮的叫声！他再也忘记不了这些美丽的鸟儿，这些幸福的鸟儿。他不知道这些鸟儿的名字，也不知道他们要飞到什么地方。不过他爱他们，好像他从来还没有爱过什么东西似的。

“我要飞向他们，飞向这些高贵的鸟儿！……”

师：“我要飞向他们，飞向这些高贵的鸟儿！”这高贵的鸟，成了小鸭心中的什么？

生：成了小鸭心中的梦想！（也有说偶像的，老师引导不用生活中的语言，换上具有文学意味的词，最后学生说是“梦想”。）

师：安徒生再一次用他诗意的语言，描绘了天鹅的形象，让天鹅活了起来，飞了起来，成就了小鸭诗意的梦想！这怎么能是课文中一个“又惊奇又羡慕”就概括得了的呢？此刻，如果用上“苦难”和“梦想”，让你给成长中的丑小鸭题词。你想说什么？

生：丑小鸭带着梦想从苦难中走出来。

生：丑小鸭虽然在童年经历了苦难，可并没有一味地在苦难中叹息，而是有了美好的梦想。

师：把他们的话浓缩成一句话，那就是——

生：苦难中拥有梦想。（师板书）

师：有意思的是，译文中对于丑小鸭的描写却只有一句话：“他又大又丑。”（课件出示）作为大家的安徒生，为什么没有像课文那样着力写丑小鸭的丑，灰灰的毛，大大的嘴，却浓墨重彩地细致刻画天鹅的高贵形象？

生：安徒生是为了强调只有经历了苦难才能获得真正的幸福，至于“丑”，是那些鸡鸭以他们的眼光衡量得出的，自然就不符合“鸭”的长相啦。

生：安徒生是不忍心写丑小鸭“丑”啊，在安徒生的眼里，丑小鸭能在苦难中拥有梦想，他是高贵的！（掌声）

师：因拥有梦想而显示气质的高贵、精神的高贵！在安徒生的眼里，丑小鸭只是特别，所以原译文中他一直称其“小鸭”。安徒生诗意的语言魅力就在于此，有时泼墨如雨，有时惜墨如金。无论怎么写，我们依然能体会到语言中内涵的丰富，从中体会到小鸭就是高贵的。

4. 飞翔

师：然而，冬天来了，那些让丑小鸭拥有梦想的天鹅飞走了，飞向那温暖的国度去了。在这寒冷的冬天，快要冻僵的小鸭，又会发生什么故事？

生：可能又被别的动物嘲笑，或者又遇到了危险，有可能冻死在雪地里。

师：故事如果这样写下去，那童话的结局可就太悲惨了。

生：我觉得应该是“冻僵”，被人给带回了家。对了，就是课文里用一句话带过的“被一个农民救走了”。正应了故事的一波三折，冻僵的丑小鸭被农夫带回了家。在农夫的家里又发生了一连串的恶作剧。

师：同学们课后找来读读这一情节。终于熬到了第二年的春天，又一次从农夫家出走的小鸭来到湖边，这次，他飞了起来！让我们走进这一乐章。（出示

课文内容）

湖水中自己的影子，竟是雪白的羽毛，长长的脖子。原来自己变成了一只美丽的天鹅！

周围的几只天鹅起飞了，丑小鸭也张开宽阔的翅膀，向远方发出“呜——呜——”的鸣叫，跟着自己的同伴，飞向高高的天空。

这时，鸭子、猫、公鸡、仰望天空，发出一声声赞叹：“啊，多美的天鹅！”“瞧，他们飞得多高！”大家不知道，在这群天鹅中，有一只，就是那曾被大家百般嘲笑过的丑小鸭。

师：课文用这短短的几段文字概括了小鸭飞翔前后的情节。可译文用大约1100字来写。压缩了这样的一些情节——（课件出示）

（1）他飞进一座大花园；

（2）他看见三只美丽的天鹅；

（3）他飞向白天鹅；

（4）丑小鸭变成白天鹅得到幸福，包括白天鹅为他梳理羽毛、人们对他的赞美；

（5）丑小鸭变成白天鹅后的快乐心情和幸福感受。

师：如果让你来改写安徒生的原作，你认为哪些内容是不能缺少的？

（学生讨论）

生：我觉得第五个情节不能删掉，因为前面写了小鸭在艰苦的条件下的心情，现在应该写小鸭在幸福中的心情，和以前形成很好的对比。这不能删掉。

生：第三个情节不能删掉。因为整个经过突出了小鸭梦想成为白天鹅的决心。如果删掉这部分，梦想所占的比例就太轻了，也就不能体现小鸭为实现梦想所付出的努力了。

生：依我看，哪都不能删。比如第四个情节也很必要。因为这正是连接第三个情节与第五个情节的桥梁。

师：谢谢你们的建议。听同学们的，咱们就选两处品一品。（出示“情节3”，选一学生读。）

“他们会把我弄死的，我是这样丑陋，还居然敢接近他们。不过这没有什么关系！被他们弄死总比被鸭子咬，被鸡群啄，被看管养鸡场的那个女佣人踢和在冬天受苦好得多！”于是他就飞到水里，向美丽的天鹅游去……“请你们弄死我吧！”可怜的小鸭说。他低低地把头低垂到水上，只等着一死。但，他在这清澈的水上看到了什么？他看到了自己的倒影，那不再是一只粗笨的、深灰色的、令人讨厌的鸭子了，他是一只天鹅！

师：（继续采访刚才朗读的“小鸭”）小鸭，这些天鹅，可能会像鸭子、公鸡那样欺负你，甚至弄死你，你为什么说没有关系，而要决心成为天鹅呢？

生：我认为以前那些鸭子、鸡群、女佣人都是很平庸的，当我见到天鹅的时候，我认为天鹅是最高贵的。虽然不知道能不能成为天鹅，但，哪怕死，能死在他们手里我也心满意足了。

师：原来，在你心中，要追求生命的绚烂，而不愿意像鸡呀、鸭呀那样苟且地生活。

生：是的，我是下定这个决心的。这总比被鸭子咬，被鸡群啄，被看管养鸡场的那个女佣人踢和在冬天受苦好得多！

师：听着小鸭的话，面对小鸭的决心，送给他一个词——

生：坚定！态度是坚决的，是不与鸡鸭同流合污的。

师：“同流合污”这个成语用在这里要斟酌，想想，他们不属于一个世界，该怎么说？

生：我明白了，应该说丑小鸭不属于鸡鸭他们的世俗世界，而是拥有属于自己的梦想，为了梦想，执着地追求。（掌声）

师：原来不仅在苦难中拥有梦想，而且是在苦难中用行动“追求”梦想。

师：正因小鸭有着美好而执着的追求，走着走着梦想的花就开了，走着走着就来到广大的世界，走着走着就飞了起来，成为高贵的飞翔的天鹅！当孩子们兴高采烈地赞美，当那些老天鹅也不禁在他面前低下头时，小鸭是什么心情呢？（出示“情节 5”，一学生读。）

他感到非常难为情。他把头藏到翅膀里面，不知怎么办才好。他感到太幸福了，但他一点也不骄傲，因为一颗好的心是永远不会骄傲的。他想起他曾经怎样被人迫害和讥笑过，而现在他却听到大家说他是美丽的鸟中最美丽的一只。……他竖起羽毛，伸直细长的颈，从内心发出一个快乐的声音：“当我还是一只丑小鸭的时候，我做梦也没有想到会有这么幸福！”

师：如果说丑小鸭的过去是苦难的，那现在就是——

生：幸福的！丑小鸭经受那么多苦难，终于获得了幸福。（板书：幸福）

师：是的！可丑小鸭却难为情了，把头“藏”在翅膀底下。从心底发出快乐的声音（引读）——

生：当我还是一只丑小鸭的时候，我做梦也没有想到会有这么幸福！

师：那么，“当我是一只白天鹅的时候，我心底究竟是怎么想的呢？”译文没有写，不过，全藏在这段文字里了。注意，这里也有个“藏”。想想，如果说前面小鸭遇到的猎狗的藏，那是躲避世俗世界的厄运，那么在这个天鹅的世界里，小鸭为什么藏，藏的究竟是什么呢？联系这段语言，把小鸭藏着的心里话用这个句式说给我们听听。（课件出示：“当我是一只白天鹅的时候，我__________。”）

生：当我是一只白天鹅的时候，我难为情呢，甚至不敢相信自己就是白天鹅，我还觉得我是丑小鸭。

师：是啊，尽管已经是天鹅，可你依然觉得自己是渺小的，卑微的。

生：当我是一只白天鹅的时候，我会将自己的头藏在翅膀底下。因为我知道，一颗好的心是永远不会骄傲的。

生：当丑小鸭成为一只白天鹅的时候，一点也不骄傲，那是——谦虚。

师：你看，你们多么了不起，把这段的其中一句话化用，变成了自己的理解送到这个句式中，真好啊。

师：你看，他细细阅读这段话，在这段话中发现了小鸭藏着的一颗谦虚的心，把自己放得很低的心。真好，读出了语言里藏着的味道。还有吗？接着读，看看你还读到了什么。

生：当我是一只白天鹅的时候，我一点也不生当年迫害和讥笑我的那些人的气，而是宽容地原谅他们。（教师赞美该生联系该段内容，感悟出内涵。）

生：当我成为一只天鹅的时候，我难为情，不好意思，我很善良，是说我依然如做丑小鸭时，拥有一颗平常的心。

师：谢谢你们的“发现”。到此，在天鹅的世界里，小鸭“藏”的究竟是什么？

生：它藏的是历经苦难后的幸福。

生：藏的是宽容，是一颗谦虚的心。他依然觉得自己跟当年的丑小鸭一样，是渺小的，没有什么值得炫耀的。

师：看来，他的藏，不仅是一个动作，更是一种姿态。原来，这个“藏”，是小鸭从世俗的世界跨入天鹅世界的“藏”。此时幸福的小鸭，藏在心中的是他成功后依然谦虚，幸福中依然觉得自己渺小、卑微。“谦虚、卑微”合起来，可以用一个词概括——

生：大概叫“谦卑”吧。（板书：谦卑）

师：说说你怎么就“创造”了“谦卑”这个词呢？

生：把“谦虚”的“谦”和“卑微”的“卑”合起来，就是“谦卑”。

师：当这两个字连在一起的时候，已经不仅仅是谦虚和卑微的两个意思了。我相信，随着年龄的增长，你会对“谦卑”有更深层的理解与感悟。此刻，请你用上“幸福”和“谦卑”两个词，再诗意地给幸福的小鸭题词吧。

生：小鸭啊，你是多么幸福啊，可你却是谦卑的。

生：既然上半句是“苦难中追求梦想”，我想这句应该是“幸福中拥有谦卑”。

师：小鸭可是心怀“谦卑”的。这个“拥有”可以变成——

生：怀有。（生把这句话填完整——“幸福中心怀谦卑”。）

师：你们在这句话里品味出这么深的内涵，祝贺你们！那么，安徒生是这样直接表白吗？看小鸭多么善良，多么谦卑，是这样说吗？

生：不是的，他把丑小鸭的内心藏在文字背后，不是外露出来。

师：是啊，不是张扬表白，而是藏在文字背后，这是一种怎么样的表达？

生：含蓄。（该生悄悄发出这个声音，教师板书：含蓄，并给他掌声。）

师：是啊，这么丰富而深刻的内涵，却是用含蓄的文字表达啊。到此，你一定会对译文中的这句含蓄的话有更深的理解——（课件出示：“只要你是一只天鹅蛋，就算你是生在养鸭场里也没有什么关系。”）

生：这句话意思是说，你要相信自己，你不能向苦难屈服，因为你在天鹅蛋里待过，你就是高贵的白天鹅。

师：照你的理解，就算生在养鸭场里，如果接受苦难，没有选择逃离，真的会成为高贵的天鹅吗？

生：即使有外表的高贵，没有对梦想的美好追求，在鸡鸭的世界里，日子是难过的，别人根本不认为他是天鹅，他呢，也会一辈子过着鸡鸭不如的生活。

师：就算实现了梦想，可幸福的你没有心怀谦卑，算得上真正的高贵吗？

生：假如没有谦虚的心，没有高贵的心灵，也就仅仅是外表上的高贵。

师：是啊，如果小鸭没有对自我确认，永远不知道高贵为何，内心却有可能永远是空虚的呢。

生：我明白了，真正的高贵应该是心灵上的高贵。

师：现在我们回过头来，说说这天鹅蛋指的究竟是什么。

生：天鹅蛋应该指的是一颗高贵的心。

师：感谢安徒生这一含蓄之笔，让我们在不断的追问中获得这么多思考。原来诗意的高贵，不仅仅是天鹅的外在形象，更是天鹅的内在形象。那么，是什么魅力，让我们对“高贵”产生更深刻的理解？

生：是文字，也可以说是语言，是安徒生的语言！

师：这语言可以看，可以听，可以感受，可以触摸，可以想象！在诗意的叙述中不乏幽默，幽默中不乏诗意；内涵丰富却又含蓄地表达，含蓄中却感到丰富的内涵。（和学生一起看着黑板说这句话）从而给我们带来语言还有心灵的启迪。

师：你看，6000多字的《丑小鸭》（出示课件），我们只是选择片段作了对比，就发现了这么多语言密码，是那么曼妙和美丽，亲切和迷人。何止这些（板书：……），带着这堂课的体会，再回去完整地细细地品味《丑小鸭》吧，相信你会品出更多的味道。

第二步：读出童话背后的味道

走近安徒生

师：不过，安徒生说——（出示课件，生朗读。）

我这一辈子是一个美好而曲折的童话故事，既幸运又坎坷。我一生的经历，将是我作品的最好诠释。（《安徒生自传：我生命的童话故事》）

师：安徒生究竟要说明什么呢？下面，结合《安徒生自传：我生命的童话故事》，也像刚才学习《丑小鸭》译文的样子，选几个镜头读读。再次猜想，《丑小鸭》这篇童话的后面还可能藏着什么语言密码？下面，就让我们“读出童话背后的味道”。

走进安徒生

（在音乐声中，学生默读安徒生的“出生”“童年”“成长”“飞翔”四个乐章。）

1. 出生

（课件出示，生默读。）

在丹麦欧登塞的一间矮小破旧的平房里，住着一对心心相印的新婚夫妇……1805年4月的一天，一个活生生的、哇哇大哭的婴儿诞生了，那就是我，汉斯·克里斯蒂安·安徒生……

师：这个安徒生有着1.88米的高个子、突出的大鼻子、极长的胳膊和一双特别大的脚。

2. 童年

（课件出示，生朗读。）

街上的少年发癫地一大群追我过街，嘲笑我，并且高喊：看哪！戏剧家在跑哪！人们对我的奇特总是口伐有加，似乎对我古怪的行为深恶痛绝。我躲在家里的角落里，哭泣着向上帝祈祷……

3. 成长

师：同丑小鸭一样，安徒生不满足于家乡的生活，到外面寻找出路。成长中的他是怎样追求自己的梦想的？

（课件出示，生朗读。）

四年的离乡奋斗，我深刻感受了这个广大、充满悲欢离合的世界……我阅读了莎士比亚、歌德等人的名著，以及丹麦的古典作品。拜访过雨果、巴尔扎克、门德尔松……我知道我所追求的“神灯”是什么了——那就是“文学”。只要有百折不回的勇气和一颗真诚易感的心灵，就一定能够攀上文学的顶峰。

生：你看，成长中的他，不也和小鸭一样，有着苦难和对梦想的追求吗？他的梦想是文学。

4. 飞翔

师：安徒生34岁时，生命中真正的春天开始了。他终于成功了！祖国以及世界给予了他许多赞美和鼓励。他的名字享誉全世界。让我们看看飞翔起来的安徒生的心灵独白——

（课件出示，全班学生读。）

我一生的童话故事展现在眼前的，一直是情节丰富动人，这让我无比欣慰。厄运中包含着好运，痛苦中也能划出欢乐。那些曾经对我的不公，终究都为我带来了美好的结局。善良与尊重，坦诚与正直，我对人类的信任从来不曾让我失望过。对于所有高贵的好人而言，一生的童话故事总带有忏悔的神圣意味。所有的痛苦和艰辛都将消失，留下的是美丽的东西……

5. 对比

师：读了《安徒生自传》的几个片段，你有什么发现？

生：我发现安徒生和丑小鸭一样，都经历了出生、童年、成长、飞翔几个阶段。作者是借丑小鸭写自己呢。

（课件出示表格，然后发言学生说哪组，教师就点击哪组课件，同时要求与丑小鸭的“苦难、梦想、幸福、谦卑”紧密相扣。）

	丑小鸭	安徒生
出生		
童年		
成长		
飞翔		

生：我发现，丑小鸭出生时又大又丑的；安徒生呢，出生在矮小破旧的平

房里，出生也是卑微的，而且长相特别，大家也认为他是丑的。

师：贫穷的家境，再加上与别人极不一样的长相，有点像——丑小鸭了。

生：我要说“童年”的对比。丑小鸭的童年是所有人都啄他，欺负他。安徒生的童年也是街上的少年都追赶他，嘲笑他。

生：我说说“飞翔”。小鸭看到了自己的倒影，他感到非常难为情。他感到太幸福了，但他一点也不骄傲，因为一颗好的心是永远不会骄傲的。他是那么谦卑。安徒生呢，他也说，“对于所有高贵的好人而言，一生的童话故事总带有忏悔的神圣意味。所有的痛苦和艰辛都将消失，留下的是美丽的东西……”一句话，安徒生也是谦卑的。

师：正如安徒生所说——（课件出示，生读。）

我所描写的几乎全在影射自己的人生，而所有登场的人物，也都是我一生中遇到的。

生：原来，安徒生写的童话，隐喻的就是自己的人生。

师：高贵是最富有诗意的童话。这“高贵”不就是安徒生的人生追求吗？（板书：人生）写给小鸭的话，我们也应该送给安徒生——

生：“苦难中追求梦想，幸福中心怀谦卑”。

师：人生多丰富，童话就有多丰富。童话里有你也有我。今天，丑小鸭已经成为一个情结。我想，不仅仅是安徒生，你们，包括我，也读到了自己。每一个人的成长，不都是“丑小鸭”的经历吗？

师：相信，你再次捧起《安徒生童话全集》的时候，不仅会细读《丑小鸭》，还会细读——

生：《小伊达的花儿》《豌豆上的公主》《打火匣》……（教师出示文章题目，学生依次读出。）

师：我也相信，你一定也会学着这堂课比较阅读的方法，也结合安徒生的自传《我的一生》去品读，你一定会发现，每一个童话都有安徒生的影子，或许还有你的影子，你获得的不仅是语言的味道，你会发现，你的人生也可以是诗意的，丰富的，幽默的，含蓄的（和学生看着板书一起说出）。而且你的人生也会向高贵走去，并对自己说——

生：（齐）“苦难中追求梦想，幸福中心怀谦卑”。

板书设计

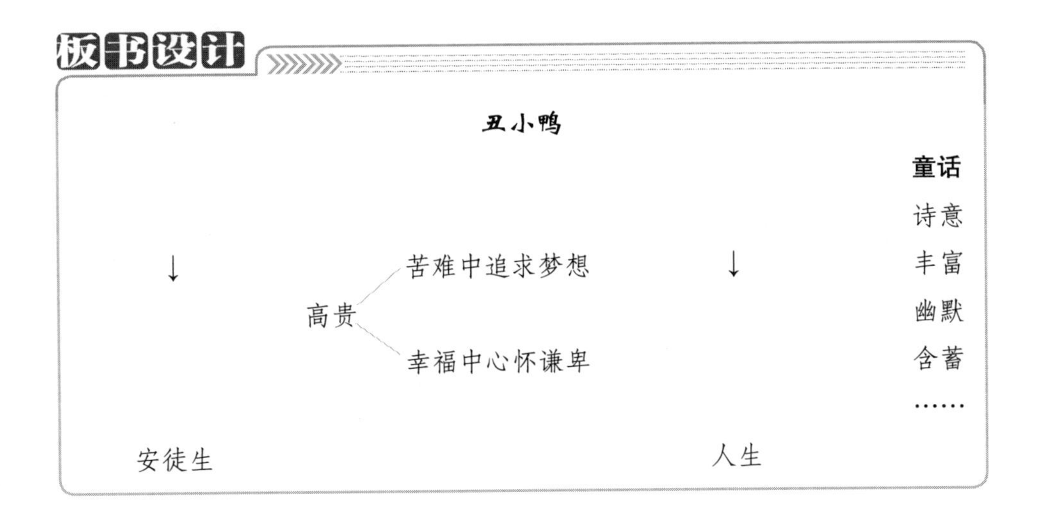

课文

丑小鸭

太阳暖烘烘的。鸭妈妈卧在稻草堆里，等她的孩子出世。

一只只毛茸茸的小鸭子从蛋壳里钻出来了，最后只剩下一个特别大的蛋。过了好几天，这个蛋才慢慢裂开，钻出一只又大又丑的鸭子。他的毛灰灰的，嘴巴大大的，身子瘦瘦的，大家都叫他“丑小鸭”。

丑小鸭来到世界上，除了鸭妈妈疼爱他，谁都欺负他。哥哥、姐姐咬他，公鸡啄他，猫吓唬他。丑小鸭感到非常孤单，就钻出篱笆，伤心地离开了家。

丑小鸭来到树林里，小鸟讥笑他，猎狗追赶他。他没有朋友，只好继续流浪。秋风瑟瑟地吹着，树叶飘落在丑小鸭身上，他孤零零地走着，走着，泪珠扑嗒扑嗒往下掉。

有一天，丑小鸭看见一个大湖，他跑过去，在湖水中自由自在地游起来。虽然湖水很凉，但丑小鸭却游得十分高兴，忘记了烦恼。忽然，他看见一群雪白的天鹅掠过湖面，向南方飞去。他们的样子那么高贵，姿态那么优雅，丑小鸭又惊奇又羡慕。

冬天到了，湖面上结了厚厚的冰。丑小鸭不能再游泳了，他又冷又饿，趴在湖边的芦苇丛中，昏睡过去，被一个农民救走了。

第二年春天，丑小鸭离开了农民的家，又来到湖边。有几只天鹅落在了他的周围，关切地看着他。“连你们也要嘲笑我么？”丑小鸭心里想着，难为情地低下头。这一低头，让他大吃一惊。湖水中自己的影子，竟是雪白的羽毛，长长的脖子。原来自己变成了一只美丽的天鹅！

周围的几只天鹅起飞了，丑小鸭也张开宽阔的翅膀，向远方发出“呜——呜——”的鸣叫，跟着自己的同伴，飞向高高的天空。

这时，鸭子、猫、公鸡，仰望着天空，发出一声声赞叹：“啊，多美的天鹅！”“瞧，他们飞得多高！”大家不知道，在这群天鹅中，有一只，就是那曾被大家百般嘲笑过的丑小鸭。

点　评

窦老师课堂的三个“回归”

——听《丑小鸭》有感

窦老师的《丑小鸭》，不仅仅是一节非常生动、非常丰富、非常精彩的语文课，更是一堂非常深刻的文学鉴赏课，它使我们深深地领悟到了童话的美、文学的美，让我们深深地为安徒生童话所包含的幻想的美、艺术的美、人性的美所感染。窦老师之所以可以讲得这么深刻，我自己认为最根本的原因在于她高雅的文学素养、深厚的文学积淀、广博的文化视野。

安徒生童话是全人类的精髓，是全人类文化的经典，他的童话充满了无穷的魅力，超越了时空。我们能从中感受到安徒生一颗伟大的心、一颗慈悲的心。窦校长的课抓住了安徒生童话的精髓，主要有以下特点。

第一，回归母语教育。回归就是回到，我们的语文有它的工具性，但语文也是民族文化的根本，是我们血脉相传下来的东西，能够使我们心灵相通。今天的语文教学，一个很大的问题就是用教外语的一套方式来教我们的语文。比如教英语，会非常强调语法知识，一个字、一个词、一个句子的掌握，但我们中华民族的母语教学不能这样做，如果只是重视字、词、句、语法教学的话，就会使简单的东西复杂化，就会使生动的东西抽象化。回忆一下我们小学、中学时学过的大量的语法知识，除非以后做专门的语言研究，否则恐怕根本就用不上。这样上课，就会把生动的课文尤其是文学作品，变得味同嚼蜡，使学生学习语文的兴趣马上被打消。

我们中国的语言文字，是重在感悟的。要让学生感到语言的魅力，感到形象的鲜明性，感到作品背后的内涵。《丑小鸭》这则童话，隐喻着、象征着一个作家成长的故事，这个故事背后体现了最具有人性、最具有生命意义的那种不屈不挠的力量。窦老师的课，把握得非常好，我认为这是回到了母语教育。

第二，回归文学教育。文学是什么？人人都知道小说、诗歌、戏剧那就是文学。但我还想说，文学是语言的艺术。它是以语言作为工具，来塑造形象，来描绘意境，来反映社会现实生活，来表现作家的生命体验的。文学，是以情感的力量、道义的力量、审美的力量、形象的力量，一句话，以语言的力量去打动人、感染人、震撼人。因此，要上好一堂语文课，它的核心，它的困难，就是关于语言的困难。

窦老师非常机智，用对照的形式，把学生真正领到了安徒生的童话世界，去感受童话之美，去领悟语言的魅力。童话的魅力在什么地方？简单地说，童话具有超现实的、幻想的构思。童话为读者提供了一个虚拟的精神空间、一种诗意的享受。

文学作品，可以分为两类，第一种是现实性的文学，第二种是幻想性的文学。现实性的文学有什么特点呢？我认为是再造性的想象，就是对已有的生活进行再加工，源于生活，高于生活，使之更加典型化。幻想性文学，其特质就是创造。什么是创造？创造就是无中生有，《哈利·波特》是创造，《西游记》是创造，《魔戒》是创造，《丑小鸭》同样也是创造，《皇帝的新装》也是创造，作家要调动他的幻想，创造一个虚拟的文学空间。幻想性文学的内容很多，童话、小说、科幻等等都是幻想性文学。童话是其中一种重要的类型。而童话又可以分成三种大类型。第一种类型，就是拟人体的童话，它里面的形象，是非人的形象，不是我们现实中的人，把非人的形象作为人类来讲，赋予它人的行为、性格、语言等等。《丑小鸭》就是拟人体童话。拟人体童话不仅仅可以把动物、植物、微生物作为一个形象来讲，某种抽象的观点也可以作为一个形象。比如说，张天翼的《宝葫芦的秘密》，宝葫芦是一个观念，希望不劳而获的观念、少付出多回报的观念。他把这种观念用宝葫芦的形象体现出来。第二类是超人体的童话，这类童话中的形象不是一般的人类，这种形象有自己特有的功能，有特殊的本领，总是有秘密的武器、秘密的宝物。像安徒生童话中的《海的女儿》，海的女儿人身鱼尾有三百年的寿命，就是超人体。《哈利·波特》也是超人体的童话。第三类是常人体的童话。常人体童话就是我们普通人中的你、我、他。写这种童话的难度最大。常人体的童话在安徒生的童话中也大量存在，最经典的是《皇帝的新装》《豌豆公主》。其中既没有动物、植物的形象，也没有特异功能。常人体童话的特质就是夸张性的描写。

如果我们没有很好地认识童话，把握童话，我们就不能感受到童话的魅力。就小学语文教师来说，如果他能够真正把握的话，我想他对课文的理解一定能够高人一筹。窦老师的课对拟人体童话的把握就非常好，回到了文学本身。

第三，回归儿童本位。要上好一堂课，作为老师、作为成人、作为教育工作者，他既要表达文章的主题，又要被学生理解和接受。真正优秀的老师要有角色的转换。以儿童为本位，就是以儿童为中心去理解课文，去感悟课文，而不是以成年人的意识去灌输给学生。我听窦老师的课，有一种说不出的感动，当她的学生简直太幸福了。如果我能够回到童年的话，那我一定要来清华附小，做窦老师的学生，她真正设身处地、非常自觉、非常机智、非常成功地站在儿童的立场，和儿童一道去学习和感悟。

儿童去感受作品时，是全身心投入进去的，他的阅读没有功利性，他会被文学作品中的形象深深地打动，用俗语说就是同化。当他被童话感染的时候，他也将自己等同于童话中的形象，他也希望自己是童话里的白雪公主，也希望自己成为哈利·波特。小学生阅读童话是他巨大的精神财富，喜欢童话的小孩不会变坏。喜欢童话，喜欢儿童文学的学生，他的想象是丰富的，他的情感是细腻的，他的理想是伟大的，他的性格可以像丑小鸭转变成白天鹅那样高贵，所以童话真是太重要了。据调查很多吸毒的人追求那种飘飘然的感觉，而这些人在童年时从没有阅读过童话，他的童年、青少年从没有经历过这种飘飘然的阅读的精神境界，所以只能在毒品中寻找。窦老师优美的讲述，图文并茂的多媒体演示实际上就能够领我们到达那个飘飘然的境界。当她讲到丑小鸭见到白天鹅的这一段时，请同学们闭上眼睛，去感受那个白天鹅高贵的形象，我的内心和学生一起变得非常的温暖。窦老师站在儿童的立场，设身处地地为儿童去想，这就是回归儿童本位的教育。

以上这三个特点，是我对窦老师这堂课的一些不成熟的见解，但我更想把三个回归作为我对当下语文教学的建议。第一，追求母语教育，引导学生深入感受我们的民族语言。第二，回到文学教育，引导学生感染、领会语言的魅力、文学的魅力，感受、感悟文学的力量。第三，回到儿童本位，真正把老师的心、学生的心融为一颗心。如果做到这三点，我们的语文教学肯定会有质的飞跃。

（北京师范大学教授　王泉根）

西游路上向善行

——一起学习古典小说《三打白骨精》

主题：向善

步骤：利用小说中“环境”的描写，渗透《西游记》中的环境描写；

借助小说中“情节”的研究，探究《西游记》中的写作特色；

通过小说中“人物”的评价，导读《西游记》中的意义主题。

一、聊小说的要素

（课前学生背诵诗歌后，导入。）

师：琅琅书声，朗朗乾坤。中国文学的历史河流中，不仅有唐诗、宋词、元曲，还有明清小说。（板书：小说）于是，就有了中国古典四大名著。（板书：名著）说来听听，你知道是哪几部吗？

生：《红楼梦》《水浒传》《三国演义》《西游记》。（不同学生依次说出）

师：（板书：西游记）说到《西游记》，你脑子里一下子会闪现出哪些人物？（板书：人物）

生：孙悟空、猪八戒、唐僧、沙僧。（这些人物也是和学生“聊”出来，然后出示唐僧四人取经图让学生整体感受一下。）

师：师徒四人中，你印象最深的是谁？

生：孙悟空。他会七十二变，一个筋斗十万八千里，还有一双火眼金睛呢。

生：还有猪八戒，这家伙特好玩，胖胖的，样子特可爱，还很贪吃。

师：那我们就看看他可爱的样子和动作。（播放八戒动画）《西游记》里说“俺老猪不是嘴长，耳大，脸丑，俺也是一个好男子呢”。（生笑）

师：那咱再看看孙悟空的“火眼金睛”（播放悟空动画），这次他看出的是谁？

生：白骨精。（师板书：白骨精）

师：把你看到的送到词中，再读——

生：白骨精。（读出“吓人”的感觉）

师：《西游记》里除了白骨精还有哪些要吃唐僧肉的妖魔？

生：红孩儿，金角大王，银角大王，蜘蛛精，黄袍怪，蜈蚣精……（和学生聊出这些人物来）

师：这些大大小小的人物在一起，必然发生故事。有故事，就有故事发展的——

生：情节。

师：而这些人物和故事的情节，一定要有一个具体的活动场所，这场所就叫——

生：地点。

师：要说地点专指具体的地方，这活动场所则指更广泛意义上的空间。（教师手势比画，提示学生。）

生：是环境，没错，就是环境。

师：多了不起，就这么聊，我们就聊出了小说的三要素。（板书：三要素）下面咱们就聊聊《西游记》中的一个故事。（板书：三打，再完整读“三打白骨精”的课题。）

师：刚才我看了同学们的读书报告单，大家预习得不错。现在我检查检查同学们的读书情况。

（学生分自然段依次读课文，强调了“火眼金睛”这个词，并重点读了唐僧的话。）

师：把读书报告单打开。结合刚才说的“三要素”，你发现报告单有什么特点？

生：分成三个部分。第一部分就是按照小说的“三要素”设置的，包括情节描述、人物评价、环境描写。第二部分是概括故事的主要内容。第三部分是有哪些需要探讨的问题。

师：好啊，这份报告单就是对你们学习情况的“前测”。结合“三要素”的填写，我就检查检查你们对课文主要内容的概括。

生：（用不太押韵的诗的形式概括）师徒四人来山脚，白骨发现暗自笑。悟空饿了去摘桃，妖精乘机来捣乱。一变村姑二变妇，三变老公公想吃僧。悟空一来皆打死，唐僧却怨乱杀生。小人猪八戒无耻，去骗唐僧栽悟空。悟空再三辩无用，只得挥泪回敖来。

师：你的概括形式很特别，这是一则故事，能否结合“故事”的特点来概括？

（该生基本把课文从头到尾叙述了一遍，内容略。）

师：你们同意他这样概括吗？

生：太具体啦，这不叫“概括主要内容”，这叫具体描述故事。

师：我们语文课的说法叫“复述”。其实，就故事本身来说，把你们报告单中提炼的“起因、经过、结果”加起来，就是主要内容。

生：白骨精为了吃唐僧肉，先变成村姑，又变成老太太，最后变成老公公，都被孙悟空识破，孙悟空三次怒打白骨精，结果白骨精终于被打死。

师：同意他的概括吗？评价一下，如何？

生：他按照起因、经过、结果的顺序概括，很完整，也很简练。

师：真好，作为六年级同学，我看到了你们的理解与概括能力。虽然了解了故事的情节，但难免有一些要探讨的问题。课前，我看了同学们提出的问题，一共28条。有的希望具体了解故事，有的质疑人物的做法，还有的对故事结局产生进一步追问，很好。

师：当然有些是共性问题，其中大多是针对唐僧提出来的，比如：唐僧为什么不相信村姑、老妇人、老公公是妖精变的，而且孙悟空把妖精打死后，唐僧还念紧箍咒？唐僧为什么说孙悟空“无心向善，有意作恶”，而且还要赶他走？妖精被打死后，唐僧又会说什么？唐僧如果知道自己错怪了孙悟空，会怎么样做呢？

师：有的问题是提给悟空的。比如：金箍棒那么厉害，应该一棒就把白骨精打死，为什么二打不成还要三打？而且为什么偏偏是三打，而不是四打或五打？孙悟空为什么对唐僧那么忠诚？有个同学还提出：当悟空二打和三打时，八戒和沙和尚在干什么？

二、聊故事的环境

师：结合同学们的问题，我又进行了备课。那么，我们就带着这些思考再次走进故事里，深入探讨。让我们先走进故事发生的环境。

生：（齐读）一天，唐僧师徒四人来到一座高山前，只见山势险峻，峰岩重叠。（读得平淡）

师：在你的读中，我没看到“高山”，我看到的是一座“小土包”。（生再读，语气还不够。）

师：山还不够“高”，再读！（生再读，终于读出了高山的险峻。）

师：再读原著里的这段话，看你又有什么感受。（课件出示，生朗读。）

唐僧师徒四人来到一座高山前，看不尽峰岩重叠，涧壑湾环，虎狼成阵走，麂鹿作群行。无数獐豝钻簇簇，满山狐兔聚丛丛。千尺大蟒，万丈长蛇。大蟒喷愁雾，长蛇吐怪风……万古常含元气老，千峰巍列日光寒！

生：不仅山高，而且仿佛看到“虎狼成阵”“千尺大蟒”“万丈长蛇”，真吓人。比课文中的环境恐怖多了！

生：这地方令人毛骨悚然。你想啊，这样的环境，能生出什么好东西，什么大蟒长蛇，没准白骨精就是它们的领导呢！（笑）

师：常言说，“山高必有怪，岭峻定生精”。这穷山恶水的环境中，必定有可恶的妖精。这样的环境描写，真妙呀，它预示着惊险的故事情节即将发生。那咱就走进故事的情节。

三、聊故事的情节

（一）妖精“三变”的情节

师：有情节就有故事的发展，咱得先从故事的起因聊起。谁来说说起因是什么？

生：唐僧师徒去西天取经被白骨精发现了，直接原因就是白骨精要吃唐僧肉。

师：看看文章中是怎么说的，读给我们听听。

生：白骨精不胜欢喜，自言自语道：“造化！造化！都说吃了唐僧肉可以长生不老。今天机会来了！”

师：妖精可是“自言自语”地说，那是怎样说？（生读，声音较大。）

师：“自言自语”那可是发自内心的，自己跟自己说。你是太激动了，说话声音这么大，那不让旁边的妖怪全听见了？（笑）

生：（马上会意）我该这么跟自己自言自语——（再读，声小，有语气、有表情。）

师：瞧“这家伙”的表情，心里美得都控制不住情绪了，再看妖精是怎么自言自语的。

生：白骨精是“不胜欢喜”地自言自语的。（生又读了句子）

师：这个“胜”，和我们平时理解的“胜”，是一样的吗？（生答“不一样”）不急于回答。我们先来看看白骨精怎么个不胜欢喜，自言自语。（出示白

骨精自言自语的动画）有感受？（学生举手要说）

师：把你感受到的，送到课文中去，让我们在声音中体会！

（生带有语气地读，还故意奸笑了几声。掌声、笑声。）

师：这妖精，“得胜的猫儿”，就像那撒欢的老虎似的，都找不着北了。说时迟，那时快，妖精施展妖术，变成了——

生：村姑。

生：它正要上前，见唐僧身边有猪八戒和沙僧保护，就摇身变作美貌的村姑，拎了一罐斋饭，径直走到唐僧面前，说是特地来请他们用斋的。

师：用一个词概括，是什么样的村姑呢？

生：美貌。

师：形容美貌的词语我们积累得多了去了，不过，咱先看看妖精变得怎么个美貌，再聊好吗？（课件播放白骨精变村姑的录像）

生：好一个“月貌花容”的女子。

生：哇，沉鱼落雁之容，闭月羞花之貌。（笑）

师：呵，看看原著中描写的吧——（课件出示，生朗读。）

月貌花容的女儿，说不尽那眉清目秀，齿白唇红，柳眉积翠黛，杏眼闪银星，体似燕藏柳，声如莺啭林……

师：《西游记》最著名的版本——李卓吾批评本，在妖精第一次变少女（故意重音强调“少女”）的文字描写后，批了一个字。你们猜，是哪个字？

生：是个“好”。

师：呵呵，女和子加在一起是个“好”。再想想，变的那个村姑可是个少女。

生：哈，明白，是“妙”字。想想，女加个少，就是“妙”。

师：要不然怎么说“妙龄少女”呢。咱们看看白骨精变化后的长相，妙在哪？

生：月貌花容、眉清目秀、齿白唇红……

师：那眉毛妙在——

生：柳眉积翠黛。

师：那眼睛妙在——

生：杏眼闪银星。

师：那身材妙在——

生：体似燕藏柳。

师：那音色妙在——

生：声如莺啭林。

师：单看这变的长相，觉得妙。再想想妖精用的“计”，还妙在哪？

生：自古英雄难过美人关，那猪八戒就爱女色。白骨精用的是“美人计”。（众笑）

生：不仅是长相美，还有心灵美，你看白骨精还提着斋饭呢，就是为了讨好唐僧他们，让他们没有戒心。

师：这一切，都源于吴承恩写得妙啊。把原著中对村姑“美貌”的具体描写送到课文中，再读读，看这“美”的后面，藏着什么。（学生用原著中对村姑美貌的描写，替换课文中的“美貌”，再读。）

生：就是想吃唐僧肉，可见妖精有一颗狡猾贪婪而丑陋的心。

师：真是黄鼠狼给鸡拜年，没安好心。原来美貌的外表下藏着不可告人、不可言说的丑恶的内心。真是居心险恶啊。继续聊，看看妖精的二变、三变又妙在哪里。（板书：三变）聊妖精的哪一“变”的情节都成。

生：我想谈谈第二“变”：“山坡上闪出一个年满八旬的老妇人，手拄着弯头竹杖，一步一声地哭着走来。”你看，妖精的变妙就妙在变成“八旬”的老人。想想八旬老人驼着背，走路颤颤巍巍的，拄着拐杖来找女儿，多可怜啊。

师：是啊，中国有句古话叫“老吾老以及人之老”。想《水浒传》中的李逵要杀假李逵，假李逵说自己家里还有80多岁的高堂老母，让那么暴烈的李逵的心顿时软了下来。

生：妙在“年满八旬的老妇人”，而且还“一步一声地哭着走来”。怎么走来的呢？我想表演一下。（学生惟妙惟肖地表演）

师：谢谢这位同学的创造。谁再来读读，让我们仿佛看到这位八旬老妇走路的样子，听到一步一哭的声音？

（一生读得声音较大，语气流畅。）

师：（对着刚才的学生）你可别忘了，那可是八旬老妇人，走一步，哭一声，走一步，哭一声。该怎么读？

（生再读，强调“八旬”，读“一步一声”时，拆开读，“一步”抽泣一下，

“一声”抽泣一下，读得声情并茂。众鼓掌。）

师：看着样子，听着哭声，真够可怜的。然而你同情吗？

生：不同情！我告诉大家，你看，这句话中从山坡上“闪”出一位八旬老妇人。这个“闪”分明就说明老妇人是妖精变的！变成这副模样用的是“苦肉计”，也想让唐僧哭，可怜她。

师：那这“哭”里又藏着什么呢？

生：阴谋，“笑里藏刀”。

师：妖精可是“哭”啊。

生：那就是“哭里藏刀”。这哭里藏着一把刀，一把看不见的吃人的刀。

师：感谢你的发现。好，继续聊。

生：妖精一计不成，又生一计。不甘心就这样让唐僧走了，又变成一个白发老公公，假装来找他的妻子和女儿。

师：是啊，这回又变成白发老公公。原著中有这样关键的一句，读读，看看妖精这一变，又妙在哪儿。（课件出示）

生：手拄龙头拐，身穿鹤氅轻。数珠掐在手，口诵南无经。

师：这不是佛家人的做法吗？这样的吃斋念佛之人可经常念叨——

生：（读补充教材那些带“善”的句子）出家人慈悲为本，方便为门。

生：扫地恐伤蝼蚁命，爱惜飞蛾纱罩灯。

生：救人一命，胜造七级浮屠。

师：这可是有心向善之人经常诵读的句子，那么，这白发老公公是真心向善吗？

生：不是，这根本就是“无心向善”。（师板书：无心向善）

师：那这“善”里又藏着什么呢？

生：藏着想吃唐僧肉的罪大恶极的心。

生：用成语形容，叫口蜜腹剑、笑里藏刀。他的善很假，也可以说是“善里藏刀”。

师：这真可以说是恶贯满盈、十恶不赦。李卓吾批评本在妖精第一次变村姑的文字后批了一个“妙”字，通过你们的聊，我发现，这三变，一次比一次“妙”，应了个成语叫——（大部分学生齐说“妙不可言”）

师：这“妙不可言”加双引号。那是因为妙字后，藏着的是不可言说的、不可告人的罪恶。透过文字，我们发现了语言的密码。妙，真是奥妙无穷。那么，连起来想想妖精变化的先后顺序，这妖精还有什么不可告人的阴谋呢？

生：我觉得白骨精变这三个人是一家人，变得很巧妙。不过我觉得这个老奶奶岁数很大，不可能生出这么小、这么年轻的一个女儿，出了一个小破绽。

师：出了个小破绽？你有火眼金睛啊。也有人说这是一处败笔，不符合人之常情。的确如此，你知道吗，原著里悟空的火眼金睛早就看到了这个破绽，他还跟师父说明妖精变化的漏洞，可唐僧不听，完全信以为真。唐僧才不管合理不合理，只知道这个老奶奶之前来了个村姑，就认定是她的亲女儿。

生：这三变，一变比一变妙，一变有一变的用处。第一变，妖精没有注意孙悟空，但她知道八戒的弱点，所以施了美人计，结果被孙悟空识破了。接着又施苦肉计后，发现孙悟空和唐僧有矛盾，唐僧不让悟空打村姑的妈妈，还给他念紧箍咒。后来白骨精再利用唐僧这个弱点变成老妇人的丈夫，即白发老公公。

师：用的是什么计？

生：（语塞，不能回答）Sorry.

师：那行，先让其他同学聊，然后再和你讨论。

生：妖精变成一家三口不说，最后变为吃斋念佛的，跟唐僧是同行呢。（大笑）

师：那叫同道之人。

生：你想，在唐僧心里，救人一命胜造七级浮屠，杀人一命要下十八层地狱。那连伤一家人三命，他得下五十四层地狱。再加上杀的还是一个信佛之人，更是罪加一等。

师：这可叫“雪上加霜”啊。故意用双重打击刺激唐僧，让唐僧无地自容、羞愧难当。

生：于是，唐僧就越来越生孙悟空的气。这里妖精用了挑拨离间计。

生：（对着刚才语塞的那个同学）就叫离间计。真是诡计多端。

师：谢谢你“故意不可言”，给同学们启发，最后你“可言”出妖精的这一计。哈哈。不是唐僧愚笨，实在是妖精太狡猾了啊。这三变的的确确——

生：妙不可言。

师：这一次一次连起来，一环扣一环，用的还是——

生：连环计！

师：真是神机妙算。但这妙的背后藏的却始终是一次一次有意的作恶。你看，后人也发现了妖精无心向善的地方，用歇后语的形式，把这妖精的不可言说出来了。（课件显示歇后语的前半句，学生接后半句。）

生：白骨精开口——不讲人话。

师：张嘴闭嘴都想吃唐僧肉，这哪叫人话呀？

生：白骨精送饭——虚情假意。

生：白骨精的饭食——碰都不要碰。

师：这个歇后语好，尤其是在今天的生活里。面对那些诱惑，真是“碰都不要碰”。能自己再编一个吗？

生：白骨精骗唐僧——没安好心。

生：白骨精骗唐僧——一计不成又生一计。

生：白骨精三变——诡计多端。

师：用上了刚才的成语，这就是创造。你们真是妙语连珠啊。给他们掌声。我们不仅看出妖精每一次变化的精明，也看出几次变化先后顺序的精心策划。我看，这哪是变，分明是骗！所以，三变就是三骗！所以不是白骨妖，而是白骨精，这家伙的的确确成“精”了（点题）。你说，这样“无心向善”的妖精该不该打？

生：该打，要狠狠地打！

（二）孙悟空“三打”的情节

师：看课文，结合妖精的每一次“变”，聊聊孙悟空是怎么打的。

生：我想谈最后一打。前两次唐僧都反对，还有猪八戒挑拨，最后打出了真面目。

师：我要是你就根据课文具体来谈。（学生把一打、二打、三打情节完整读了一遍，内容略。）

师：好，下面我们把描写“三打”的句子直接提炼出来。读读。

生：“它是个妖精，是来骗你的。”说着，就朝妖精劈脸一棒。（一打）

生：悟空见又是那妖精变的，也不说话，当头就是一棒。（二打）

生：悟空抡起金箍棒，一棒打死了妖精。（三打）

师：下面，我们再提炼打的三个动作。

生：劈脸一棒；当头一棒；抡起一棒。（和学生一起聊出）

师：联系妖精的变化，说说为什么三次打的动作不同。

生：比如第一打，劈脸一棒。谁让你妖精变得那么好看呢，我悟空就给你破相。所以，我就对着你的脸，劈脸一棒！（笑）

师：你的理解很有新意。你再看看课文的描写，悟空怎么不对着村姑的后脑勺打呢？

生：孙悟空从南山摘桃回来，迎面看见有妖精，来不及多想，所以迎面劈脸一棒，动作迅速。

生：第二次是当头一棒，从上往下打的。刚才同学说这个八旬老妇人，走路颤颤巍巍，一步一哭，一定是低着头，所以，悟空顺势“当头一棒”！

生：还有最后那个白发老公公。悟空把所有的愤怒都集中在这一棒上，心想必须打死他。而且，这次悟空吸取了前两次的教训，叫来众神作证，万一唐僧再责怪他，也好让他们帮助说话。所以，这一次是想好了，劲儿运足了，那是从下使劲——抡，把金箍棒扬起，多有力量！一棒就打死妖怪，让它现出原形，化作一堆白骨，上写“白骨夫人”。

师：知道金箍棒多少斤吗？

生：3500 斤。

师：呵呵，少了一个数位。

生：知道了，是 13500 斤。

师：那可是相当于几辆装煤卡车的重量，想当年，老龙王介绍金箍棒时曾说——（课件出示）

生：那块铁挽着些就死，磕着些就亡，挨挨儿皮破，擦擦儿筋伤！

师：你说这样的金箍棒，这劈脸，这当头，这抡起，打这么个妖精，那真叫小菜一碟！我们一起再跟着悟空三打这妖精。（教师给学生分组，学生分别读“三打”。）

师：真是越“美”越打，越“哭”越打，越“善”越打！用一个字形容，打得怎样？

生：妙。太精彩、解恨，痛快！

师：悟空的三打的确妙不可言！真应了那句“金猴奋起千钧棒，玉宇澄清万里埃”。

生：（小声说）这是毛主席的诗。

师：你太厉害了，我用的就是毛主席的诗来赞美悟空的三打的。（师上前与该生握手，为之鼓掌。）

（三）唐僧“三责”的情节

师：然而，唐僧的态度呢？

生：我们认为打得妙，可唐僧不这么认为。孙悟空第一次打妖精后，他扯住孙悟空，责怪悟空无辜伤人性命。

生：第二次，唐僧从马上摔下来，念了二十遍紧箍咒。

师：第一次是责怪，这次呢？

生：惩罚，不，应该说是责罚，既有责备，又有惩罚。

师：课文两次写悟空打妖精后师父的责怪、责罚。悟空三打之后的结果是怎么样的呢？有个同学在报告单里就提出了这个问题。让我们看看原著中描写的情景。

（生看录像，悟空向唐僧跪拜，恳求师父将他留下。）

师：悟空这样求唐僧，可唐僧一再责难——（课件出示）

生：唐僧转回身不睬，口里唧唧哝哝的道：“我是个好和尚，不受你歹人的礼！”

师：原来，妖精三变，悟空三打，唐僧也有三责。（板书：三责）这“三变”“三打”“三责”的情节，叙述的次数相同（板书：相同），可你们读着，重复吗？

生：（又是刚才语迟的那个学生）不重复。妖精三变，孙悟空就三打，唐僧就三责。

师：呵呵，你这才叫重复，等于没说。还给你机会，因为你是一而再，再而三，执着地表现自己，建议你把刚才说的话具体说说，别人听着就不重复了。

生：（还是刚才的学生）第一次变成村姑，第二次是变成老妇人，第三次变成老公公。

师：我要是你就概括成一句话，变的内容——

生：不一样。

师：（板书：不同）好，相信自己，接着讲。

生：孙悟空三打的内容不同，唐僧的三责也不同。

师：但课文是这样将三变写完了，再写三打吗？

生：不是。实际是一变一打一责，二变二打二责，三变三打三责。而且，更重要的是，每一次，程度都是不断加深的。

师：想想我们唱的歌曲，旋律大体相同，分几段歌词。歌曲这样演唱的目的是为了反复抒情。那么小说的叙事呢?

生：叫反复叙事。（师板书：反复叙事）

师：对啦。这是文学上经常采用的一种手法。这样写，不变中有变，相同中有不同。也正应了一个成语叫“一波三折”。让读者不感觉重复，耐人寻味。同学们发现故事的结构密码，这也可以用一个字形容——

生：（齐）“妙”！

师：作者真是妙笔生花。刚才有个同学报告单上写“为什么非要三打，一打不就解决了吗？”现在该明白作者为什么这样写了吧。

生：（点头）现在我明白了。原来作者故意这样写，让故事情节好看，所以才这样反复叙事。

师：反复叙事的写法，《西游记》里还有很多。就说跟白骨精反复次数相同的反复叙事，就有——

生：“三借芭蕉扇”。还比如《三国演义》的“三顾茅庐”“三气周瑜”。

师：当然，不仅仅是“三”的反复叙事，还有你们刚才说的《三国演义》中的“五伐中原”，还有“六出祁山”“七擒孟获”等。反反复复中，读着多引人入胜啊。（和学生一起聊）

师：围绕反复叙事，让我们做一个游戏，看看你们还能发现什么。这是报告单中我们填写的三打白骨精的结构图表。刚才同学们提到的要吃唐僧的那些妖精，请你们作一个结构替换。

生：把白骨精替换成红孩儿。题目就叫“大战红孩儿”。

生：起因是红孩儿要吃唐僧肉。经过呢，徒弟们大战红孩儿。结果呢，观音救助，降服红孩儿。（此环节也由教师和同学们一起聊出来）

师：请你们再自己选一个妖魔名字，也来作个替换。

生：用蜘蛛精替换……（内容略）

生：还有把白骨精替换成金角大王……（内容略）

师：从中发现了什么规律？

生：我发现只要把妖精的名字换一换，起因、经过、结果大体不变。

生：起因是妖精要吃唐僧肉，经过都是孙悟空他们和妖精大战，结果妖精被打败或者收服。

师：当然，有些妖魔虽然目的不是吃唐僧肉，但也是师徒取经路上遇到的磨难，这些故事的大体情节结构也是相同的。回去阅读其中一个故事也可以完成一个新的报告单。

师：原来《西游记》里一个一个降妖除魔的故事，就是多个类似三打白骨精故事的叠加，整本书，也是反复叙事（回扣板书）。你看，我们不但发现了一个故事的结构密码，还发现了整本书的结构密码，真好。

生：只要记住妖怪的名字，进行替换，基本就了解了这本书，这不失为一种阅读的好方法。

师：难怪有人说，一切经典的文学作品，之所以流传千古，也许根由是它所创造与生发出的结构。同学们，《西游记》藏着的密码多着呢。比如人物名称的密码，为什么叫“悟空”“悟能”“悟净”呢？比如故事中的数字密码，像刚才说的孙悟空金箍棒的重量，御花园蟠桃的成熟年限，人参果的成熟年限等等，太多了。只要读进去，就会发现《西游记》真是奥妙无穷！

师：可话又说回来了，反正都是大同小异的故事，西天取经写三五个得了呗。正如有个同学质疑的那样：孙悟空那么有本事，背着唐僧飞身取经不就得了吗？作者吴承恩干吗要反反复复写那么多一路由遇险到历险到脱险的故事？

生：表现取经的艰难，同时也是为了表现主人公的个性特点呐。

生：也说明他们取经很有决心，有毅力啊，一次一次没有被打败，而最终取得胜利。

师：是啊，这一个个情节，让西天取经的路途显得分外艰难，突出了唐僧师徒取经的决心与毅力。看来，这三要素之间不是孤立的。环境、情节，都是为了突出人物。好，最后一个环节进行“人物性格”的评价。

四、聊故事中的人物

（一）评价悟空和唐僧

师：看报告单，说说你对这些人物的评价。

生：我想聊聊唐僧，他主要的特点是不分是非、固执己见。

生：我认为唐僧不是是非不分，他只是一心向善，太善良了。

师：看来你们对唐僧的评价是两方面的。

生：白骨精是诡计多端、阴险狡诈的。

生（女）：我觉得白骨精为了达到自己的目的，她很顽强，很执着，很了不起。（笑）

师：啊，（想了一下）那你说说白骨精这么执着的目的是什么？

生（女）：要害唐僧，要吃唐僧肉。

师：结合这个目的，你说，该怎么评价白骨精的这份“执着”呢？

生（女）：（想了想）反正她是不达目的不罢休。（笑）

师：好，你先想想，一会儿再和你聊这个问题。

生：孙悟空疾恶如仇，爱憎分明。

生：猪八戒好吃懒做。

生：我觉得猪八戒虽然有缺点，但憨厚可爱。

师：书上不止一处写到这一点，你怎么了解这么多？

生：我在书上、电视中看到的。

师：从你们的评价中，我们能感受到这些人物特点鲜明。当然，对一个人物的评价，不同人观点也不同。比如八戒和唐僧，很多同学都有争议。大家对唐僧的评价就很不一样。（问刚才评价唐僧“是非不分”的学生）什么原因导致你对唐僧有如此评价？

生：他是个认死理的人，宁可相信假变的妖精，也不相信有本领的孙悟空。你看课文中有一句话：“唐僧非常生气：‘胡说！哪有那么多妖精！你无心向善，有意作恶，你去吧！’”唐僧说悟空“无心向善”，这明明该是我们对妖精的评价，却成了唐僧给悟空的评价。

师：那我们就先讨论讨论唐僧这个人物。好好读读这句话，唐僧有没有给悟空商量的余地？

生：没有！唐僧真的生气了。

（教师让该生读读唐僧的话）

生：这句话一连用了三个感叹号，可见语气多么强烈。

生：唐僧上来就说了一句“胡说”，一口否定了悟空。还说“你去吧”，实际上就是赶悟空走。他不分善恶，对悟空实在是太无情了。

师：看来你们不同意唐僧的观点。把你们的观点告诉唐僧，咱得跟他聊聊。要聊，得有话题。结合报告单的“问题栏目”，我把同学们对唐僧提出的问题梳理了一下，把你们的问题变作了采访的话题，把唐僧的名字变成了“你”。那就请同学们互相扮演不同的角色，一问一答。听听人家唐僧是怎么想的，然后咱们再作评价也不迟啊。除了这几个问题外，你还想提问别的，也可以。

（学生结合下列话题练习，汇报交流。）

a. 在山势险峻、虎狼横行的险恶环境里，怎么会有人居住在这里，你就没有想到那人是妖精变的，要吃你？

b. 你为什么不相信悟空的话，还给他念紧箍咒？

c. 你说他无心向善，有意作恶，那你理解的“向善”是什么？

生：在山势险峻、虎狼横行的险恶环境里，怎么会有人居住在这里，你就没有想到那人是妖精变的，要吃你？

生：出家人慈悲为怀，想我大唐盛世，一片美好的景象，怎么能有什么妖精呢？你怎么就不往好里想呢？（笑）

生：你这是所答非所问。常言道“山高必有怪，岭峻定生精”，你瞧瞧，眼下是什么样的环境？这山里的人那可是妖精变的要吃你！

生：反正我没有看见。就是有妖精，它不伤害我，我就不会伤害它。它要行凶我还要劝它呢！告诉它说：杀人一命，下十八层地狱，你就修炼不成仙，更成不了佛了。你要向我学习，我唐僧那可是“扫地不伤蝼蚁命，爱惜飞蛾纱罩灯”啊。（掌声）

生：你看，徒弟告诉你那是妖精，你为什么不相信悟空的话，还给他念紧箍咒？

生：因为他杀了三个人，我们取经的目的可不是杀人啊，而是取向善的经！看他连伤三人，我一次次阻拦他都不听，给他念紧箍咒，还是轻的呢。

生：你是他师父啊，怎么不相信徒弟呢？徒弟难道会欺骗你？

生：谁让我是肉眼凡胎呢（大笑），我眼睛里看的就是人，而且他们都是善良的人。悟空跟我取经，这才刚开始，想当年他野性大发，大闹天宫，搅得三界不安，我可不能完全相信他说的话。（掌声）

生：你说他无心向善，有意作恶，那你理解的“向善”是什么？

生：作为出家人，以慈悲为本，不光会念经，还要和徒弟一路行善。这是我的信念，还是那句话：“扫地不伤蝼蚁命，爱惜飞蛾纱罩灯。”

师：站在唐僧的角度一听，也有道理啊。他的眼睛看到的是人，当然要保护，哪怕是妖精，他也要劝善，与人为善，取人为善，劝人为善。他心中想的是大慈大悲的“善”。

师：悟空在哪里？（与学生展开对话）师父说你无心向善，有意作恶，你服气吗？

生：我不服，我打死的是妖精，他却说我打死了平常真正的人，还赶我走。我非常生气。

师：师父说你胡说，还给你念紧箍咒，疼得你在地上直打滚，那你为什么还要打妖精？

生：我师父其实也是好人，作为弟子，我当然要保护师父，要不师父就被吃掉了，所以即便我被念紧箍咒，也要打妖精。以后再遇到这样的事情，即便师父不理解，我还是要打的！

师：《西游记》后面还有师父给孙悟空念紧箍咒的情节，请同学们回去阅读啊。看来，有心向善，不仅要有勇往直前和妖魔鬼怪斗争的勇气，更要忍受和排除来自自己同一阵营的好人的阻挠和误解，看来，要有足够的意志力才能成就一件善事。既然你不同意，你把师父对你的评价改一个字，表明你的观点。

生：我是有心向善。（学生说出之后，到黑板上把“无”改成“有”，变成“有心向善”。）

师：（还对着刚才的学生）悟空，师父不但给你念紧箍咒，还赶你走，那你为什么还要一次次待在师父身边，乞求留下？

生：想当年，在五行山下，我被压了五百年，是师父把我救了啊。一日为师，终身为父。无论他对我怎么不好，我都要保护他。

师：滴水之恩，涌泉相报，保护师父，不离不弃，如果说对妖精不手软，那是正义，这里苦苦哀求，那是情谊。送悟空一个词——

生：有情有义！

师：请你最后陈词，说说你理解的向善究竟是什么。

生：自古正邪、善恶不两立，向善对我来说就得爱憎分明，惩恶扬善！

师：哈哈，该出手时就出手！通过采访，我们发现如果两人都是火眼金睛，都是肉眼凡胎，情况也许会不同，可问题恰恰是一个基于道德，一个基于智慧。两个人理解的“向善”自然就不同了，结果一个越要打，一个越要念紧箍咒，甚至最后师父无情地赶走了悟空。

（生看悟空离去的动画，朗诵。）

你看他忍气别了师父，纵筋斗云，径回花果山水帘洞去了。独自个凄凄惨惨，忽闻得水声聒耳，大圣在那半空里看时，原来是东洋大海潮发的声响。一见了，又想起唐僧，止不住腮边泪坠，停云住步，良久方去。

师：你看，一个说对方是“无心向善”，一个坚决认为自己“有心向善”，每个人都认自己的理儿，矛盾激化到如此程度，导致这么悲惨的结局，怎么办好呢？（板书擦掉“有心”，留下“向善”）所谓当事者迷，旁观者清。你们是怎样理解“向善”的？此时此刻，把你们理解的给他们讲讲，缓和缓和两个人的矛盾好吗？

生：我想劝劝唐僧。你的徒弟有一双火眼金睛，在西行的路上他能帮助你，这次也是在保护你，你却把他赶走，你是不是应该好好想想啊？

生（女）：孙悟空啊，师徒四人中你本事最大，遇到妖魔鬼怪你都不怕，执着地保护师父。以后遇到妖魔鬼怪，师父一定会再找你，只要你有求必应，有情有义，师父一定会再收留你的。

师：你现在又谈到了悟空的执着，你说悟空执着的目的和白骨精执着的目的一样吗？

生（女）：不一样，悟空的目的是善的，白骨精的目的是恶的。

师：你真是“善恶分明”啊，那么，现在请你结合妖精的“无心向善”，再谈谈妖精的执着。

生：妖精的执着用错地方了，妖精用的办法是狡猾阴险的，所以最后罪有应得。

师：不仅仅是狡猾，也不是智谋，这执着，是不择手段的害人阴谋！也就是说，方向错了，方式再好，那也是南辕北辙！（掌声）

生：我想对孙悟空说。宽容也是向善，师父没有火眼金睛，你何必跟他较劲呢？你想，师父既然救了你，自然就会爱护你，这次师父真生气了，他又没有你的能耐，你站在他的角度想，就不会悲伤了。

师：刚才的唐僧、悟空呢？说说你们听了刚才这些同学的劝说，你们现在有什么想法吗？

生：（扮演唐僧的学生）听了你们的劝说，我知道自己也有不对的地方，被妖精迷惑，错怪悟空，做师父的也不能这样固执，当时我要是把我的想法告诉他就好了，不能只顾生气，赶走徒弟，这是师父的责任。真想向他当面说声对不起，希望他早点回来。

生：（扮演悟空的学生，对着扮演唐僧的学生）我不应该和师父您赌气，真的就走了，却没有考虑到师父您不让打的真正原因。我要是从师父的角度考虑，再耐心地和您说明白，就不会有后来让我俩伤心的事了。

（两个人握手。掌声。）

师：谢谢你们。原来宽容、理解、包容也是一种向善。遗憾的是你们没有在场，如果你们在场，帮助他俩沟通，让他们就对“向善”的理解相互沟通，那该多好啊。也许孙悟空就不会被念了那么多遍紧箍咒，就不会遭到严厉的训斥了，更不会含泪而痛苦地离去了。一切就变成完美的结局。然而，都像你们想象的那样，没有一波三折的情节，没有情节当中人物的矛盾冲突，那你们对孙悟空和唐僧有这样深刻的印象吗？

生：没劲！会特别无聊。当他们产生矛盾时，才有好看的情节，才会吸引我的眼球。

生：让我们流眼泪的情节，会让我们对人物有很深的印象。人物之间的冲突和曲折的情节，会让我和他们一起兴奋，当然，也会有难过的时候，可越是这样，你就越愿意看下去。不然的话，就没意思了。

师：所以，小说中的故事情节特别注重人物的矛盾冲突。因为有了矛盾冲突，才能使人物的性格更鲜明，立场更清晰，情感更集中，表达效果也更好。

生：因此我们才会在情节发展中，和故事里的人物一起欢喜，一同悲伤。

师：也才能体验到阅读的快感。感谢你们的讨论，于是我们知道了名著中的人物特点之所以能表现得那样惟妙惟肖，妙就妙在他们之间的矛盾冲突。相信你通过上面的讨论，对人物的评价一定会更客观，也一定能在报告单上更客观地修正自己的看法。

（二）解析八戒人物性格

师：既然刚才同学对八戒的评价有争议，咱就再聊聊这个人物。

生：课文写了一处："八戒嘴馋，夺过罐子就要动口。"这个"夺"字，说明他贪吃。

师：再读读原著第十八回，八戒在高老庄当女婿的时候，有描写——（课件出示）

生：食肠却又甚大：一顿要吃三五斗米饭，早间点心，也得百十个烧饼才够。

师：看了这描写，你想说什么？

生：他不仅贪吃，还好色、贪睡。

师：有一回的故事，让他探路，他走着走着，竟然说，他先睡一会儿再说，回去看是第几回。不但如此，还贪财。

生：对，把私房钱藏在耳朵里……

师：千万不要讲出来，同学们回去查查在第几回，读后你一定觉得好玩。那在《三打白骨精》中，他给添什么乱了？课文里没有，咱们回到原著中，看悟空第一次打妖精后，八戒的表现。（课件出示）

唐僧才有三分儿信了，怎禁猪八戒气不忿，在旁漏八分儿，唆嘴道："师父，说起这个女子，他是此间农妇，因为送饭下田，路遇我等，却怎么栽他是个妖怪？哥哥的棍重，走将来试手打他一下，不期就打杀了；怕你念甚么《紧箍儿咒》，故意的使个障眼法儿，变做这等样东西，演幌你眼，使不念咒哩。"

师：猜猜白骨精变成老太太，变成老公公都被悟空打死后，八戒会不会继续添油加醋地挑唆？

生：会的，一定会的。原著里写了，还有两处，这个故事中一共有三处八戒的挑唆。

师：在三打白骨精的“反复叙事”过程中，白骨精有三变，孙悟空有三打，唐僧有三次责备，当然也就会有猪八戒的三次挑唆！（板书：……）报告单中关于猪八戒空白的部分，同学们读原著后，可以继续填写完整。

师：你们看，由此这反复叙事就更加环环相扣，人物关系就更加错综复杂，难怪后人说《三打白骨精》是《西游记》中经典的故事之一。课后一定好好细读原著，这样才能真正体会经典故事的妙笔生花之处。

生：不过话又说回来了，在许多降妖除魔的故事中，都是八戒帮助孙悟空取胜的。大战红孩儿中，悟空被其三昧真火熏倒，是猪八戒救了他。

师：三打白骨精，孙悟空回花果山后，那开路化斋的活都谁去干去了，在三十一回唐僧有难时，是谁把孙悟空找回来的？

生：猪八戒。那一回就叫“猪八戒义激猴王，孙行者智降妖怪”。

师：还说三打白骨精的故事，从二十七回一直到三十一回，经历了那么多波折，孙悟空和唐僧的师徒矛盾最终又和解，三藏谢之不尽——

“贤徒，亏了你也！亏了你也！这一去，早诣西方，径回东土，奏唐王，你的功劳第一。”行者笑道：“莫说莫说，但不念那话儿，足感爱厚之情也。”

生：让他们师徒和解的又是谁呢？还是猪八戒。

师：都说患难与共，我看，“磨难也能见真情”！这“亏了你也！亏了你也！”也可以说亏了八戒。现在，你又怎么看八戒这个人物？

生：八戒这个人呢，就像我们生活中实实在在的人，优点缺点都有，不过感觉很真实，尽管他有那么多缺点，但正如刚才同学说的，他又是憨厚的。反正和猴哥一样，老猪也是有心向善的。

师：（回扣黑板上的“向善”）那么，再读读唐僧和悟空的话，你又怎么看唐僧和悟空？

生：你看，唐僧赞美悟空的功劳第一，也是发自内心的。师父承认错误，精神可贵。

生：悟空的话呢，更有趣，“但不念那话儿，足感爱厚之情也”，这说明他是个有情有义的徒弟，所以早就忘了以前的难过了。

师：正如《西游记》中悟空说的，“师徒无隔夜之仇”。沙和尚是否在《三打白骨精》中有表现，报告单中同学们提了这个问题，我不说，你们回到原著中读读看。再有，有个同学还提出，为什么吃唐僧肉就长生不老？那得请你读读原著后，再想想。当然，有些问题可能得随着你阅历的增加和人生经历的丰富才能被逐一解决。

五、聊故事的主题

师：有人说“一部小说情节的发展史，就是人物性格的发展史”。整个取经的过程，师徒四人要取的，不仅是5048卷实在的经，更是每个人在取经过程中，反反复复接受考验，一次又一次地化解彼此间矛盾的修炼。师徒四人在这样的磨砺中，修炼的究竟是什么呢？

生：取经的过程也是师徒四人修炼自己的过程，包括唐僧。原来，西天取经一路修炼自己怎样“向善”，也是要取的经啊。

（生读课件文字）

《西游记》是中国“四大名著”之一，取材于唐朝玄奘法师西天取经的真实故事，创造了中国古代最优秀的神话小说，弘扬了惩恶扬善的古老主题。（冯雅静）

师：你们看，通过对环境、情节、人物的讨论，我们不仅读到了“扬善”，还读到了“向善”的主题，“扬善”是人的行为，“向善”是心的修炼。这是多么了不起的超越啊。如果你们再回到原著里读，相信你们一定会对“向善”有更加深刻而丰富的理解。当然，对于这样一部鸿篇巨制，人们也一定会读出一些有自己个性的独特见解，这里不妨分享一下：

《西游记》至多不过是一部很有趣味的滑稽小说……（胡　适）

师：随着时代的发展，今天有人在《西游记》中又读到了特别的主题：

《西游记》师徒四人组成了一个优秀团队：唐僧是稳健派领导，孙悟空是技术骨干，猪八戒是润滑剂型人士，沙和尚和白龙马是踏实型服务员工——团队所必需的要素全都占全了。（崔岱远）

师：哈哈，人们把白骨精作为一名员工，并演绎了三个角色，赋予了白骨精新的含义：“白领，骨干，精英”！（笑）（对着刚才说白骨精执着的学生）离开课文的具体环境，你的那份理解放在这里就合适了。（该生笑着点点头）

师：这里，有一名学生，也读出了自己的见解：

我们从小学起，也就走上了一条荆棘丛生的道路，一路上也有着无数的妖魔鬼怪，有时是我们的懒惰，有时候是马虎，有时候是怯懦……只要我们战胜他们，就能在学习的道路上，取得真经。（何松阳）

师：（《敢问路在何方》音乐响起）亲爱的同学们，相信，当你们把这本小说从头至尾好好读的时候，你们一定还会发现更多的妙不可言之处，相信你们也会像他们一样，说点什么的！总之——（课件出示，生读。）

考查明代社会不可不看《西游记》。外国人研究中国，也更不可不读《西游记》。（杨　俊）

师：下课！

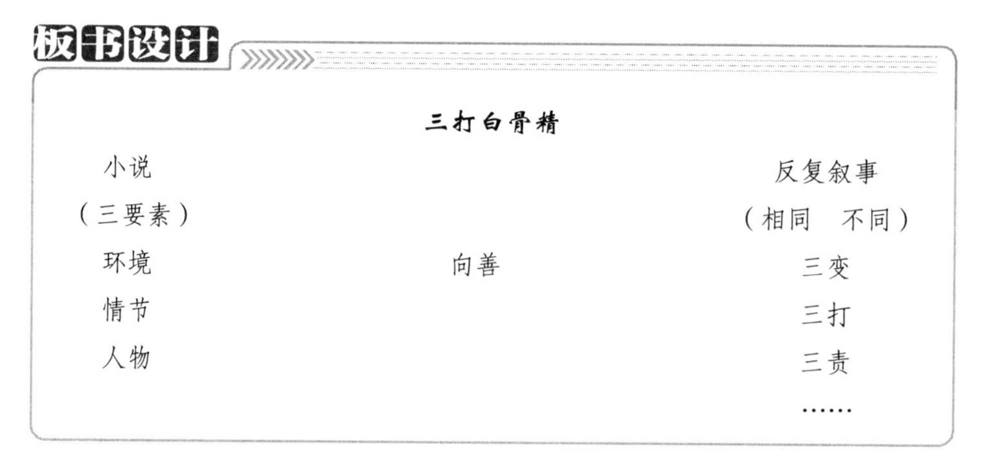

（注：中间的主题词“向善”，随着课堂的进入，由“无心向善”改成“有心向善”，最后变成“向善”。）

课　文

三打白骨精

一天，唐僧师徒四人来到一座高山前，只见山势险峻，峰岩重叠。走了一天的路，唐僧感觉饥饿，就让孙悟空去找些吃的。悟空跳上云端，四处观看，见南山有熟透的山桃，便要摘些来给师父充饥。

悟空刚走，唐僧就被妖怪白骨精发现了。白骨精不胜欢喜，自言自语道："造化！造化！都说吃了唐僧肉可以长生不老。今天机会来了！"它正要上前，见唐僧身边有猪八戒和沙僧保护，就摇身变作美貌的村姑，拎了一罐斋饭，径直走到唐僧面前，说是特地来请他们用斋的。唐僧一再推辞，八戒嘴馋，夺过罐子就要动口。

正在这时，悟空从南山摘桃回来，睁开火眼金睛一看，认出村姑是个妖精，举起金箍棒当头就打。唐僧连忙扯住悟空。悟空说："它是个妖精，是来骗你的。"说着，就朝妖精劈脸一棒。妖精扔下一具假尸首，化作一缕轻烟逃走了。

唐僧责怪悟空无故伤人性命。悟空打开罐子，从里面跳出来几只青蛙、癞蛤蟆，根本没有什么斋饭。唐僧这才有些相信那村姑是妖怪。

师徒们吃了桃子继续赶路。山坡上闪出一个年满八旬的老妇人，手拄着弯头竹杖，一步一声地哭着走来。悟空见又是那妖精变的，也不说话，当头就是一棒。白骨精见棍棒落下，又用法术脱了身，丢了具假尸首在路上。

唐僧一见，惊得从马上摔下来，坐在地上，不由分说，一口气念了二十遍紧箍咒。悟空头痛难忍，连忙哀告。唐僧喝道："你为何不听劝说，把人打死一个，又打死一个？""它是妖精！"唐僧非常生气："胡说！哪有那么多妖精！你无心向善，有意作恶，你去吧！"悟空说："师父若真不要我，就请退下我头上的金箍儿！"唐僧大惊："我只学过紧箍咒，却没有什么松箍咒儿！"悟空说："若无松箍咒，你还带我走吧。"唐僧无奈："我再饶你这一次，但不可再行凶了。"悟空忙点头答应，扶着唐僧上了马，继续前行。

白骨精不甘心就这样让唐僧走了，又变成一个白发老公公，假装来找他的妻子和女儿。悟空把金箍棒藏在身边，走上前迎着妖精，笑道："你瞒得了别人，瞒不过我！我认得你这个妖精。”悟空抽出金箍棒，怕师父念咒语，没有立刻动手，暗中叫来众神，吩咐道：“这妖精三番两次来蒙骗我师父，这一次定要打死它。你们在半空中作证。”众神都在云端看着。悟空抡起金箍棒，一棒打死了妖精。妖精化作一堆骷髅，脊梁上有一行字，写着白骨夫人。

点 评

带领孩子走进文学名著的殿堂

窦桂梅老师是我国当今小学语文教学的探索者。她以自己深厚的语文功底、勇于创新的魄力和智慧不断探索前行。听窦桂梅老师的《三打白骨精》一课，这种感受分外强烈。这两节课不是简单地教教材，而是以教材为依托，带着孩子欣赏中国古典文学名著《西游记》，引领儿童步入文学名著的殿堂，感受中国传统文化的深厚积淀。在我看来，窦老师的课至少在以下几方面给我们以启示。

一、读什么？——读名著，读经典，让学生直接感受名著的魅力

《语文课程标准》提出“少做题，多读书，好读书，读好书，读整本的书”。让孩子读什么书好？有趣而富有时代感固然是选书的标准，文学名著也是必不可少的，因为“名著是能够经受住时间考验的书，是世界上亿万读者多少年来为从中得到特别启迪而阅读的书”（英国作家斯蒂夫·艾伦语）。然而经典作品、名著在当代不太受孩子的欢迎，是一个普遍的现象。这是因为名著和孩子之间存在着“历史的间距”，不少名著情节比较沉闷，描写也比较冗长，不太符合现在孩子的阅读口味。视听设备的普及，“文化快餐”的流行，社会上过于功利的心态，都加剧了这种现象。在当今这个浮躁的时代，文学究竟有没有用？人需要心灵的润泽，为了孩子的终身发展，教师必须让孩子了解名著，阅读名著。

现行小学语文教材的选文比较重视文学名著，但考虑到篇幅限制和儿童的阅读能力，大多采用了改写的方式。把名著加以改写也是引导儿童阅读名著的一条途径，但孩子没有直接接触原著，就难以感受原著的魅力。我以为要让孩子喜欢名著，必得走进名著，亲自品尝名著的滋味。窦桂梅老师的《三打白骨

精》是以教材为基本骨架，但又不囿于教材，带领学生直接选读名著片段。在这一课中，学生读了“阴森险恶的环境”“白骨精变成村姑和老公公”等精彩片段。这些片段都是骈文形式，文字讲究，描绘细致。课堂上学生细细品读了原著中村姑、老公公的外貌描写，此时的白骨精外表或美丽动人或慈祥可怜，美和善下包藏着吃唐僧肉的险恶用心，这种强烈的对比，给孩子心灵以巨大的冲击。窦老师通过带领学生读原著片段，体会吴承恩笔下的“三变”之妙，逐步认识白骨精施展的是十分恶毒的美人计、苦肉计和离间计。孩子们慢慢读，细细品，开始领略到名著的精妙之处。正如窦老师所说，“要不读原著，我们感受不到这么多的——妙！”

二、怎样读？——用文学的方式阅读文学名著

我国的语文教材虽然以文学作品为主体，但长期以来我们老师却没能引导学生用文学的方式阅读文学作品，或是用社会学的、伦理学的眼光来审视语文教材，使文学作品中蕴涵的丰富的人文精神变成一个个抽象的道德概念；或是从文章学的角度来“分析”语文教材，使匠心独具的艺术作品变成机械刻板的写作范式。凡此种种，都有悖于文学的真谛。

在小学语文教学中，怎样引导学生用文学的方式阅读文学作品？窦桂梅老师的《三打白骨精》是一次有益的尝试。这节课的总体构架，一反许多课以道德教育为主导的模式，从小说的环境、情节、人物三个要素带领学生欣赏“三打白骨精”的故事。小说最吸引孩子的往往是情节，而孩子阅读小说又往往只注意情节的热闹和有趣，忽略作者精心塑造形象的匠心。这一课窦老师用比较多的时间和孩子们讨论故事情节，在逐步深入的“聊”中，慢慢领悟到白骨精的“三变”其实是“三骗”，感受到孙悟空在“三打”中表现出来的疾恶如仇，唐僧在“三责”中表现出来的是非不分，人物形象逐渐清晰起来。在“聊”中学生发现这个故事里的三变、三打、三责，这些情节看似相同，其实不同：白骨精变的模样不同，孙悟空打的动作不同，唐僧责怪的态度不同，程度一次比一次加深，并不是简单地重复。在此基础上，窦老师又进一步带领孩子发现故事的结构密码——反复叙事，不仅在《三打白骨精》中反复叙事，整部《西游记》也是反复叙事的叠加。我们可以清楚地看到，窦老师是在带领孩子欣赏文学，学生也在发现的过程中感受到了阅读文学作品的乐趣。

文学是语言的艺术。叶圣陶说过：“鉴赏文艺的人如果对于语言文字的意义

和情味不很了了，那就如入宝山空手回，结果将一无所得。”这节课中窦老师十分注意引领学生关注和欣赏作品的语言。比如她跟孩子一起讨论孙悟空“三打”的语言变化，也是本节课的一大亮点。一打是“劈脸一棒”，二打是“当头一棒”，三打是“抡起一棒”，为什么三次打的动作不一样？孩子们发现，由于三个人物走来的方向、个子的高矮不一样，孙悟空的怒气也越来越大，打法就不一样。细细品味名著的语言，孩子进一步感受到名著的魅力。窦老师在孩子心中播下了热爱文学的种子，这些种子随春雨入土，终将开出灿烂的花朵。

三、怎样上名著导读课？——“聊”的方式和“网状”的课堂结构

名著的内容非常丰富，孩子阅读名著得到的收获也是多方面的。因此，和孩子们一起品读名著的课应当比较宽松，而不宜由教师强烈地牵引。基于这样的想法，窦老师在她的课中采用了“聊”的方式。

《三打白骨精》可以拿来“聊”，是因为学生对作品已经有了初步的了解，他们大多已经听过或看过这个故事，对故事中的主要人物孙悟空、唐僧、猪八戒也有自己基本的价值判断。窦老师要求学生课前阅读课文和相关资料，并在独立阅读的基础上填好读书报告单。学生上课前有了比较充分的准备，为课堂上的“聊”奠定了基础。因为定位在“聊”上，所以课上得比较轻松，聊的话题也比较宽泛，许多是学生感兴趣的东西。比如教《三打白骨精》这篇课文，一般不太会关注猪八戒这个人物。但窦老师的课上就有聊猪八戒的话题，学生特别来劲。这种“聊”不是杂乱散漫，而是“形散神聚”。用清华附小老师的话来说，这种聊不是随心所欲，而是看似轻松，实则不轻松的“举重若轻”，语文知识、语文能力、语文素养，在师生不着痕迹的尽情对话中得以落实。

窦老师的这一课打破了我们常见的线性课堂结构，着意营造一种“网状”结构。名著本身内容极为丰富，名著被一代代人阅读，形成了大量文化积淀，完全可以构织成一张纵横交错的历史文化网络。这张“网络”以作品本身的前后贯通为经，以古今融合的西游文化为纬，既充满了历史的张力，又洋溢着时代的气息。讨论到孙悟空的千钧棒，就回顾原著中东海龙王对镇海神针的介绍，认识了白骨精的鬼蜮伎俩，就引申出一连串的歇后语。李卓吾对《西游记》的品评，毛泽东赞扬孙悟空的诗句，都灵动地穿插在教学过程中，给人以纵横捭阖、收放自如的感觉。有几个环节还播放了孩子喜爱的动画片，激发起儿童阅读和讨论的兴趣。

引领儿童阅读文学名著，需要教师自身具备良好的专业素养。从一篇文章走向一本书的教学，对我们老师来说无疑是一个挑战。教师自己没有细读名著，没有较高的文学修养，就很难把握名著的精华。俗话说：“台上三分钟，台下三年功。”为了教好这一课，窦老师和清华附小的老师一起重读了《西游记》，学习了文艺理论，特地请教了清华大学的教授和作家。数十年的辛勤才换来这台上数十分钟的精彩。

激发孩子阅读名著的兴趣，引领孩子走进文学的殿堂，为孩子的终身发展打好基础，那是功德无量的好事。让我们大家都来做孩子们阅读文学名著的引路人。

（特级教师　沈大安）

简单的表达，丰富的感动

——一起学习亲情绘本《我的爸爸叫焦尼》

主题：简单的表达，丰富的感动

步骤：说一说；

读一读；

看一看；

想一想。

一、说一说

师：在我们的生命中一定有这样的人，陪伴着你，教你用汤匙、拿筷子，陪着你学会绑鞋带、系扣子，讲着你听过十遍百遍的故事，带你去电影院、图书馆，去能做出美味饭菜的小吃店，带给你无数的回忆。这样的人，可能是——

生：是妈妈。想起小时候我妈妈教我拿筷子的情景，我现在还感动呢。

生：我觉得是妈妈。我妈妈带我去餐馆，还教我系过鞋带呢。

师：我们常常会谈到母爱，但今天，在脑海中要搜索的，是自己与父亲的回忆。父亲带给我们的感动与思念，常常被埋在心底。所以这个陪伴着我们的人也许还会是——

生：是父亲。我父亲经常给我讲故事，还教我学骑自行车。

师：此刻，把父亲这个词，放在口中，轻声呼唤，心中是怎样的味道？

生：是一种严厉。他对我要求很严。

生：是忙碌。我爸爸每天都很忙碌。

生：我觉得我爸爸表现出来的是坚强。我从没有看到过爸爸流泪。

师：或许是快乐，或许是伤感，又或许是你们形容的严厉、忙碌与坚强等等这些令人回味的印象。今天让我们走进瑞典画家爱娃·艾瑞克松画的，波·R·汉伯格配文的故事书中，看看这个故事带给我们怎样的感受。

二、读一读

（教师朗读）

图 1：火车就要来了，爸爸坐的火车……秋天开始的时候，我和妈妈搬到了这座小城。从那以后，我一直都没有见到过爸爸。不过，今天我可以和爸爸在一起过一整天。“你听到了吗，狄姆？焦尼到来之前，你呆在这里不要动！”妈妈说完，把我留在站台上就走了。我的名字叫狄姆，爸爸叫焦尼。

图 2：火车终于来了，它“唉——”地发出一声好像叹气似的声音，“哐当”一下停了下来。是不是从很远的地方跑来，累坏了呢？门“吱——”的一声吐了口

气，慢慢地打开了。啊，爸爸！不过，我按照妈妈说的，站在站台上一动也没动。

图 3：于是，爸爸奔了过来，一把就把我给抱了起来。“啊，狄姆！我总算来了，我好想见你。今天，我们两个人干什么呢？”这还用问吗？放心，我知道。做爸爸和我想做的事就行了呗。

图 4：一出车站，就有一家卖热狗的小店。我刚一停下，爸爸就叫道：“给我两份热狗！”“我只要番茄酱，不要芥末酱。”我连忙补充说。然后，我们两个人大口大口地吃起了热狗，爸爸很快就吃完了。

图 5：我用手指着爸爸，告诉热狗店的阿姨：“这是我爸爸，他叫焦尼。”（讲述此图时，注意强调狄姆的话。）

图 6：我们到了电影院，这里正在放映动画片。“你不是很喜欢动画片吗？”爸爸问。我使劲儿地点了点头。

图 7：在检票口，一位留着胡子的伯伯把两张票合在一起撕了。……

师：请大家大胆想象，狄姆会对检票的伯伯说什么？

生：他可能会说：“这是我爸爸，他叫焦尼。”

师：是啊，他明明不认识检票的人，可是却又一次告诉人家——（指名一位学生读：“这是我爸爸！他叫焦尼！我们一起看电影！”）

（学生朗读）

图 8：电影院里面虽然黑黑的，却非常暖和，舒服极了。爸爸在不时地发笑，因为他的喉头在颤抖，所以我知道。电影放完了，爸爸拍了一下我的肩膀，说：“走，去吃比萨饼吧！”

图 9：到了餐馆，在餐馆工作的店员哥哥，和我住在同一座公寓楼。哥哥一看到我，就叫了一声：“哟，这不是狄姆吗？”“唔，今天我和爸爸在一起，他叫焦尼！”我把胸脯挺得直直的。

图 10：我要了橘子汁和比萨饼，爸爸要了啤酒和比萨卷。

图 11：我把比萨饼的圆边都剩在了盘子里。爸爸却吃得干干净净，啤酒也全都喝光了。“味道好极了！”看见爸爸一边擦嘴，一边掏钱包，我就用店里所有人都能听到的声音叫了起来：“我爸爸要付钱啦！”

图 12：走到外面，天已经有点黑了。爸爸看了一眼手表。到了晚上，爸爸就要回去了。不过，不是马上就走，还有时间。

图 13：我们并排坐在图书馆的椅子上，爸爸翻起了杂志。我呢，我把书放在膝盖上，心里想：现在几点了呢？要是时间能停下来就好了。火车要是不开就好了。

图 14：我慢吞吞地站起来，朝借书的地方走去。爸爸也跟了过来。常常到幼儿园来给我们讲故事的大姐姐坐在借书的地方。“今天，我是和爸爸一起来的，他叫焦尼。不过，借书的是我，不是爸爸。”我一边用手指着爸爸，一边说。大姐姐笑了起来。

图 15：抱着书走出图书馆，爸爸说：“回家之前，我们一起喝点什么吧！”商店街的一角有一家咖啡馆。爸爸为了让我看清货架里的东西，把我抱了起来。付钱的时候，他也紧紧地抱着我。我要了苹果汁和小蛋糕，爸爸要了咖啡和肉松面包。“把我放下来吧！”我说，爸爸这才把手松开。

（教师继续朗读）

图 16：爸爸喝完咖啡，时间终于到了。

图 17：在往车站走的路上，我一直握着爸爸的手。爸爸的手好大好大，能把我的手整个包住。“爸爸的手真大呀。”我嘟哝道。

图 18：到了站台上，我对爸爸说：“我要在这儿等着妈妈来接我。”爸爸看了一下车票：“没事，还有两三分钟呢！”说完，就抱起我上了火车。

师：猜猜，爸爸抱狄姆上火车会做什么？

生：可能会叮嘱儿子注意安全的话吧。

生：可能带着儿子到自己的城市吧。

师：那我们就静下心来听——

图 19：火车里已经坐了好多人。爸爸找到自己的座位，突然大声叫道：“大家听一下好吗？”众人都停了下来，喧闹的车厢里忽然变得静悄悄的。爸爸伸出一只手，大声地继续说：“这孩子，是我的儿子。最好的儿子。他叫狄姆！”

图 20：然后，爸爸抱着我下到了站台上。他让我站直，揉了揉眼睛：“再见，狄姆！马上还会见面的。妈妈到来之前，你呆在这里不要动。”说完，就急急忙忙回到了火车上。

图 21：火车开了。看到车窗里的爸爸了。爸爸在挥手。我也使劲儿地挥手。

爸爸的手渐渐地小了下去。

图 22：我一直挥着手。按照爸爸说的那样，一直站在站台上。另一只手拿着从图书馆里借来的书。“我在冲爸爸挥手，我在送爸爸呢！我的爸爸叫焦尼！”我告诉从我身边经过的一位叔叔说，他看着我，点了点头。

师：故事很长，尽管情节很简单，但从同学们的眼睛里我看到了什么，说说吧。

生：我觉得特别感动，狄姆那么可爱，他对爸爸的爱让我想流泪。他的父母不住在一起。可这一天他们都是幸福的，因为父子彼此爱着对方。

生：是的，狄姆想爸爸，爸爸想狄姆。他俩好不容易才见一次面，这一天，狄姆和爸爸都感到很幸福。

（教师对着这个发言的学生，提问下面的问题。）

师：这么一说，看来你听出了这是一个怎样的家庭。

生：我听出来了，爸爸和妈妈不生活在一起，儿子和妈妈在一起，又搬到那么远的小城，所以父子俩好不容易才见一面。

生：我发现，每一次，狄姆见到人的时候，都要告诉别人，“这是我爸爸，我爸爸叫焦尼”。

师：这本书就是用儿子的这句话作题目的。（板书：“这是我爸爸，他叫焦尼。”）这句话的确简单，同学们听的时候一下子就记住了。前半句交代身份，后半句交代名字，什么修饰成分都没有。虽然简单，却出现了几次？

生：在热狗店，电影院检票口，餐馆，图书馆，还有站台上。（师生看图一起聊出）

师：这么简单的话却出现了五次，你不觉得重复吗？

生：一点也不感觉重复，特别是反复的重复，给人强调的作用，这让我记住了这句话，印象很深。

生：这是体现儿子狄姆对爸爸焦尼的爱啊，听着特别感动，不感到重复。

三、看一看

师：那好啊，我们就回到图画书中看一看，为什么它会给你留下这样的印象。

（一）品读儿子的语言

1. 不认识的人

（1）热狗店。

师：这是哪里？（学生接“热狗店”）。卖热狗的阿姨狄姆认识吗？

生：不认识。

师：仔细看图，说说你的感受。

生：瞧，狄姆抬着头，看着阿姨，一脸高兴的样子，而且他是一手拉着爸爸，一手指着爸爸，对阿姨说这句话的。

生：他好不容易见到了爸爸，心里一定好激动啊，我从他的眼睛里看出那份特别的喜悦，他一定要告诉这位阿姨，尽管不认识她。

（2）电影院。

师：这是在检票口，看到检票的伯伯，认识吗？

生：这位老伯伯，狄姆也不认识。狄姆要看自己最喜欢看的动画片，看他仰着头看伯伯的样子，就能想象他说这句话时的兴奋。

生：狄姆一定是大声跟伯伯说，怕他听不见。他爸爸的手搭在他肩上，狄姆不认生，也像在热狗店一样，笑着介绍自己的爸爸。

师：那就把你们看到的，感受到的，送进这句话中，让我们听听狄姆是怎样告诉陌生人的！

生：“这是我爸爸！他叫焦尼！”我想，他跟阿姨说的时候，语气一定是坚定的。（学生通过想象进行朗读再现，读出儿子对父亲的爱。）

生：狄姆的心情那么好，因为是爸爸和他一起看电影，而且看的是最喜欢的动画片，所以他一定很高兴地对伯伯说。（学生试着朗读，很有味道。）

师：原来，狄姆的语气那么坚定，那么高兴。再读！

（老师从学生的朗读中提取学生朗读时的感情，为接下来的理解作铺垫，读略。）

2.认识的人

（1）吃比萨。

师：进了比萨店，狄姆的动作可跟前面不一样了，这是为什么？

生：因为这个哥哥不是陌生人，而是跟他住同一座公寓楼的、熟悉的哥哥。你看他的动作，两只手握住围巾，挺着胸脯，一定是用很自豪的语气告诉哥哥。

生：狄姆的胸脯挺得直直的，他非常骄傲地告诉哥哥他是和爸爸一起来的。这还没有完，瞧，还跪在椅子上，大声叫“我爸爸要付钱啦！”他太自豪了。

（2）图书馆。

师：在图书馆，这位大姐姐狄姆也认识。（演示课件，把狄姆的手放大）一般情况下，都是父亲给孩子竖大拇指，可这里是儿子狄姆对父亲竖起了大拇指。狄姆内心十分骄傲。

师：那就再次把你们看到的、感受到的送到这句话中读读！

生：这是我爸爸，他叫焦尼！（带着表情，很自豪地读。）

生：这是我爸爸，他叫焦尼！（加上动作，读的语气是那样骄傲。）

3.擦肩而过的人

师：送爸爸走了，在站台上，狄姆又说了这句话，那是对站台上一位擦肩而过的叔叔说的，仔细看画面，他又会怎么说这句话呢？

生：我猜狄姆心里很难过，有一种依依不舍的心情。毕竟爸爸只和他待一天。但是，他还要告诉别人，这是他爸爸，他叫焦尼。

师：那就带着你的体会，再读读这句话。

生：这是我爸爸，他叫焦尼！（不仅骄傲，还有依依不舍的心情！）

生：原来，这句话虽然简单重复，却是在不同场景、不同的人面前说的啊，有不认识的，还有认识的，擦肩而过的，有男的，女的，老的，少的。而且每一次狄姆的心情都不一样。

师：原来，因为简单的表达（板书：简单的表达），我们很容易地懂了它、记住了它。可走进画面中看看、品品，却获得了这么多丰富的感动。怪不得这本书取这个名字呢。

（二）品读爸爸的语言

师：体会到儿子话中对爸爸的爱的表达。你们也发现了，爸爸也说了一句和狄姆形式一样的话。

生：这孩子，是我的儿子。最好的儿子。他叫狄姆！

师：儿子说了五次，我们常说，一句话不断重复强调，我们就深深记住了这句话，可爸爸只说了一句，那怎么感动了你呢？

生：大人往往深沉，不愿意表达。刚开始儿子说的时候，他心里高兴，可后来要分手的时候，他控制不住了。

生：话不在多，而在于里面的味道。你想啊，爸爸是大人，说出这句话多不容易啊。那是对儿子最大的承认。

师：那就让我们从图画中再看一看，体会体会。（出示图画）

1. 爸爸的动作

师：（刚下火车，在站台上）为爸爸的动作题词——

生：举。（有学生说跑，在比较中认为应该是“奔”。）

师：在图书馆呢？

生：搂。

师：这是咖啡馆——

生：（异口同声）抱。

师：这是去车站的路上——

生：拉手。

师："拉"太普通了，文学一些，诗意一些——

生：（齐）牵。

师：作为高年级同学看图题词简单吧？这些动作，也叫简单的表达。（回扣板书）

生：简单！

师：简单吗？

生：简单！

（听课老师笑了，有些学生开始摇头了。）

生：不简单，让我很感动，比如"举"，举起的是对儿子的想念！想象一下，爸爸难道就这么举着儿子不动？他会把狄姆投向天空，狄姆和爸爸乐得不得了！

生：比如这个"抱"，爸爸在咖啡馆里，总是抱着儿子，狄姆求他，他才放下儿子。

生：还有在图书馆里。这幅图的配文写的是儿子狄姆的心里话："现在几点了呢？要是时间能停下来就好了。火车要是不开就好了。"我想，爸爸搂着儿子心里想的一定也是："现在几点了呢？要是时间能停下来就好了。火车要是不开就好了。"

生：比如"牵"，你们发现没有，除了上面提到的动作，图中好几处爸爸和儿子的手都是牵着的，这是一种怎样的难舍难分啊。

师：由这个"牵"我们想到了一个词语，叫"牵挂"。

生：还有一个成语叫"牵肠挂肚"。就这样，你牵着我的手，我牵着你的手，我俩一起向前走。

师：原来这简单的表达中，真的不简单。爸爸的爱在他的——

（老师用手势表现，学生回答。）

生：在他的手上！

生：在他的肩膀上！

生：在他的腰上！（全场大笑，生随之改为"怀里"。）

师：爸爸把儿子放在怀中保护，把儿子放在掌心疼爱。那爸爸的爱还体现在哪里呢？

2. 爸爸的眼神

师：下面看看几幅图，看看你读到了什么。

生：啊！我发现，爸爸的眼睛片刻都没有离开儿子。用一个成语，那叫“目不转睛”。

师：用一个简单的字表达呢？

生：就是“盯”。

师：你被人盯过吗？

生：呵，被我妈妈盯过，在我犯错误的时候。妈妈的盯和狄姆爸爸的盯都是爱，但这里还有不同，那就是爸爸恨不得把儿子装在自己的眼睛里，不，是心里。

师：啊，那是一种短时间内必须把对方完全装入内心的一刻。那是雕刻在一瞬间的永恒！作为爸爸，把对儿子的爱藏在自己的动作中，藏在自己的眼睛里，藏在自己的心里。所以有一首歌的名字叫——

生：《我的眼里只有你》。他太爱自己的儿子了，也是控制不住了。于是当着车厢里的那么多人的面，喊出了自己儿子的名字，并告诉别人，这是他最好的儿子。

师：那就带着你的体会，再读读爸爸的话。（经过上述环节对动词、眼神的理解，最后又将这感情化为朗读，这是自如的朗读。）

生：这孩子，是我的儿子。最好的儿子。他叫狄姆！（语气那样坚定）

生：这孩子，是我的儿子。最好的儿子。他叫狄姆！（多么激动的语气）

生：这孩子，是我的儿子。最好的儿子。他叫狄姆！（那是自豪的语气）

生：这孩子，是我的儿子。最好的儿子。他叫狄姆！（听，语气是多么的骄傲！）

师：原来这么简单的一句话，虽然书中只重复了一次，可我们也同样体会到了饱含深情的丰富的感动。（板书：丰富的感动）

师：（出示父亲把儿子送回站台后的父子对视图）看啊，这就是爸爸说完这句话，把儿子抱回站台上的那一刻，还是那简单的不能再简单的“盯”。此时此刻，如果你就是儿子，或者就是父亲，想要对彼此说的是什么呢?

生：狄姆会说：爸爸，你一定还要来看我啊。

生：我想爸爸会说：儿子，你永远是我最好的儿子，独一无二的儿子。

生：儿子会说：爸爸，跟我回家吧，不要坐火车了，好吗?

生：爸爸说：儿子，下次来，我一定带你到我所在的城市住。爸爸永远爱你!

生：儿子会说：爸爸，我爱你！你是爱我的最好的爸爸，你叫焦尼!

师：你们的对话，都是简单的表达，但也让我们又一次体会到了里面丰富的感动！其实，父子俩简单得什么都不用说，就这样你看着我，我看着你，彼此认同，那就是——

（学生创造性地改进父子的话进行朗读）

生：儿子对爸爸说：“你是我爸爸，你叫焦尼！”（改造的句子，强调你永远是我的爸爸，独一无二的爸爸，谁也不能替代的爸爸！）

生：爸爸对儿子说：“你是我儿子……你叫狄姆！”（改造句子，强调你永远是我的儿子，最好的儿子，谁都无法替代的儿子！）

师：（创设情境）听，火车鸣笛了，爸爸得回到车上了。（教师朗读画面文字，进入情境）虽然爸爸走了，可在彼此的心中，还是这句话——

生:（读儿子的话）你是我爸爸，你叫焦尼！

生:（读爸爸的话）你是我儿子……你叫狄姆！（利用情景再现的方法，融情入心进行朗读。）

师：原来，丰富的感动源于简单的表达，简单的表达同样能获得丰富的感动。（对着板书总结）

师：回过头来再看黑板，儿子和爸爸的这两句话。“儿子”和“爸爸”这两个词是公用的，“这是我爸爸”“这是我儿子”，很多人也这样称呼，但这对父子偏偏却喊出了爸爸的名字，你会对别人呼唤自己爸爸的名字吗？你爸爸也像狄姆的爸爸一样呼唤过你吗？你怎么看？

生:“这是我爸爸，他叫焦尼！”“这孩子，是我的儿子。最好的儿子。他叫狄姆！”这虽然是简单的表达，却成了刚才同学们说的独一无二的“爸爸”和“儿子”。

师：在生活中，你会主动告诉不认识的人“这是我爸爸”，还要自豪地说出爸爸的名字吗？你爸爸会对不认识的人也这样介绍你吗？假如面对认识的人，你或你爸爸会介绍你们的身份，能做到还要把你的名字呼唤出来吗？为什么他们能这样做？

生：因为他们是特殊的家庭，特殊的一天，他们按捺不住内心的激动，儿子必须告诉所有人：我有爸爸，你们知道吗？我爸爸叫焦尼。

生：这一天对于爸爸和儿子来说，是我们不能体会到的。你想啊，他们那么长时间没有见面了，这回好不容易见面了，你说这是多么幸福的、令人激动的一天啊，所以，他们按捺不住了，就这样呼喊起来。

师：也许是文化背景的不同。我们心中并不缺少丰富的情感，有些时候却只需要这样简单的表达。要知道，有些时候，越是简单的表达，越是令人感动的。而这不也是从这两句话中获得的另外一种丰富的感动吗？

生：原来，这么一个简简单单的故事、这样简简单单的语言，真正打动人心的，不是华丽的词藻，而是最简单不过的表达！（掌声）

师：它简单得如同一束阳光，投射到我们心里，然而，简单的一束光中，让我们感受到了“赤橙黄绿青蓝紫”丰富的味道。这正是——“简单的表达，孕育丰富的感动，丰富的感动，恰恰需要简单的表达”。（对着板书总结）

师：回忆一下，书中还有哪句简单的表达也给你留下丰富的感动？

生:“爸爸的手真大呀。”这句话我也好感动。爸爸的手握着儿子的手，而且是一双大大的手，好温暖啊。

师:(补充)好有安全感啊。

生:“马上还会见面的。”这是爸爸的话，多么简单，但你心中相信爸爸一定还会回来，你就会替狄姆感动。

师:也许生活不能事事顺心，也许希望和现实之间总会有阻隔。思念，一直通到爸爸住的城市；离别，就是下一次重逢的开始。生活就是这样，常常会让我们感到幸福着，但却痛苦着；幸福着，但却无奈着！时时处处，让你的眼泪潸然，可因为有儿子，爸爸简单不过的话，却让你怦然心动，于疼痛的同时受到启示与抚慰。

(三) 想象妈妈的语言

师:故事到这里，总感觉后面还站着一个人，谁?

生:(异口同声)狄姆的妈妈!

(教师出示书的最后一页)

师:请同学大胆想象，如果儿子和爸爸生活在一起，这一天是妈妈来到了爸爸居住的城市，妈妈会对儿子说什么。

生:我相信，妈妈一定也会说着简单的话，比如，喝点什么啊，到哪里去看电影啊等等再简单不过的家常话。

生：妈妈的动作也会像爸爸一样那么简单，把儿子搂在怀里，或者和儿子牵手等，但也都能让你感到母爱的力量是伟大的。

生：如果，妈妈看到儿子说出自己的名字，说不定也会像爸爸那样，在众人面前呼喊出“这孩子，是我的儿子。最好的儿子。他叫狄姆！”

师：妈妈的话也同样简单，同样让我们获得这样丰富的感动。

四、想一想

师：刚才我们站在作家的角度，体会书中语言的特点，以及这样的语言样式带给我们的感动。你们说，下面我们要站在谁的角度再来体会体会这本书？

生：可能是画家吧。

师：对了，像这样图文并茂的图画书，不同于老师小时候看的小人书。要知道，这类书，语言是图画的补充与升华，但语言往往也有未达之意。也就是说，作为图画书，文字说出了图画中无法表达的部分，而图画又扩充了文字未达的境地，两者交互作用。请同学们再从头至尾看一看图画书。注意画面色彩，图形变化，包括书中的道具，一会儿看看你们有哪些新发现。

（让学生从头到尾看书，教师提示刚才的话。学生先汇报后，教师梳理下面环节。）

（一）图形变化

生：我发现最后一幅图是圆的，前面所有的图形都是方的。

师：从语文的角度看，这圆，会让你想到哪些词语？

生：我会想到团圆，破镜重圆。（掌声）

生：他们度过了这美好的一天，圆满地结束了。爸爸妈妈的爱也是圆满的，他们一定能团圆。

师：这团圆，这破镜重圆究竟要表达什么？

生：我想，就是祝愿他们家三口人永远不分离，永远在一起。

师：这本书的构图形状也是那么简单，也可以说是简单的表达。可一个简单的图形让我们体会到了丰富的感动！

（二）画面色调与道具

生：我还感觉整本书的色彩，有些灰，有些黄，不那么复杂，也是简单的。给我的感觉不新鲜，但有一点温暖的感觉。

生：其实书的整体色调是灰色的。这里有一点新鲜的，就是爸爸和儿子在一起的时候，分开后色彩又暗下去了。毕竟这是一个离异家庭，我还是从这个色彩中读到了一些悲伤。

师：谢谢你啊，在简单的色彩中也读到了丰富的感动。刚才同学们说有一点新鲜的，那么图中跳跃的新鲜颜色你们发现了吗？是什么？

生：是爸爸的红色围巾。

（随着学生的发现，课件一幅一幅地出示：爸爸的围巾、儿子的围巾、妈妈的围巾。）

生：妈妈的绿色围巾。

生：还有儿子的围巾。

师：是啊，小小的道具围巾，在画家手里画出来多简单啊。可是，请你们对比他们的围巾，你们发现了什么？

生：我发现，儿子的围巾是绿色的底，红色的格子，是爸爸和妈妈围巾的结合。

师：请你用文学的眼光，说说儿子的围巾要表达什么。

生：儿子是爸爸和妈妈爱情的结晶。（笑）

生：围巾就好像爱，爸爸和妈妈都爱儿子。

生：这围巾象征着爱的纽带。其实，这暗示着无论怎么样，爸爸妈妈都永远爱他。

师：沉郁中孕育着希望，儿子的围巾连接着爸爸红色围巾的热烈和妈妈绿色围巾的活力。于忧伤的淡灰色雾霭深处，射出了温暖的希望的光。正是这一精心的创意，让我们感到温馨与酸楚彼此渗透，无奈与乐观互为包孕。原来，围巾带给我们这么多丰富的感动！

师：图画书简单的细节，包含的丰富的感动太多了，我们只有回去细细品味。就好比这幅图（出示儿子在站台送爸爸走的镜头）——多么简单的画面，儿子手中的这本书——从读书的角度，你又感受到什么？

生：因为那是和爸爸一起从图书馆借的书，儿子回家一定要好好看。

生：儿子真懂事，爸爸离开，没有哭闹，就是因为他是个读书的孩子。

师：父子俩爱读书，那叫知书达理。我们常说，读书的孩子错不了！

生：是的，一个热爱书籍的孩子，我们有理由相信他在书籍中获得的力量，让他更坚强，相信没有爸爸的日子也能生活得很好。

师：我们有理由相信，他更有勇气面对未来的生活，未来的他一定是一个阳光、自立的好男孩！我们深深地祝福他。你看，一处简单的细节、一个简单的图形，于无声处，带给我们丰富的感动啊。

五、写一写

师：你看，无论从作家的角度，还是从画家的角度，我们都很好地体会到了简单的表达源于丰富的感动，丰富的感动同样可以简单地表达。那么，读到最后，你们说，我们该回到哪里？

生：回到我们自己。

师：是啊。这可是一堂语文课，那我们就来用语言表达自己的阅读感受啊。谁来读读封底的资深童书编辑、幼儿心理研究专家徐榕的阅读感言？

生：读完这个故事，焦尼的话一直在脑海里萦绕："马上会再见面的。"所以，火车一定还会回来，拉着狄姆最喜欢的爸爸——焦尼。

生：只要拥有爱，只要沉着不退缩，就会有勇气、有力量、有安全感。

师：读过这本书的人们，也用这样简单的语言，写下了这本书给自己带来的丰富的感动。也请你用简单的语言表达，相信一定会带给我们丰富的感动。

（学生写下感言，由朗读升华到了用笔描写，这也是感情的一种升华。）

生：我读到了亲情的温暖。母爱是天，父爱是地。母爱固然重要，但父爱更不能缺少。从这本书中，我感受到了如山一样的父爱！

生：我读到了无奈中的一种希望。虽然爸爸妈妈因为特殊的原因而分开住了，但是爸爸妈妈对我的爱是不变的。不管他们当中谁和我生活在一起，他们爱我的心都是一样的。我们要理解父母的心。

生：一个那么小的狄姆，一句那么简单天真的话语，让我感受到的却是一份浓浓的爱，一份浓浓的感动。原来，爱的表达竟可以如此简单。我们总是喜欢把这种爱埋在心里，而不是表达出来。让我们一起把内心深深的爱用语言和行动表达出来吧！

生：我想到了孤独。我的爸爸很爱我，可是他工作那么忙碌，没有功夫和心情管我。此刻我多想对爸爸说，多陪陪我吧。此刻我好孤独！

生：虽然这种生活对于狄姆来说很残酷，可这是一个坚强的孩子。在父亲到来的这一天，他那么骄傲、自豪、对所有的人宣布：我爱爸爸，我的爸爸叫焦尼！在黑暗中，总会有一丝光亮照耀你的心！

生：这本书让我懂得了因为爱，才有了思念，有了思念，才有了珍惜，有了珍惜，才有了不舍。"马上会再见面的"包含了多么深的情感啊。

生：我的父母不擅长表达情感，却仍然以自己的方式默默关心和守候我这个女儿。我还要对他们说，你们的心我懂，尽管你们不表达，我依然很满足，很幸福。

生：我想到了坚强。无论未来怎样，我要坚强起来，我要好好学习。我要像别人一样快乐、有出息。

生：我觉得狄姆是不幸的，因为他和爸爸只能在一起一天的时间，同时他又是幸运的，因为他们的父子关系是那么融洽，他们在一起是那么默契和开心。虽然不能天天在一起，但，这份爱的表达与体验让我们感到无比温馨。而这温馨，不正是我们应该珍藏在心中的美玉吗？

生：父爱像一双手，抚摸着我们的心灵。我们不能让父母给我们的爱悄悄溜走，要好好珍惜这份爱。

生：父爱如山，为我们遮风挡雨；父爱如水，滋润着我们的心田。父爱无从诉说，只有用心体会。

师：同学们简单的表达，带给我们的竟然是这么多丰富的感动。弗洛伊德说得多好啊："我想象不出还有什么比父亲的爱更让一个孩子渴求得强烈 。"好书，就是要让我们回味一生的！最后，我们带着各自的感受，再一起来完整地朗读这本书。（课件播放，让学生整体回味这本书部分插图和提升的语言，学生在音乐中静静阅读品味。）

师：故事就这样结束了吗？读完这个故事，焦尼的话、简单的表达一直在脑海里萦绕："马上还会见面的。"也许随着阅读的深入，人生体悟的增加，到了老师这个年龄，你们才懂得。下课。

板书设计

我的爸爸叫焦尼

<table>
<tr><td>（儿子）“这是我爸爸，他叫焦尼。”
（爸爸）“这孩子，是我的儿子……他叫狄姆！”
（妈妈）“……”</td><td>简单的表达</td><td>丰富的感动</td></tr>
</table>

点 评

生命教育·戏剧结构与舞台感

这是我第二次听窦桂梅老师的课，上一次听她的课已是2004年的事了，值得一提的是，那次和我一同听课的还有两位著名的学者，一位是钱理群老师，一位是孙绍振先生，他们对窦老师的课都极为欣赏并作了细致、生动的点评。后来孙老师多次和我谈到中小学语文教学时，都会提到所谓的“玫瑰色彩”带给他的惊喜。今天是我五年后与窦桂梅老师的再次相遇，自然，我也有更多对她新变化的期待，这种“变化”，不单是技术、技艺，我想更多的是岁月、年轮对一位富有表现力、有智慧的老师到底意味着什么。刚才和窦老师作了简单的交流，她说自己要返璞归真，我能体会到这样的用心与变化，哪怕我们仍然会情不自禁地被她的“魅力场”笼罩，我也多少觉察出某种由“玫瑰”而隐然成为“梅花”的端倪。

今天在窦桂梅的课堂上，我最大的发现是，好的课堂一定会让所有人感受到教育朴素而真挚的力量，这种力量直抵每个人生命的灵府，在我们获得提醒、点拨和敞亮之间，某种内在的，确实是由我们生命自身萌发的精神需要被唤醒了，同时与其说被唤醒，不如说它一直是“等待被唤醒”的，因为对任何一个成长中的儿童而言，真善美就是他生命本身最重要的元素，它天然地寄寓于生命之中，现在它需要的就是一个“相信者”的相信，一个“肯定者”的肯定，一个“塑形者”的塑形。也许正是在这个意义上，我们才能说好教师就是一个生命的使者，他的“魔杖”确实有点石成金的功效，而所谓的成长其实就是“复归与出发”，而复归与出发都是以真善美为起点与终点的，有时我们真的难以区分到底哪些特质是学生已有的，哪些则是刚刚萌芽。这一点，往往正是好课堂最使人惊叹的地方，因为我们分明可以真切地感受到孩子们像树一样超出了自己——由此我也获得了一种领悟，就是中小学、幼儿园的课堂，也许我们可以把所有的课首先看作是生命教育的课。课堂的核心目标不只是知识的传授，还有智慧的增长，而更为重要的则是人的生命的成长。在基础教育课堂我们所要追求的也许不是深刻，而是尽可能的丰富，不是抵达，而是不断的出发，不是简单的给予，而是更多的启迪。窦老师说她是理想主义者，而所谓的理想主义者一定是关注现实而着眼于未来的，一节课不是被记住了，知识也不是被穷尽被熟知了，而是孩子们在童年生活的美好与课堂的精彩中，以体验和发现的方式，获得了在生命成长与生命记忆中具有无限意义的“童年”。

在这里我还要补充一句个人的片面之词。窦老师的课堂当然首先不是为我们这些听课者上的，但同样就是貌似极为简单的绘本，不同年龄的人读一定也有极不相同的人生感悟，教师所要做的工作自然不是把文本所有意义都挖掘殆尽，把自己所体验到的人生经验都一股脑地灌输给孩子。小学语文课堂，现在不少名师热衷于“深度语文”、过度阐释，看上去深刻，其实严重脱离了儿童经验与儿童感受，也就是悖离了儿童性，严重宰制了儿童心灵的“活性”与生长力。也可以说教师不能太厉害，太厉害的教师，他的课堂就不会有不确定性，就容易成为独角戏，出现独断论，使课堂难以在未知中共同探究、形成对复杂性的理解与认识。

而好的课堂恰恰是通过一种自然的开放性，使每个人都产生强烈的“在场感”，每个人都参与到文本的解读中，这样学生的个人经验与能力就具有了一种自在的价值，同时又成为课堂资源的一部分为大家所共享。今天孩子们对文本有很多自己的发现，特别是那个女孩说要大声说出自己父亲的名字时，我尤其感动，我与自己父亲关系的隐藏记忆一下子被唤醒了，并获得了一种新的审视的价值。所谓经验的共享，就是个人的信息具有投射力，每个人在“被唤醒”的同时，你的思考都朝前增长了一部分，每个人似乎由此都变得更聪慧了。这也体现了今天窦老师巧妙的能力，她始终是积极和开放的引领者，不是她在输出道理，而是这些“道理”——绘本中涵泳的生动、复杂同时微妙的爱，自己呈现了。

今天听课还有一个非常愉快的发现，这节课堪称是窦桂梅的一台戏、一个精美的舞台剧、一个艺术作品。我以为好的教学都具有一种戏剧性。刚才肖川老师评课时就非常强调文本选择的重要性。我想，首先，文本的选择可能决定了这个“戏剧”的价值所在，也决定了我们所引领的这个思想的边界能够到达多远。窦老师在这个方面显然有非常独到的心得，我相信这种心得是跟个人的思想境界、文学修养以及跟她的教育价值观紧密地关联在一起的。

第二点是在文本的处理上，它实际上是有一种结构性思考的，从“登台”时的低沉、和缓、从容的进入，到最后意味深长的、留有余地的那种回想空间，实际都有戏曲结构起承转合、悠长的韵味在里面。窦老师在课堂上既有创设“结构”的高明，又有驾驶“结构”的智慧，她课堂教学的自由由此得到了游刃有余、酣畅淋漓，同时又不是太凿于形式、超越形式的一种展现。另外，窦老师在这一“戏剧性”中，既是一个导演，又是一个表演者，她通过丰富的语言以及生动的形体来表现。她的语言既有自然的、日常的语言的直接，极富现场效果；又有戏曲语言的那种耐人咀嚼、给人启迪的意味。她的高明之处还在于能够把某一句简单的话，通过一种戏曲性的表现方式变得非常富有启迪性。这是几乎所有厉害的老师在课堂里都特别擅长的一种表达方式。

我还发现一个有趣的现象，可能很多评课者没有提到。跟所有的戏剧表演一样，这堂课有很多听众，这堂课不但是上给孩子的，也是上给在座各位的。在座的所有老师都参与了这堂课，你们的笑声、你们的掌声、你们的那种热情的投入都使得这节课更富有戏剧性，更饱满，达到了极其美妙的效果。整节课始终是热乎乎的，令人爱惜的。

窦老师本身是很具“舞台感”的，我对这种舞台感一直很在意。实际上一个好老师都是需要舞台感的。我曾经这样作过对“舞台感”的理解：一个成功的教师一定有良好的舞台感。舞台感表现为强大充盈的教学自信心，饱满的精神状态，从容、缓急有度的语言，生动、恰当的肢体动作，同时还表现为对课堂特殊的敏感和预见性，丰富、有吸引力的教学策略，巧妙、自然地调节、改善课堂氛围的能力。总之，一个成功的教师在课堂（自己的舞台）上总是要比平时的自己更有神采、更富有魅力。这种舞台感在窦老师的课堂里有时候表现得夸张，窦老师夸张的时候我看到原来的“玫瑰”；当她幽默的时候我看到了她对长白山文化、东北文化的敬仰；当她耐心地作铺垫的时候，我感受到语言的素养就变成了一种精妙的抵达的途径。窦老师无论什么时候站在舞台上都是光芒四射的，当然光芒四射既有她的美貌，又有她的优雅。像我和肖川老师这样既没有美貌又显得不优雅的人，我们是不是就没有舞台感呢？比如说像肖川老师无论站在什么地方都显得从容不迫，无论在什么地方你感受到的肖川都会比他实际的身高至少上升了20厘米，这也是肖老师身上的舞台感。我觉得对教师而言，这样一种在课堂上的自信心是极其重要的。我们完全不能想象一个慌慌张张、缺少自信的教师能够把一堂课上得精妙，直达人心。

另一方面，窦老师不仅是一个演员，她还是个教师，她不是根据台词来表演的。她是根据现场的生成状态作出精妙、恰当的一种应对，所以在这个应对之中她的耐心就显得极其重要。如果让我在家庭教育和课堂教育中选一个最重要的关键词的话，我一定会选择“耐心”，因为有耐心才可能有生成，耐心的背后是对所有个体的最大尊重，这种尊重其实是课堂生成的一个最重要的途径。只有在教师耐心的教育之下，孩子才可能真实地感受到自己是一个创造的主体，是一个独特的生命存在。

她的课堂最后的安排，还有一个精彩的地方，那就是留有足够的空白，留有足够的回想的空间，不断设置悬念，让孩子独自去构造，无论如何得独自去构造与应对。

这些戏剧性的丰富，都构成了教师智慧的卓越之处。听这样的课是一种享受。

（教育学者　张文质）

让儿童在自我发现中获得价值观

——一起学习励志绘本《大脚丫跳芭蕾》

主题："大脚丫"

步骤：我发现……

　　　我还发现……

　　　我还要发现……

一、我发现……

（一）发现封面

师：亲爱的同学们，阅读改变人生，还有两天就要过六一儿童节了，今天窦老师将和同学们分享一份节日里特殊的礼物，就是你们桌面上的这本书。（学生捧起书，看封面。）

师：这是一个关于什么的故事？结合你曾经学到的读书方法，请先就封面谈谈你的发现。

生：老师曾经告诉我们，阅读绘本先要感受主题，然后关注图画和语言。

师：掌声给第一个发言的同学。

生：我发现封面上这个人脚很大，应该是在跳芭蕾舞。这个人应该是个女孩，看她的表情，我想她一定是享受跳芭蕾的。

生：我估计这个长着大脚的女孩就是书中的主人公。我还有一个问题，这本书的名字叫《大脚丫跳芭蕾》，为什么非得写大脚丫跳芭蕾，大脚丫代表着什么？

生：我发现作家是个叫埃米·扬的美国人，我想这个人没准就是书中的“大脚丫”。

师：掌声送给他们。而且非常有意思的是，这本书的图和文的作者是一个人。还有什么发现呢？

生：一个人脚大成这样连走路都难，怎么可能跳芭蕾呢？估计书里有好多人都会嘲笑她的大脚。

师：你开始猜测了！

生：这本书的名字叫作《大脚丫跳芭蕾》，作者为什么写这本书？我想是因为有很多人都会跳芭蕾，但用大脚丫跳的却不多，正是因为她的特点，所以作者写了这本书。

师：你说很多人都会跳芭蕾，那可不一定，我就不会，有没有同学对跳芭蕾有了解？

生：跳芭蕾很困难，要练很多年。

生：我有一次看完芭蕾舞演出，想试试立脚尖，结果没立一秒钟，脚就软了。

师：所以有人说芭蕾舞是足尖上的艺术，特别是对跳舞者的身体有近乎苛刻的要求，那叫三长一小。猜猜？（教师做动作引发学生思考）

生：应该腿长、手长。

师：腿长，臂长，脖子长，头小。咱们班有没有学过跳芭蕾的同学？

生：我大约是从一年级开始的，学了五年了。

师：能比画一下封面上这个女孩的动作吗？

生：好像不太容易。

师：要是你的脚比现在大一倍呢？

生：那我可能就得摔跤了。

师：亲爱的同学们，跳芭蕾这么难，这位大脚丫的女孩却偏偏要跳，大胆想象书中讲了怎样的故事。

生：我觉得这个故事讲的是大脚丫是怎么学跳芭蕾的。

生：在这个过程中，可能还会遇到一些困难，但不知道最后成功没有。

（二）发现故事、图画与文字

师：那就让我们凝神静气地打开书。像刚才发现封面那样，继续带着想象一页一页地读下去。注意不要剧透啊。（师读故事）

有一个跳芭蕾舞的女孩名叫贝琳达。贝琳达喜欢跳舞，她每天去舞蹈学校，认真地练舞，她跳舞的时候，姿态优雅，脚步轻巧灵活。可是，贝琳达有个大问题，嗯，应该说两个问题，就是她的左脚和右脚。

师：你有什么发现？

生：我发现贝琳达在跳舞的时候表情非常陶醉。

生：我发现她的脚很长，与身体不协调。

生：我估计她紧接着就会遇到一些困难。

生：她跳芭蕾虽然非常刻苦，但是之后可能因为这两个问题会被大家指责。

生：我注意到她的表情不好看，非常忧愁。

生：我从文字里面发现，书中写两只脚，而不是一双脚，还强调“两个大问题”，这说明脚对于贝琳达是大麻烦。

（师读故事）

其实贝琳达不觉得自己的脚有问题，可是参加一年一度的芭蕾舞表演选拔时，问题就来了。评审委员一看到她的脚就大叫：“暂停！”“天啊！”贾庄董男爵三世说，“你的脚大得像条船！”著名的纽约评论家乔治·根毕崇说：“简直和海豹的鳍没两样！”常在舞蹈杂志上发表文章的欧娜·劳乌柏女工瞪着眼睛直摇头。贝琳达还没有试跳，评审们就说：“回去吧。你那一双脚，永远跳不好！”贝琳达很难过，难过了好久好久。

生：我发现她真的遇到了一个很大的问题，而且她真的很难过。

生：我发现这双大脚以前没引起她的自卑，但是现在成了她的心理问题。

生：我发现这个大脚丫其实是她的一个缺点，在评审看来她有这个缺点不是一件好事。

生：我是从颜色中看出来的，它的背景是白色。

师：你确定？

生：灰白颜色。

师：（在黑板上贴上灰色的纸）你感到……

生：灰白色让我感到非常低沉，象征着贝琳达的难过。

生：就像出现了雾霾天，让人感到压抑。

师：画家画贝琳达在浴缸里，她真的是在洗澡吗？

生：没有，她自己很郁闷，在那躺着。

生：这幅画面的构图很有意思，中间有一大片白的，我觉得反映贝琳达的心里应该是空虚的，受到了很大的打击。喷头上还有一滴水。

师：是没拧紧吗？

生：我觉得就像她的泪水。

生：我感觉也有可能是贝琳达想洗澡，但是因为她太难过，忘了开水龙头了。

师：你们有没有被否定过的时候？

生：之前我爸给我报过一个橄榄球班，但是后来教练说我不适合打橄榄球，爸爸就把我的班给退了，当时我很难过。

师：我看你很像会打橄榄球的样子。

生：我爸现在跟教练交了朋友，我又重新上橄榄球课了，我现在是他们队里的队长。

生：我觉得贝琳达跟我有时候挺像的，我经常被同学、家长否定。

师：否定你什么？

生：比如我主持的时候就会有一些词说错，他们就会说我说得不好，他们所说的那些话给我造成了心理阴影。所以，我跟贝琳达一样，感同身受。

师：如果让你为这个选一个背景音乐，你选择什么样的？

生：大概是悲伤的或者说低沉的。（教师帮忙配上柴可夫斯基的芭蕾舞音乐《天鹅湖》）

师：如果你是插画家，你打算怎么创作贝琳达很难过？（请一位同学在黑板上画，其他同学展开想象谈。）

生：她应该把代表希望的粉色舞蹈服扔得很远很远，泡在很脏的灰白水里面。

生：贝琳达穿着黑色的衣服，在没有明亮月光的晚上，眼前是漆黑一片的。

生：她把原来盘着的头发放下来，弄得乱糟糟的。

生：我想画贝琳达做梦，梦里她的脚丫变小了。

师：（转向在黑板上画画的学生）找一位你的知音，你看看他是否能够读懂你的画面。（生指某同学）

生：你画的乌云象征着贝琳达的心情，闪电就像晴天霹雳，表示评委的否定。贝琳达手里明明有雨伞，却不打，说明她的内心里也正在经受着暴风雨般的打击。（掌声）

生：你猜得很对，我真的没找错人。（大笑）

师：哎？你创作的画面里为什么没有贝琳达？

生：贝琳达难过得好像躲在大雨里看不到了，所以我没有画出来。

师：哇，你的创作真独特，和埃米·扬平分秋色！（师接着读故事）

她想："或许那些评审委员说得对，我的大脚真的不适合跳舞。"于是，贝琳达不跳舞了。她告诉自己："我放弃跳芭蕾舞吧。"既然不再跳舞，她就得找别的事做，可是，她除了跳舞，什么都不会。她找啊找，终于在费莱迪餐厅找到工作。

生：我发现贝琳达照的镜子朝下，反映出贝琳达开始认真思考自己的脚是否真的适合跳舞。

生：我发现贝琳达把跳芭蕾舞的裙子，还有舞鞋，放在一边，头也不回地走了。

生：她还换了一身灰色的衣服，好像要和舞蹈说再见了。

师：她自暴自弃了吗？

生：没有，大家仔细看，贝琳达挂舞蹈鞋的时候，还给它们打了个蝴蝶结，说明贝琳达心里不忍心抛弃芭蕾舞，还是惦记着跳舞的。

生：而且尽管换了灰色的衣服，但她还背了个粉色的包，穿了双粉红色的鞋，说明她心里还有梦想。（师板书：梦想）

生：我发现画面里有一张费莱迪餐厅的招聘广告，可能贝琳达会在这里找到工作。

生：在这张图的一角有一位厨师，我猜这位厨师可能会对她有一些帮助。

师：大胆地想象，在费莱迪餐厅，接下来会发生怎样的剧情？

生：贝琳达是在餐厅找到工作，餐厅里各种各样的人都有，没准她就找到了喜欢自己的人。

生：这张图的左侧，有一张海报，写着“室内乐团！即将登场！”，有乐队就有音乐，有了音乐贝琳达就能跳舞。

生：费莱迪餐厅的装饰有绿色、黄色和粉红色，都很鲜亮，特别是黄色，回头看刚才贝琳达跳舞的舞台就是黄色的，黄色可能代表着机会，贝琳达应该会在这里继续跳舞。（师板书：希望）

师：你们的话给了我一个启发：只要坚持，梦想就会在生命的拐角处与你相遇。

（生读故事）

餐厅里的客人喜欢她，因为她动作快，脚步轻巧灵活。费莱迪先生也喜欢她，因为她做事很认真。贝琳达喜欢费莱迪先生和餐厅里的客人，不过她还是忘不了跳舞。

（生接读故事）

有一天，有个乐团来餐厅表演，他们自称“费莱迪好友乐团”，在餐厅开门营业前，他们先练了一首轻快的曲子。贝琳达的脚尖忍不住一上一下地跟着打拍子。接着，他们开始演奏浪漫又抒情的乐曲，不知不觉中……贝琳达跳起舞来了！

生：我发现贝琳达生活中都离不开舞蹈，即使她在当服务员，她也看那些舞蹈杂志，她听见音乐就开始不自觉地跳舞。

生：贝琳达还在学习封面上的舞姿。

生：我发现当乐团演奏浪漫抒情的音乐时，贝琳达抓住机会就开始跳芭蕾舞，她把跳舞融入到自己的生活中、工作中。

生：她一直没有忘记跳舞，虽然之前把舞蹈鞋还有衣服收起来，但是她没有完全放弃，即便穿着服务员的工作服和工作鞋，也都是代表着梦想的粉色。（教师在黑板上贴上粉色的彩纸）

生：原来灰色的背景，变成了蓝色，而且越来越浅。蓝色代表忧郁，由深蓝变成浅蓝，表示她的心情越来越好。我感觉到了一种希望。（教师贴上渐变的蓝色的彩纸）

生：我觉得蓝色一定程度上也代表浪漫，她对芭蕾舞事业充满了希望，沉浸在甜蜜的梦幻中，她一直在笑。（师板书：浪漫）

生：我发现有一页的字是往上斜的，好像文字也为贝琳达高兴，好像连文字也想像贝琳达一样在空中跳舞。（掌声）

生：而且当贝琳达想跳舞的时候，什么都不能阻拦她，连餐巾和叉子都可以成为她跳舞时的道具。

生：我还发现贝琳达跳舞的时候，厨师弗莱迪先生的表情是惊讶的，把锅里的汤都烧煳了，表情也特别怪异。

师：怪异是因为不满意吗？

生：不，是惊喜。

（生接读故事）

这些音乐家每天到餐厅演奏，贝琳达每天趁客人还没上门，就随着他们的音乐跳舞。有一天，费莱迪先生问贝琳达愿不愿意跳给客人看。贝琳达微笑着回答："噢，当然好啊！"餐厅里的客人都很喜欢她的表演。他们高兴地去告诉他们的朋友，那些朋友第二天就来到费莱迪餐厅。他们也非常喜欢……他们又告诉其他朋友。很快地，每天都有很多人来费莱迪餐厅看贝琳达跳舞。

生：我发现这时贝琳达的衣服已经换回粉色的芭蕾舞装，因为这粉色不仅代表一种希望，也是温暖的象征。（板书：温暖）

生：贝琳达跳舞给餐厅带来了生机，原来餐厅里没什么人，但现在客人越来越多，她让餐厅的生意越来越好。

师：我们一起来看看这张大跨页，绘本里的大跨页往往呈现的是最重要的情节。

生：我发现那个厨师非常兴奋，汤都洒出来了，而且汤是粉色的，好像他的汤都想变成贝琳达跳舞一样。

生：有一个小女孩，拿着的娃娃很像贝琳达，估计贝琳达已经小有名气了。

生：这个小女孩也穿着粉色的衣服，她没准就是贝琳达的粉丝。

生：我发现图上有一个男人双手交叉在胸前，流下了眼泪，他都被贝琳达的演出感动了。

生：我发现乐团的人也在看着贝琳达，大家都被贝琳达的舞蹈吸引了。

师：但我可看到有两个人的眼睛没有看贝琳达哟……

生：这两个人不是不欣赏贝琳达，其中一个在和另一个人分享观看的感受。另外一个是服务员，他可能在高喊：各位顾客，都来看贝琳达跳舞啊！

生：连猫都开始趴在椅背上看贝琳达。那个猫的尾巴都翘起来了，说明猫也很享受。

师：同学们，查一查，这个画面里面出现了多少人，除了那只猫，除了那个小玩偶。

生：加上贝琳达一共 19 个人。

师：你看他们的表情相同吗？衣着相同吗？肤色一样吗？年龄相同吗？

生：我发现他们的表情都是微笑的。

生：但是这些人里，有白人，也有黑人；有西服革履的，也有穿着休闲服的；有老人，也有孩子。说明贝琳达的舞蹈吸引了所有的人。

生：总之，这些人都认为她跳得太好了，特别是人们看她的脚这么大还能跳这么好，都被她感动了。

生：我感觉以前评委跟她说的话类似于一个枷锁，把她捆住了。现在她找回了自己的生活，也找回了希望。

生：我觉得与其做一个所谓非常专业的演员而受到某一些人的评论，还不如在生活中用自己的艺术来感染大家。（掌声）

师：亲爱的同学们，谢谢你们，我也好感动，这背景的蓝色正如你们说的，这是怎样的浪漫、希望和温暖，所有的人都为她送上这样的祝福。（师接读故事）

大都会芭蕾舞团的指挥听说了这件事，他的朋友的朋友叫他一定要去看贝琳达跳舞。他去了。

师：想象朋友的朋友会怎么说呢。

生：你知道吗，我的朋友认识一个小女孩，虽然她的脚很大，但她很刻苦，舞跳得棒极了。

生：有一个热爱芭蕾舞的女孩，在餐厅里跳出的舞跟大剧院的舞台上的演员跳的一样，毫不逊色！

生：那个叫贝琳达的女孩，是个天生的舞蹈家，可是评委们否定了她。不过她依然不放弃！身为一个芭蕾舞团的指挥，如果你不去看她跳舞，你会遗憾终生的。

师：所以大都会的指挥就有了以下表现。（接读故事）

他很惊讶。他非常赞赏。他觉得好感动。

师：画家是这么画的，请你大胆的想象、创造，这位指挥还可能会怎样惊讶、赞赏和感动？

（小组合作表演指挥的表情。教师请学生上台，一位学生表演，另一位旁白。）

（一学生旁白，另一位学生分别表现出瞪大眼睛的惊讶，竖起大拇指的赞赏，两手不断抹眼泪的感动。）（掌声）

（一学生旁白，另一学生表现出“呆若木鸡”似的惊讶，“手舞足蹈”的赞赏，两只手交叉放胸前的感动状。）（掌声）

（一学生自己一边说一边表演：“我怎么没有见过这样一双大脚竟然能跳出这样的舞蹈？太令我惊讶了！朋友说她如此热爱舞蹈，真是百闻不如一见啊！我得请她来我们的舞蹈团，太令人感动了。大脚丫跳芭蕾的故事应该让所有人知道。嗯，就这么定了！”）（掌声热烈）

师：哇，你们的创造完全不逊于埃米·扬！

师：猜测后面的故事会怎样。

生：她加入了舞蹈团。

（生读故事）

“你一定要来大都会剧院表演！”他激动地说，“请你答应我！”贝琳达笑着回答：“噢，当然好啊！”餐厅里的客人都鼓掌欢呼起来。就这样，贝琳达到了大都会剧院，随着“费莱迪好友乐团”美妙的音乐翩翩起舞。她好喜欢跳舞！评审委员们大喊：“太精彩了！多么像燕子、鸽子、羚羊啊！”他们全神贯注地看她跳舞，完全没有注意到她的脚有多大。

生：灯光颜色也变成了粉色，说明贝琳达的梦想实现了。

生：我发现所有人都陶醉了。代表着希望和成功的黄色，又出现在了舞台上。（教师在黑板上贴上黄色彩纸，并板书：成功。）

生：原来批评她的三位评委也来了，他们也非常赞赏她的舞蹈。

生：这三个评委旁边还有一位家长带着一个小孩，那个小孩是不太高兴的表情，家长对着三位评委“嘘”了一下。这可能是在提醒他们不要太激动，小声一点。看来三位评委真被贝琳达打动了。

生：我发现评审委员和所有观众都被贝琳达的舞蹈吸引了，都没注意到她的脚有多大。

生：我发现厨师费莱迪先生也在观众席上。

生：我觉得这张大跨页，跟前面否定她的那页形成了一个对比。前面那几个评委都是在关注贝琳达的缺点，但此时却说贝琳达像燕子、鸽子、羚羊，这些都是身体很轻盈的动物，说明贝琳达完全是凭借舞姿征服了评委。

师：所以，瞧，好友乐团就这样吹奏起美妙的乐曲。（音乐响起，师朗读。）

贝琳达快乐极了，因为她可以跳舞，跳舞，一直跳舞。至于评审委员们说什么，她一点也不在乎了！

生：我发现有句名言形容贝琳达太恰当了，那就是，走自己的路，让别人说去吧。

生：“跳舞，跳舞，一直跳舞”，字也越来越大，我认为这不是在强调跳舞，而是强调她跳舞很快乐。（师板书：快乐）

生：我发现她后面这两个动作很像封面上贝琳达跳舞的动作，一般封面上呈现的都是书中最精彩的时刻。

生：贝琳达对评审委员和观众的赞扬完全不在乎了，因为她做的是自己喜欢的事情。

二、我还发现……

（一）简单的丰富

师：书从头至尾看完了，就这样走走停停，看看想想，在这个过程中，刚才同学们有几十处发现，几十人次发言。如果有足够的时间，同学们还会发现下去，也许这就是一本好书的魅力。关于这个《大脚丫跳芭蕾》的故事，简单吗？

生：简单。

师：真的简单吗？

生：我觉得简单又不简单。

师：怎么讲？

生：不简单是因为我们在看这本书的时候不停地发现，简单是因为它就是一个小故事。

生：简单是说表面上，它的内容一年级的小朋友也能够读懂，不简单是说内涵很丰富，高年级的同学读也很有收获。也许一般好书都是这样简单又不简单的。

生：我认为这本书是寓言体，短小精悍，内容简单，但含义却不简单。（师板书：简单）

师：是啊，要说简单，你却有那么多发现，要说丰富，它又是那么的简单。就刚才你们发现的细节，我挑一处，咱们再回头看看。（出示淋浴喷头的水滴，厨师勺子的汤汁，大指挥的泪滴，观众的泪滴，厨师的泪滴）不就一个点吗？画家画上去也太简单了。

生：我发现，几幅画上都有一个点，但含义可不一样。比如厨师汤勺里面的汤是粉色的点，刚才有人说过代表了希望。

生：就这个简单的点，我们能够看出书中的每一点都不简单，刚才同学们都谈到这些了。

师：所以我建议同学们再把书从头到尾浏览一遍，一点一点地再去发现，看看还有哪些不变的场景，不变的人，不变的语言。是画家图省事，图简单吗？

（学生分小组讨论）

1. 发现评委

生：我发现表演的场景不变，就是大剧院，包括其中几个评委也出现两次，同样的地方，但他们的表现完全不同。

生：开始的时候，他们表情很难看，前面有一个评委遮住自己的眼睛，有一个连连摆手，还有一个脸都绿了，都觉得贝琳达的脚惨不忍睹。

（生分角色表演朗读）

天啊！你的脚大得像条船！
简直和海豹的鳍没两样！
回去吧。你那一双脚，永远跳不好！

师：可到最后——

生：欢呼雀跃。

生：赞不绝口。

（生朗读）

太精彩了！多么像燕子、鸽子、羚羊啊！

师：评委错了吗？

生：一开始评委错了，他们没有看到贝琳达的舞蹈就妄下断言，根本不知道贝琳达付出了什么样的努力。

生：评委一开始没有看到贝琳达好的地方，只看到她的缺点，但是他们最后改正了，所以他们其实没有太大的错误。

生：生活中有很多像评委这样的人，看到别人的缺点就使劲挖掘，特别苛刻，看不到别人的优点。

师：同学们，生活当中也可能会遇到这样苛刻的人，但是当我们足够优秀的时候，总能打动他们。

2. 发现厨师

生：我们组发现厨师一直在贝琳达身边。每次出现，他大多都是笑呵呵的。（师出示一系列书中出现的相关画面）

生：大家看，当贝琳达首次跳舞的时候，他很惊讶，也因为他没有想到一个很普通的服务员具有这样的能力。

生：在大都会剧院看贝琳达跳舞的时候，他紧紧地抓着自己的厨师帽，看来也是被贝琳达感动了。

生：费莱迪先生的形象总是憨厚、善良的，没有变，但他的心情随着贝琳达而改变。说不定他也是爱好音乐的人，可是他没有实现音乐梦想，看到贝琳达成功，他仿佛实现了自己的梦想。

师：你们小组让我们有一个大的发现，大故事里面还藏着小故事。小人物也有爱好，也有梦想，谁说不是呢！

生：我听说过这样一句话：当不了英雄，就当一个路边默默鼓掌的人。

师：也许未来你们会成为明星，也会成为英雄，但总有一些人在默默地陪伴着你们，鼓励着你们。

生：所以同学们的生命中如果能够遇到这样的一个人，要懂得去珍惜。（热烈鼓掌）

3. 发现贝琳达

生：我们组发现贝琳达的发型是没变的，不管是她跳芭蕾舞的时候还是放弃的时候，我觉得她的发型都代表着她没有放弃芭蕾舞。（师出示一组贝琳达的各种舞姿）

生：我们发现贝琳达的舞蹈服始终是不变的，都是粉色的那套。

生：我们发现整本书里，贝琳达说了两句一样的话，就是费莱迪先生问贝琳达想不想为客人跳舞，贝琳达回答“噢，当然好！”之后大都会剧院的大指挥问，她也说“噢，当然好！”

师：作家为什么用相同的表达？难道重复？

生：因为她想表达的是贝琳达就是想跳舞，她不在乎舞台是大还是小，不在乎别人怎么看她，也不在乎是普通的观众还是高层次的观众。

师：不变的还是——

生：贝琳达对舞蹈的热爱。

生：不论职位高低，地位高低，不论什么高级地点或简陋之处，只要给舞台我就要跳。（掌声）

师：原来这样简单的话语里藏着这样丰富的内容，对于贝琳达来讲，梦想在，舞台就在。这样让我想起读图画书的时候，我们不仅关注插画，也要关注文字。（板书：丰富）

师：原来，文字和图画的关系就好像是——

生：朋友，很亲密。

生：亲人，分不开。

师：有人说，绘本是文字与图画在跳双人探戈，互为补充，互为成全。

（二）丰富的深刻

生：我也有一些发现，对比着看封面和封底，画面是一样的，我发现了贝琳达的变化，她更加阳光、更加自信了。

师：贝琳达从在乎到不在乎，是谁或者什么改变了她？（生分小组讨论）

生：我觉得厨师给了她机会和平台。

生：我感觉费莱迪乐团也是很重要的，如果没有费莱迪乐团的话，她就不可能再跳舞了。

生：还有费莱迪餐厅的顾客，这些顾客给贝琳达以鼓励。

生：指挥家也给了她很大的帮助，相当于贝琳达的伯乐。

生：这些人虽然都很重要，我感觉最重要的还是她自己，她自己改变了自己，她变自信了，就不在乎别人说的话了。

师：这种不在乎，是针对评委的态度吗？

生：是一种无论今后遇到类似评委这样的打击或各种困难，都宠辱不惊地不在乎。（热烈鼓掌）

生：如果在现实生活中，书中的贝琳达应该是代表什么人？厨师应该是什么人？那些乐团的指挥应该是什么人？那些评委是什么人？我们需要解决什么呢？

生：其实就是生活中的贵人，敌人，自己，等等。

生：比如说厨师和大指挥，都是贵人。评委吧，就像敌人，也像一面镜子，照出了她的缺点，逼迫她，让她努力。

生：再说贝琳达，贝琳达到底是谁？也许就是我们自己。

师：每一个人都可以在书中找到现实，发现你我。生活当中，你可能会遇上厨师、指挥这样的贵人，他好比你头上的太阳引导你前行，你要珍惜他。当然还有背后的逼迫力量，好比匕首，却催你前行！回想上课伊始，有同学质疑：为什么非得写大脚丫跳芭蕾？大脚丫代表着什么？那么，现在你怎么看？

生：贝琳达也不是完美的，她有一双大脚丫，但就是这双大脚丫促使她变完美，促使她进步。

生：我觉得大脚丫就像人生中的绊脚石，生命中总要经受这些痛苦、磨难、失望。

师：你看起来有点悲观哟，不过我们换一个角度，这样的绊脚石，有时候恰恰能变成……

生：绊脚石有时候也是垫脚石，人没有完美的，你不用管自己的短处，把长处发挥好，就没人在乎你的短处了，甚至这些短处反而让别人能够更好地记住你。大家都知道马云吧，他的形象实在有点特别，但当他的网站取得巨大成功的时候，他的脸却成了一个金字招牌。

师：把缺点转化成你的——

生：特点。

师：把特点再转化成你人生的——

生：优点。

师：（手指板书，与生接读）当你把大脚丫看作绊脚石的时候，生命中就缺少了——梦想；没有了梦想就没有了——快乐；没有了快乐也就不会有——成长。但当你把大脚丫看作是垫脚石的时候，成长在，快乐就在；只要快乐在，梦想就在；只要梦想在，希望就在。（将板书生成的语词进行编织，连成一段话。）

师：所以这不就是——

生：人生吗？（爆发热烈掌声）

师：通过你们的发现，我们真正体会到这样的一个大脚丫带给我们丰富理解当中的深刻。课上到这儿，这本书究竟讲的是一个关于什么的故事呢？和你刚开始的预测有怎样的不同？（板书：深刻）

生：我认为这是一个励志的故事。

生：这是一个关于人生的故事。

生：这是一个关于成长的故事。（师板书：成长）

生：这是一个关于克服困难的故事。

生：这是一个关于把缺点转化成优点的故事。

生：这是一个关于梦想的故事。

生：我觉得这是一个关于人生磨难的故事。

三、我还要发现……

师：掌声为自己响起来。课上完了，发现就这样结束了？

生：我觉得发现就是永无止境的。

师：所以我建议，关于贝琳达的前传和后传，同学们可以继续阅读大脚丫系列的另外三本书。（PPT 出示：《大脚丫学芭蕾》《大脚丫游巴黎》《大脚丫和玻璃鞋》）你会对贝琳达有更丰富的认识。其实在这书后面还躲着一个人。

生：作者埃米·扬。

师：你还有新发现？

生：我猜想她可能也和大脚丫一样，是一个经常被别人排斥，但是不气馁，最终实现梦想的人。

师：她今天就在现场，你们知道吗？

生：啊？

师：来，亲爱的同学们，埃米·扬女士就在这里。想要在交流中有新发现吗？快来向埃米·扬女士提提问题吧。

生：（用英文）尊敬的埃米·扬女士，我想问您一个问题：为什么您要写这本书？（掌声）

埃米·扬：（英文）我不会跳芭蕾，但我和贝琳达一样有自己热爱的东西，也有自己不完美的地方，所以我就创作了这本书，其实这就是我自己的故事。

生：我想问您一个问题：您是否喜欢我们的课堂？

埃米·扬：（英文）当然喜欢，你们的课堂非常卓越，我几乎没有再发言的必要了，刚才窦校长已经讲得非常完美了。（掌声）

师：就像埃米·扬女士刚才说的，贝琳达的故事就是她自己的故事。其实，所有的故事都是同一个故事，所有的故事都曾经发生过，所有的故事都是你我的故事。生命中有看得见的大脚丫，还有看不见的大脚丫，关键还是我们以怎样的心态来面对。感谢埃米·扬带给我们如此简单而又丰富、丰富而又深刻的感动，就请我们同学选一个书中你最喜欢的贝琳达的舞姿，向作者致敬吧。

（课件再次呈现书中贝琳达的所有芭蕾舞姿势，学生做各种贝琳达的舞蹈动作，谢幕。）

板书设计

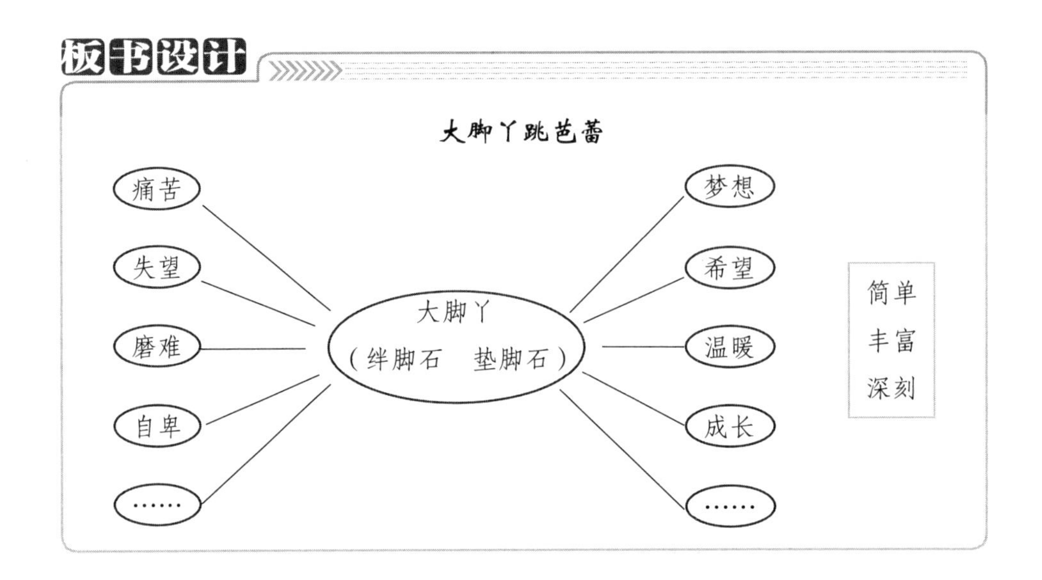

点评

从《大脚丫跳芭蕾》管窥窦桂梅教育思想

窦桂梅老师是小学语文教育界，乃至小学教育界一朵盛开的玫瑰花。她的主题教育思想，以语文立人为导向，主题统整课程资源，将语言的理解与运用作为重要的载体，促进儿童思维、精神的发展，最终提升儿童语文素养和塑造核心价值观。主题教育思想，指向儿童完整的人的发展，在促进语言生长的同时，实现文化的积淀与价值的引领。

2014 年 5 月 29 日，在清华附小举办的首届北京国际儿童阅读论坛上，窦桂梅老师执教《大脚丫跳芭蕾》绘本阅读课。课堂以主问题贯穿，学生自动发现与质疑，在动态生成中，实现多元主题的解读与体悟。这一堂自然生态的课堂样态，既是窦老师在教育教学上的又一次超越，也是对主题教育思想的鲜活诠释。

主题贯穿，课堂结构发生质的改变

课堂伊始，窦老师便以“这是一个关于什么的故事”的问题打开学生对于绘本的思考之门，整堂课也以“我发现”来推进学生的学习。课堂完整打破以往的“初读感知—质疑提问—合作研究”的课堂结构，而是尊重学生的阅读心理与期待，老师与学生一起一页一页地阅读一本图画书，就是在这样的走走停停中，在学生不断地发现、分享、交流中，课堂俨然呈现了文本、学生、教师多元互动的学习样态。学生的发现就是课堂推进的导火索，师生、生生思维的碰撞就是课堂高潮的火花。

表1　自然生态课堂:《大脚丫跳芭蕾》发现维度

图画维度	内　容	次　数	比　例
细节	细微之处	39	48%
造型	形状、衣着、姿态……	15	18%
构图	位置、动线、视角、运镜、比例 特殊构图……	11	14%
颜色	色相、明度、彩度……	16	20%

学生在初步接触文本的情况下，教师为学生提供充分的发现空间与思考时间，学生对图画分析的基本角度掌握得比较充分，能够抓住基础的造型、构图、颜色、细节等进行发言，挖掘得比较深入；能够充分体会色彩所表征的情感，抓住人物表情等细节推测情节发展、人物内心等，从而为二度创作，将想象力与创造力相结合，创生课堂内容奠定了基础。生态心理学认为人的现实行为和自然发生的心理过程，是在环境和人的动态交互过程中实现的。在自然生态课堂中，教师、学生、环境之间是交互作用的，是在真实的课堂教学中进行的行为。而自然生态的环境中，绘本又作为重要的"物理"情境，为教师、学生提供自由发现与想象的空间。

发现儿童，课堂学习真正地发生

苏霍姆林斯基说，儿童就其天性来讲，是富有探求精神的探索者，是世界的发现者。窦桂梅老师也认为，儿童是天生的哲学家，儿童是天生的思想家。成尚荣先生郑重地指出，儿童问题是教育世界中最为基础和最为核心的问题。而课堂教学是儿童教育的重要场所之一，每一天儿童的学习也就是在这一节一节的课堂中发生。可在什么样的课堂里，学习才能真正发生呢？可能这个问题没有简单的答案。不过，其中有一点是肯定的，那就是教师要有一颗发现儿童的心，由心指引你的一双期待的眼睛碰撞到一双渴望的眼睛。教师应学会等待。90分钟的课堂，窦老师的话语量仅占三分之一，其余三分之二的时间，学生在思考、分享、交流。

其中，学生发言 40 多分钟，围绕绘本的图文多角度发现，深入探索主题，激发想象，相互启发，相互碰撞，发言积极热烈，课堂气氛活泼。

注：课堂学生举手率＝学生举手人数 / 学生总人数

图 1　课堂学生的发言面貌

每隔 10 分钟选取统计节点统计，35 分钟以后，学生举手率保持在 80% 以上，特别是在教学内容后半段，学生讨论依旧热情高涨，发言积极。整堂课中，学生举手率超过 50% 的时间点约 23 个，超过 20 秒的个人单次发言共 41 次。

其中，20 分钟处于举手低谷，教师发现儿童的发现聚焦在主人公的心情变化上，随即让学生针对主人公的心情进行创造性的想象，一部分学生以绘画的形式再度创造，一部分学生用语言表达自己的想象，一部分学生以配乐的方式理解人物的情绪，一部分学生静静地想象……每个学生都在这一刻，以自己独特的体验和感受，将发现的主人公的心情变化，转化为自己内心的情绪。教师借此又寻找与主人公有相似经历的学生分享自己的故事，再一次地走进了儿童的内心世界。通过与文本的对话，让儿童的学习真正地发生，让儿童结合自己的生活经历，学习文本的生命意义。

价值引领，课堂教学成为教育的花园

赫尔巴特曾说，既没有“无教学的教育”，也没有“无教育的教学”。教学的目的是育人，窦老师的教学，是在大的语文教育观思想下的课堂教学，这个思想就是“立人”。窦老师说，她是教语文的，她是教人学语文的，她是用语文教人的。《大脚丫跳芭蕾》在师生的交流与分享中，实现了由价值澄清走向价值引领的过程。

在“我发现”的课堂逻辑中，教师不断地与每一位学生对接，学生根据自己的生活体验，可能会出现这样或那样的对主题的解读。怎样面对自己的缺点，是逃避，还是自卑？怎样面对别人的嘲笑，是低头，还是报复？怎样面对追求理想路上的失败，是放弃，还是鼓起勇气？当然，也会有对生活的热爱，有对梦想的执着追求，更有对自我成长的肯定与自信。

无论是哪一种主题的解读与感受，都是学生真实的、自然的认知，教师要做的就是怎样去澄清，怎样去激励。窦老师教给学生，人的成功的道路上，总会遇到一些关键的人和事，既有头上的像太阳一样照耀你的光辉，又有背后的像匕首一样刺向你的苦痛，而恰恰是这些不同的因子构成了你人生的真实的全部，这就是生活，这就是人生。于是学生由文本层面想到生活层面，又进一步升华到了哲学层面。学生说，梦想是注定孤独的旅程，路上少不了质疑和嘲笑，但那又怎样，一定要活得漂亮；要从困惑中找到自己，找到自信。学生又说，大脚丫象征着人的缺点，你不用管自己的短处，应该把缺点转化为特点，把特点再转化为人生的优点……这样的思考，这样的精神升华，才是课堂教学要追求的一种品质。窦老师的课堂，俨然已经是教育的一座花园。

表2　学生多元的主题挖掘

维　度	对主题的解读	对主题的感受	对主题的评论
频次	98次	15次	11次
主要关键词	缺点、困难、梦想、自信、希望、帮助、成长、热爱、机会、投入、坚持、成功……	浪漫、温暖、快乐、明快、活力、喜悦、忧伤、悲哀……	简单、深刻、丰富、类似寓言、简单又不简单……

精彩的开幕总期待完美地落下帷幕。而此刻激荡在内心的澎湃之情显然是意犹未尽。窦老师一直是一位“不安分”的教育者，她从教近30年，一直在革新自己，超越自己，无论是探索新的课堂教学模式，还是尝试新的课堂结构模式，她的一个初衷始终没有改变，那就是寻找语文对于儿童的教育意义！而这个问题，她是用一个30年的课堂教学，甚至是下一个30年的课堂教学实践来试图回答。只有走路，才能发出声音。

且放下按捺不住的心绪，我们期待下一次窦老师的课堂给我们新的思想力量和精神盛宴吧。

（清华大学附属小学　林长山）

辑四

主题实践活动

回到事情本身

——读悟演《皇帝的新装》

主题：回到事情本身

步骤：理解迷失；

领悟迷失；

表现迷失。

预学：带着问题与准备来到课堂

师：同学们曾经学过安徒生的常人体童话《卖火柴的小女孩》，今天我们一起走进他的另一篇常人体童话，题目叫——

生：（齐读课题）皇帝的新装。

师：学习语文的途径，除了阅读，还可以比较、讨论、表演、研究，今天，我们的主题实践活动，就用多种方式来研究研究这则著名的常人体童话。作为高年级同学，大家已经有了良好的预学习惯，打开预学单，小组内交流一下你们组最大的收获和疑问是什么，开始。

（学生结合预学单，进行小组交流。）

生：我们组通过阅读知道了全文是按照“爱新装—做新装—看新装—穿新装—展新装—揭新装”的顺序来写的，表现了国王和大臣的虚伪。

师：你们不仅概括了主要内容，而且还列了小标题，真好。

生：我们组觉得《皇帝的新装》这个故事写得特别好，作者比较注重故事的完整性，而且“皇帝的新装”是全文的线索，文章中所有的人物故事都是围绕它展开的。

师：你们从写法的角度，有了自己的发现。

生：我们组的收获就是皇帝因为好面子，所以才信了骗子们的话，为了讨好皇帝，大臣也说了假话，最后才有了如此尴尬的局面。我们的问题是，为什么大家不敢说出皇帝没有穿衣服，而小孩敢？

生：我们组通过阅读发现皇帝和大臣都是虚伪的人，为了怕别人说自己愚蠢，或不称职，都说自己看得到衣服。我顺便回答一下刚才那个小组的问题，文中正是利用了皇帝的这种要面子的性格，突出了小孩的诚实和天真。我们组的问题是，皇帝知道自己没穿衣服为什么还要继续走下去？

生：我们的收获和前面小组一致，这里就不重复了。我们组的第一个问题是，为什么所有的人都没有看到皇帝的衣服，但他们却说看到了，并且表扬它有多么美丽？第二个问题就是，课文第一段写皇帝特别喜爱新装的目的是什么？

师：这个小组善于倾听，真好。

生：我的问题是，在这篇课文里面重复出现了三次“多么美的花纹！多么美的色彩！”请问这个在本文中有什么作用？会不会显得啰嗦？

师：同学们以小组为单位，针对主要内容、写作方法、人物、主题等多个层面进行了深入的思考。真好。

生：（使劲举手）老师，老师，我要补充一下，我认为，文章里的骗子特别聪明，他们的这个计谋让所有人都上当了，结果自己发财了。

师：骗子的计谋，是帮人的，还是害人的？

生：反正他们把钱挣到手了，这不就是聪明吗？

师：你可以保留你的看法，看看到我们今天的学习结束的时候，你是否还这样想，行吗？

（陆续请学生上黑板，将本小组体会到的主题的关键词，分褒义词和贬义词两组，板书在黑板上，如：诚实、天真；好面子、虚伪等。）

共学：超学科整合中合作实践释疑

（一）理解迷失

师：提出问题，是深入研究的基础。我发现你们的质疑大多指向文中出现的人物，这恰恰抓住了“常人体童话”质疑的基本方法。那么，究竟是什么东西让皇帝、大臣这些大人们都迷失了？

生：就是那件皇帝的新装。

师：这是一件怎样的新装？童话里是怎样描述的？让我们走进课文中。

生：这种布不仅色彩和图案都分外美观，而且缝出来的衣服还有一种奇怪的特性：任何不称职的或者愚蠢得不可救药的人，都看不见这衣服。

师：这件衣服对谁有杀伤力？请“紧扣文本”寻找答案。（板书：紧扣文本）

生：对任何人都有杀伤力。因为“不称职的或愚蠢得不可救药的人，都看不见这衣服”。你想啊，谁都不想被别人看作愚蠢或不称职的人。

生：而且有人说你愚蠢这还不算完，还要说你“愚蠢得不可救药”，那谁能受得了？

生：那两个骗子，就抓住了人们的心理，利用了人性的弱点来诈骗。

师：是的，骗子真会炒作概念，也的确抓住了人性的弱点进行诈骗。

师：但这样的骗术，换个国家能行得通吗？

生：不行，因为那件所谓的衣服还有个特点，那就是色彩和图案分外美观，这正合了这个国家国王的胃口，如果国王不那么迷恋新衣服，骗子也不可能行骗成功。

师：还记得刚才有个同学质疑课文第一段写皇帝特别喜爱新装的目的是什么，现在明白了？

生：是铺垫。先交代这个皇帝爱新装，然后才有上了骗子的当的可能。

师：请紧扣文本，注意这句话里还有一个词“任何”。在课文里指谁？

生：皇帝，大臣，还有老百姓。

生：对这些人而言，如果他们说自己看不见这件衣服，就意味着他们不称职，还意味着很愚蠢，而且不称职和愚蠢得不可救药。

师：然而，这件衣服真的对“任何人”都有杀伤力吗？

生：不是，文章中那个小孩子就没管那套。

师：何以见得？紧扣文本说话。

生：“可是他什么衣服也没穿呀！”一个小孩子最后叫了出来。

师：小孩子说的这句话，跟称职不称职有关吗？

生：（异口同声）没有！

师：跟愚蠢不愚蠢有关吗？

生：（异口同声）没有！

师：那跟什么有关？

生：我认为跟他的单纯有关。小孩子嘛，什么也不顾忌。（生板书：单纯）

生：我觉得跟这个小孩子敢于说真话有关，他敢于说出自己的想法。

生：与这个小孩没有任何虚荣心，一点儿也不虚伪有关。他看到这个事情是什么样，就说什么样。

师：是啊，小孩子看到事情本身是什么样，他就怎么说。

生：也就是说小男孩看到皇帝没穿衣服，他就说：“可是他什么衣服也没穿呀！”

师：按说，事情本身什么样，就照实说呗，这有什么难的？但为什么大人们却迷失在这件新装里，像刚才那么多同学质疑的那样，不敢面对这个事实呢？

（学生沉默）

师：就让我们带着这个问题进入“共学”阶段。小组内可以选择一个角色——或皇帝或大臣或百姓，来研究他们迷失的原因究竟是什么。友情建议，一定要紧扣文本，同时可以整合各种资源、利用各种工具，比如联系你们以前的阅读、联系其他学科学习到的知识、利用手中的 iPad 查找资料等等，总之，要让你们的大脑伴随着实践活动一起动起来。把你们小组讨论的收获，记录在共学单上，现在开始。（板书：整合资源）

（学生小组交流讨论的时候，教师用 iPad 拍照，记录学生讨论时的场景，以及共学单上的笔记。）

（二）领悟迷失

1. 聚焦大臣

生：我们小组讨论的是大臣。（教师用 iPad 展示该小组讨论时的画面）请大家看第 10 自然段：“‘我的老天爷！’他想，‘难道我是愚蠢的吗？我从来没有怀疑过自己。这一点决不能让任何人知道。难道我是不称职的吗？不成！我决不能让人知道我看不见布料。’”老大臣明明什么都没有看到，然而他说看到了美丽的布，他怕自己显得不称职或很愚蠢，说白了，就太爱面子了。

师：他们小组的发言紧扣文本，还有补充吗？

生：在文中的第 17 自然段，皇帝又派了另外一个官员察看这块布料，结果这个诚实的官员也犯了同样的错误。“‘我并不愚蠢呀！’这位官员想，‘这大概是我不配有现在这样好的官职吧。这也真够滑稽，但是我决不能让人看出来。’”我想，他迷失的原因，有可能是怕一旦说出真相，自己的前途就彻底断送了。还有一种可能就是，没准真是被骗子的话骗住了，不相信自己。

生：我还想补充一下，后来文章中还出现了好多大臣，他们不仅不敢承认自己看不见衣服，还给皇帝出馊主意，让皇帝去游街，搞得皇帝最后骑虎难下了。

师：所以，你说这些大臣中，谁是第一责任人？

生：我认为第一责任人是那个老大臣，如果他能第一时间发现问题，根本就不会发生后面的事，那个词叫什么来着？

师：始作俑者。

生：第二个也有责任，人都说事不过三，他进一步把存在这么一件衣服的事落实了。

生：后边那伙推波助澜的大臣更坏。

生：看来，所有的大臣都有责任。

师：作为朝中的大臣，掌管国家大权，按说最应当诚实，看到什么就说什么，但他们都因为面子和权力迷失了，你说这皇帝有这样一伙大臣他也挺……

生：可怜。

师：这也许就是所谓的可怜之人，必有可恨之处吧。继续聊。

2. 聚焦百姓

生：我们组研究的是老百姓，我们觉得老百姓迷失的原因，是太在乎名誉了，怕万一说露馅了，邻居说自己太愚蠢。

生：而且皇帝大臣都说新衣服好，老百姓如果反对，没准得被拉出去砍头，他们只能迎合。

生：弄不好，有的老百姓连想都没想，听别人怎么说，自己也怎么说。

师：用一个成语形容叫——

生：人云亦云。（生板书：人云亦云）

生：随波逐流。（生板书：随波逐流）

师：所以老百姓也不容易，有时候沉默的大多数也会成为事件的帮凶，这也提醒我们在未来的生活中要多加注意。好，继续聊。

3. 聚焦皇帝

（1）皇帝爱新装。

生：我们组研究的是皇帝，我们觉得，皇帝会招来骗子是因为他太爱衣服了。

师：读读。（生读课文第 1 自然段）

师：皇帝爱美错了吗？

生：没错。

师：但爱到这个程度，错了吗？

生：错了。爱美，爱到什么也不管了，连国家大事都不关心了。这简直就是走火入魔，像得了强迫症一样。（大笑）

生：这样的皇帝太爱慕虚荣了，这个国家有这样的国王，可太危险了。（生板书：爱慕虚荣）

师：所以，刚才有个小组质疑：开篇为什么写皇帝爱新装？现在，你们能回答了吧？

生：给骗子留下了可乘之机，为下文作铺垫。

师：掌声为你们响起。的确，爱美没错，窦老师也爱漂亮，一个男皇帝爱打扮还显得挺可爱的，但是如果把爱好变成嗜好，甚至癖好的话，你就会发现，这叫——

生：不务正业。

（2）皇帝爱权力。

生：我们组也想谈谈皇帝，我们还觉得这个皇帝的心理很阴暗。请大家看第 3 自然段："'那真是理想的衣服！'皇帝心里想，'我穿了这样的衣服，就可以看出在我的王国里哪些人不称职；我就可以辨别出哪些是聪明人，哪些是傻子。是的，我要叫他们马上为我织出这样的布来。'"

师：皇帝要考验大臣错了吗？

生：没错。

师：皇帝这样考验大臣错了吗？

生：那他一定是错了。按理说，谁好谁不好，应当看工作当中表现出来的才能，哪能靠衣服检测呢？

生：这个皇帝，太昏庸了，治理不好国家，不去反思自己的问题，却想用这样的方式，维护自己的权力，真是自作聪明。

师：权力多么可怕，把你的思考写在黑板上。（生板书：爱权力）

师：同学们，皇帝这样的想法，能让别人听见吗？

生：肯定是不能的。

师：这个自作聪明的皇帝的自言自语，该怎么读？

（学生再读，声音很小，半捂着嘴，偷偷摸摸，仿佛怕人知道一样。）

师：掌声给他。谢谢同学们的发现，继续聊。

（3）皇帝爱面子。

生：还有第 21 自然段："'这是怎么一回事呢？'皇帝心里想，'我什么也没有看见！这可骇人听闻了。难道我是一个愚蠢的人吗？难道我不够资格当皇帝吗？这可是最可怕的事情。’‘哎呀，真是美极了！’皇帝说，‘我十分满意！’”皇帝是国家最高的首领，所有人都要听他的话，如果别人发现他不称职，当不了皇帝，民众就会让他下台，皇帝为了自己的权力和面子，就不能承认自己看不见。

师：注意，里面有两个反问句，你读读。

生：难道我是一个愚蠢的人吗？难道我不够资格当皇帝吗？

师：两个“难道”反问自己，你觉得皇帝是什么心情？

生：心惊胆颤。

生：毛骨悚然。

师：你刚才的朗读我怎么没听出来。

生：(再读)我什么也没有看见！这可骇人听闻了。难道我是一个愚蠢的人吗？难道我不够资格当皇帝吗？这可是最可怕的事情。

师：皇帝怀疑自己，错了吗？

生：没错。

师：皇帝发现自己的所见和两个大臣不一样，怀疑自己，这是人之常情。如果此刻的皇帝，真的看见什么就说什么，尊重这个事情的本身的话，他也许会转过身来，对大臣们说什么？会对骗子说什么？

生：他可能对大臣们说：我没有看见这件衣服呀，难道你们看见了吗？

师：这个皇帝还征求大臣的意见呢？也太缺少魄力了。

生：如果是我，我就说：明明什么也没有，你们这些大臣，竟然敢跟我说假话，当我是吃干饭的吗？拉出去，各打20大板。

生：我还会对骗子们说：你们胆敢欺骗我，还跟我要生丝和黄金，我要用王法处置你们。

师：掌声送给他们，然而我们的皇帝却这样说——

生：“哎呀，真是美极了！”“我十分满意！”

师：皇帝这回错了吗？

生：皇帝这回可真是错了，因为他口是心非，他明明没有看见，还在那里赞美，这可真是口是心非了。(生板书：口是心非)

师：谢谢亲爱的同学们，这是一个世界经典翻译文本。英文中，这句话是怎样写的？读读。(出示课件)

生：（朗读）“Oh! The cloth is charming.” said he aloud, “It has my complete approbation.”

师：这里的感叹词“Oh”，翻译成中文就是——

生：啊！

生：嗯！

生：哎呀！

师：翻译家叶君健先生就译作“哎呀”，我们汉语有四个声调。于是，朗读这个“哎呀”的时候，你就可以加入自己的创造。

（生读，“哎”分别为一声、二声、三声、四声。）

师：你还可以适当夸张，加入自己的创造。

生：哎呀妈呀，这衣服太带劲了，太招人稀罕了，我十分满意。（用东北味的语言朗读）

师：这是个有东北口音的皇帝。（生大笑）

师：亲爱的同学们，想怎么读就怎么读，大家一起来。

（学生再读）

师：同学们，遇到这样的翻译文本，像刚才一样，用比较阅读的方式，也许你们会发现，里面藏着特别有趣的丰富的内容，不信还看这句话——“said he aloud”，意思是什么？

生：大声说。

师：中文译为“说”，表示可以——

生：大声说。

生：小声说。

师：还可以——

生：正常地说。

师：那我们就送到这个语境里面去，看看我们的皇帝是怎样的口是心非。

（学生读，心理活动小声读，语言大声读。）

师：心里惴惴不安，表面却故作镇定。

（学生读，心理活动大声读，语言小声读。）

师：内心波澜起伏，让他的语言也不那么自信了。

（学生读，声音大小不变，但语言中加入颤音。）

师：这个皇帝，被这事吓得话都不会说了。所以，如果说皇帝爱美爱到偏执，显得可笑，大臣们骗皇帝，显得皇帝可怜，那么此时此刻皇帝就显得——

生：可恨。

生：最可恨的是，皇帝并没有就此打住。接下来，还给骗子发勋章，还去举行游行大典，就想不断显示自己看得见新装，这就是一个谎言，往往要用一个又一个的谎言去掩盖。（听课者热烈鼓掌）

4. 聚焦闹剧的高潮

师：刚才同学们的研究活动中，运用了讨论、朗读、中英文比较、联系上下文等多种实践方式。那文章的最后一个自然段，作为故事的高潮，我们该用什么方式表现最好？

生：朗读。

生：表演。

生：排成课本剧。

师：那就听大家的，各小组可以加入自己的创造，融入朗读，试着合作表演这段。当然，在实践的过程中，工具的使用必不可少。大家打开 iPad 中的 Explain Everything 这个软件，从提供的三幅世界名画和三首世界名曲中，选择你们小组认为恰当的，作为表演背景。老师友情提示，大家可要分工明确，各司其职呀。

（各小组运用 iPad，选择背景音乐、背景图片，4 名组员，分别当技术员、旁白、皇帝、大臣，然后开始练习表演。）

师：好，表演马上开始，咱找一个同学扮演小孩，没上台的同学都当百姓，怎么样？上台的小组可以尽情地表现和体验，哪个小组来？（请一个小组上台）

师：我们来一个垫场。（拍桌子表示表演开始）

生：（扮小孩）可是他什么衣服也没穿呀！

生：（全体）他实在没穿什么衣服呀！

生：（旁白）最后所有的百姓都说。皇帝有点儿发抖，因为他觉得百姓们所讲的话似乎是真的。不过他心里却这样想……

生：（扮皇帝）我必须把这游行大典举行完毕。

生：（旁白）因此他摆出一副更骄傲的神气。他的内臣们跟在他后面走，手中托着一条并不存在的后裙。

（扮演大臣的孩子，半跪着表演大臣托着一条并不存在的后裙的情景。没有上台的同学，把自己当成在场的百姓，有的站起来，有的在嘲笑。表演过程中，笑声不断。）

师：掌声送给他们。技术员，请你讲讲为什么选择这样的背景。

生：我们选的是一段滑稽的音乐和一幅喜庆的图片，它们组合在一起，正符合当时皇帝的心情。

师：掌声给他们。扮演大臣的同学，我想提个友情小建议，你想表现拖着后裙，太卑躬屈膝了，下次可以动点小脑筋表现得更精彩。我想采访一下皇帝。（问扮演皇帝的学生）皇帝，小孩说你什么也没穿，百姓们也对你指指戳戳，你为什么还要游行，甚至还要表现出一副骄傲的样子？

生：因为当时场面非常隆重，我如果半途而废了，不仅丢人，搞不好皇位都没了。所以，我就得表现得好像就我能看见衣服，别人都看不见那样，这才能显得我特别有尊严，能当好这个皇帝。

师：终于理解了他心里所想。掌声送给他们。咱们继续找一组。

（请上另一个小组，表演中，演皇帝的同学，一开始哆哆嗦嗦，表现出冷的样子。接下来，听了百姓的话，开始发抖。到说完自己的心理活动，开始昂首挺胸。）

生：（扮皇帝）我必须把这游行大典举行完毕，否则我誓不为人。（说罢，用力一挥手，增加语势。）

师：掌声响起，他们加上了自己的动作和想象，真好。先来采访技术员，你们为什么这样表现？

生：我们选了一幅凄凉的画面，我们觉得这个皇帝不务正业，他的国家也好不到哪儿去。我们选的这个曲子我听过，是莫扎特的《安魂曲》，也很悲催，你想全国上下一起看皇帝出丑，这不是一出悲剧吗？

师：之前是不是有同学提问，为什么百姓、大臣都不敢说出真相？我就来问问大臣。（问扮大臣的学生）大臣啊，你看见你的皇帝，在众人面前裸奔，你什么心情啊？

生：我觉得这个行为实在是非常荒诞可笑，但是心里也挺不是滋味的。不过，如果我不这样去迎合皇帝，我的官职会丢掉，更坏的情况是脑袋都保不住，所以我只好托着那不存在的后裙，好像真有一样。

师：所以，如果说这件新装是一个照妖镜，那照出的就是——

生：皇帝、大臣们的不称职和愚蠢。

师：而且还不称职和愚蠢得——

生：不可救药。

师：可以想象，这样的国家未来的命运是——

生：民不聊生。

生：亡国灭种。

师：所以，刚才有个同学说，骗子聪明，现在再请你分析分析，骗子造成这样的后果，那叫聪明吗？

生：（说骗子聪明的学生）应该说是狡猾。

生：诡计多端。

师：事情本身该什么样，就是什么样。所有人都实事求是，按理没有什么难的，可是当真相涉及个人利益时，我们却发现一切都变得复杂了。

（三）表现迷失

师：亲爱的同学们，都说学以致用，由今天的研究引申开去，链接现实生活，或者历史，有没有类似于《皇帝的新装》这样的事情呢？（板书：链接生活）

生：我在看历史书的时候，读到了一篇赵高指鹿为马的故事，赵高牵着一头鹿说这是一匹千里马，大家为了迎合赵高都说是千里马。很多时候，人们会在迫不得已的情况下说假话。

生：我们刚学了一篇课文《楚王好细腰》，因为楚王喜欢腰细的人，所以大臣们就拼命减肥，国君喜欢什么，大臣就迎合什么，这和这篇课文也有相似之处。

生：我看过一条新闻，日本海啸核泄漏的时候，本来跟咱们中国没什么关系。但有人谣传，海盐会被污染，还有人谣传吃盐能防辐射。所以，人们都疯狂地上超市抢盐，有些人没弄明白怎么回事就一起去买盐，这种盲目跟从和文章里的很多大臣和百姓是一样的。

师：原来从古至今，类似这样的事一直在上演。这则童话一百多年了，“皇帝的新装”已经成为经典的符号，一直敲打着人们的内心。面对刚才你们说的那些现象和文中这些大人们，难道你们不想劝劝他们吗？

生：我想对国王说：作为一国之君，你首要的责任是管理好国家，管理好你的军队。喜欢美，是没有错的，但不要把爱好当癖好，过分追求，不然后果不堪设想。

生：我想对那些大臣说：你们不要为了讨好皇上就隐瞒事情的真相，应该实事求是。

生：我想对老百姓说：你们不要光考虑自己的面子，一定要眼见为实，不能随风倒，要像小孩子那样说出真相。

生：我想对大臣们说：你们应该学习唐朝时期的魏徵，魏徵总是直言指出皇上做得不对的事情，所以唐朝才会昌盛。

生：我想对皇上说：你要学习唐太宗的精神，他非常重视向他进言的忠臣。如果所有的皇上都鼓励说真话，而不是给拍马屁的人更好的官职，就会有贞观之治那样的盛世。

师：你们讲的道理，给我也上了一堂教育课，这个世上有大皇帝，也有小皇帝，比如你们的班干部，比如窦老师现在是校长，每个人在扮演不同的角色，而在这个过程中，去选择、去判断一些事情的时候，真是一种考验。阅读的意义，也许就在于将文本与我们的生活相整合，透过文章让我们看到另一个自己。而你们的这些话呀，无外乎要告诉我们这些大人们，应该去掉——

生：好面子、爱权力、虚伪、爱慕虚荣、人云亦云、随波逐流、口是心非。（学生依次说出，教师依次擦掉黑板上的这些贬义词。）

师：而要回到——

生：诚实、天真、单纯、实事求是。

生：不要因为个人的权力、面子之类的东西说假话。要尊重事实，事情本身该什么样，就是什么样。

师：瞧，儿童是天生的哲学家，你们深富哲理意味的建议，帮助我们大人划破了这看不见但又无时不在的“皇帝的新装”，告诉我们一个简单而又深刻的道理：不论对事物，还是对自己，都要正确地判断。在哲学上可以用这么一句话概括——回到事情本身（板书）。

生：现在我明白了，原来安徒生在把西班牙的民间故事改编成童话的时候，特意放置了这样一个揭示真相的孩子，他就是想让大人像孩子一样回到事情本身。

师：所以，童话不只是给你们读的，也是给大人们读的。透过这则童话，安徒生那忧郁的眼神，仿佛是在告诉我们（出示安徒生的话）——“当我为孩子们写每一篇童话故事的时候，我永远记住他们身后一定会有一位读给他们的父亲或母亲”。

延学：带着更高的期望与疑问走出课堂

师：经典不厌百回读，同学们小时候听到这个故事，或许当作一个小笑话开心一笑，通过今天的共同学习，我相信同学们的实践还会继续，可以表演、对比阅读、创意改编，甚至还可以去做研究，比如利用咱们清华大学的学术信息门户研究研究民间故事和童话到底有哪些不同。总而言之，主题实践活动能够帮助我们在轻松愉快中，获取知识、培养能力。现在，课就要结束了，你们收获了这么多，分享了这么多，还有新的疑问吗？

生：我的疑问是：文章写得这么精彩，为什么到后面大臣手里拖着并不存在的后裙戛然而止了？为什么没有把最后的结果写出来呢？

生：我的问题：最后为什么没有说那两个骗子到底怎么样了，他们干了这么多坏事？

师：其实困惑才是我们的收获，你们的疑问让我也在思考，这个小孩，如果长大了，他还会说出真相吗？

（有的学生摇头，有的学生举手想发言，但欲言又止。）

师：答案不同，人的心理一定不同。我亲爱的同学们，人生的路好长，好长啊，人啊，怎么才能回到事情的本身？这也许真是我们一生要追寻的课题。

（教师出示延学单，鼓励学生继续编排课本剧，中英文对读《皇帝的新装》，延伸阅读《爱你本来的样子》《败坏了哈德莱堡的人》等，并提出新的疑问。）

皇帝的新装

安徒生

诚实、天真、单纯、实事求是……

好面子、爱权力、虚伪、爱慕虚荣、人云亦云、随波逐流、口是心非……

回到事情本身

紧扣文本
整合资源
链接生活

（注：学生依次说出褒义词后，教师依次擦掉黑板上的贬义词。）

课　文

皇帝的新装

许多年前，有一个皇帝，为了穿得漂亮，不惜把所有的钱都花掉。他既不关心他的军队，也不喜欢去看戏，也不喜欢乘着马车去游公园——除非是为了去炫耀一下他的新衣服。他每一天每一点钟都要换一套衣服。人们提到他，总是说："皇上在更衣室里。"

有一天，他的京城来了两个骗子，自称是织工，说能织出人间最美丽的布。这种布不仅色彩和图案都分外美观，而且缝出来的衣服还有一种奇怪的特性：任何不称职的或者愚蠢得不可救药的人，都看不见这衣服。

"那真是理想的衣服！"皇帝心里想，"我穿了这样的衣服，就可以看出在我的王国里哪些人不称职；我就可以辨别出哪些是聪明人，哪些是傻子。是的，我要叫他们马上为我织出这样的布来。"于是他付了许多钱给这两个骗子，好让他们马上开始工作。

他们摆出两架织布机，装作是在工作的样子，可是他们的织布机上连一点东西的影子也没有。他们急迫地请求发给他们一些最细的生丝和最好的金子。他们把这些东西都装进自己的腰包，只在那两架空织布机上忙忙碌碌，直到深夜。

"我倒很想知道衣料究竟织得怎样了。"皇帝想。不过，想起凡是愚蠢或不称职的人就看不见这布，心里的确感到不大自然。他相信自己是无须害怕的，但仍然觉得先派一个人去看看工作的进展情形比较妥当。全城的人都听说这织品有一种多么神奇的力量，所以大家也都渴望借这个机会测验一下：他们的邻人究竟有多么笨，或者有多么傻。

"我要派我诚实的老大臣到织工那儿去。"皇帝想，"他最能看出这布料是什么样子，因为他很有理智，就称职这点说，谁也不及他。"

这位善良的老大臣来到那两个骗子的屋子里，看见他们正在空织布机上忙碌地工作。

"愿上帝可怜我吧！"老大臣想，他把眼睛睁得特别大，"我什么东西也没有看见！"但是他没敢把这句话说出口来。

那两个骗子请他走近一点，同时指着那两架空织布机问他花纹是不是很美丽，色彩是不是很漂亮。可怜的老大臣眼睛越睁越大，仍然看不见什么东西，因为的确没有东西。

"我的老天爷！"他想，"难道我是愚蠢的吗？我从来没有怀疑过自己。这一点决不能让任何人知道。难道我是不称职的吗？不成！我决不能让人知道我看不见布料。"

"哎，您一点意见也没有吗？"一个正在织布的骗子说。

"哎呀，美极了！真是美极了！"老大臣一边说，一边从他的眼镜里仔细地看，"多么美的花纹！多么美的色彩！是的，我将要呈报皇上，我对这布料非常满意。"

"嗯，我们听了非常高兴。"两个骗子齐声说。于是他们就把色彩和稀有的花纹描述了一番，还加上些名词。老大臣注意地听着，以便回到皇帝那儿可以照样背出来。事实上他也这样做了。

这两个骗子又要了更多的钱，更多的生丝和金子，说是为了织布的需要。他们把这些东西全装进了腰包。

过了不久，皇帝又派了另外一位诚实的官员去看工作进行的情况。这位官员的运气并不比头一位大臣好：他看了又看，但是那两架空织布机上什么也没有，他什么东西也看不出来。

"你看这段布美不美？"两个骗子问。他们指着，描述着一些美丽的花纹——事实上它们并不存在。

"我并不愚蠢呀！"这位官员想，"这大概是我不配有现在这样好的官职吧。这也真够滑稽，但是我决不能让人看出来。"他就把他完全没看见的布称赞了一番，同时保证说，他对这些美丽的色彩和巧妙的花纹感到很满意。"是的，那真是太美了！"他对皇帝说。

城里所有的人都在谈论着这美丽的布料。

皇帝很想亲自去看一次。他选了一群特别圈定的随员——其中包括已经去看过的那两位诚实的大臣。他就到那两个狡猾的骗子那里。这两个家伙正在以全副精力织布，但是一根丝的影子也看不见。

"您看这布华丽不华丽？"那两位诚实的官员说，"陛下请看：多么美的花纹！多么美的色彩！"他们指着那架空织布机，他们相信别人一定看得见布料。

“这是怎么一回事呢？”皇帝心里想，“我什么也没有看见！这可骇人听闻了。难道我是一个愚蠢的人吗？难道我不够资格当皇帝吗？这可是最可怕的事情。”“哎呀，真是美极了！”皇帝说，“我十分满意！”

于是他点头表示满意。他仔细地看着织布机，他不愿说出什么也没看到。跟着他来的全体随员也仔细地看了又看，可是他们也没比别人看到更多的东西。他们像皇帝一样，也说：“哎呀，真是美极了！”他们向皇帝建议，用这新的、美丽的布料做成衣服，穿着这衣服去参加快要举行的游行大典。“这布是华丽的！精致的！无双的！”每人都随声附和着。每人都有说不出的快乐。皇帝赐给骗子“御聘织师”的头衔，封他们为爵士，并授予一枚可以挂在扣眼上的勋章。

第二天早上，游行大典就要举行了。头一天夜晚，两个骗子整夜点起十六支以上的蜡烛。人们可以看到他们是在赶夜工，要把皇帝的新衣完成。他们装作从织布机上取下布料，用两把大剪刀在空中裁了一阵子，同时用没有穿线的针缝了一通。最后，他们齐声说：“请看！新衣服缝好了！”

皇帝亲自带着一群最高贵的骑士们来了。两个骗子各举起一只手，好像拿着一件什么东西似的。他们说：“请看吧，这是裤子，这是袍子，这是外衣。”“这些衣服轻柔得像蜘蛛网一样，穿的人会觉得好像身上没有什么东西似的，这也正是这些衣服的优点。”

“一点也不错。”所有的骑士都说。可是他们什么也看不见，因为什么东西也没有。

“现在请皇上脱下衣服，”两个骗子说，“好让我们在这个大镜子面前为您换上新衣。”

皇帝把他所有的衣服都脱下来了。两个骗子装作一件一件地把他们刚才缝好的新衣服交给他。他们在他的腰周围弄了一阵子，好像是为他系上一件什么东西似的——这就是后裙。皇上在镜子面前转了转身子，扭了扭腰。

“上帝，这衣服多么合身啊！裁得多么好看啊！”大家都说，“多么美的花纹！多么美的色彩！这真是贵重的衣服。”

“大家都在外面等待，准备好了华盖，以便举在陛下头顶上去参加游行大典。”典礼官说。

“对，我已经穿好了。”皇帝说，“这衣服合我的身吗？”于是他又在镜子面前把身子转动了一下，因为他要使大家觉得他在认真地观看他的美丽的新装。

那些托后裙的内臣都把手在地上东摸西摸，好像他们正在拾起衣裙似的。他们开步走，手中托着空气——他们不敢让人瞧出他们实在什么东西也没看见。

这样，皇帝就在那个富丽的华盖下游行起来了。站在街上和窗子里的人都说：“乖乖！皇上的新装真是漂亮！他上衣下面的后裙是多么美丽！这件衣服真合他的身材！”谁也不愿意让人知道自己什么也看不见，因为这样就会显出自己不称职，或是太愚蠢。皇帝所有的衣服从来没有获得过这样的称赞。

“可是他什么衣服也没穿呀！”一个小孩子最后叫了出来。

“上帝哟，你听这个天真的声音！”爸爸说。于是大家把这孩子讲的话私下里低声地传播开来。

“他并没穿什么衣服！有一个小孩子说他并没穿什么衣服呀！”

“他实在没穿什么衣服呀！”最后所有的百姓都说。皇帝有点儿发抖，因为他觉得百姓们所讲的话似乎是真的。不过他心里却这样想：“我必须把这游行大典举行完毕。”因此他摆出一副更骄傲的神气。他的内臣们跟在他后面走，手中托着一条并不存在的后裙。

点　评

基于学科又超越学科的教学

——以窦桂梅老师执教的《皇帝的新衣》为例

伴随着知识生产的分门别类，产生了越来越多的相对独立的知识体系，即所谓学科。以知识传承为目的之一的现代教学也因此有了自己的学科属性和学科建设任务。如今世界上不存在没有学科的高校，高校的种种人才培养活动是在特定的学科中展开。在中国，恐怕也不存在没有学科的中小学，因为长期以来，中小学学科课程几乎一统天下，至今没有大的改观。与之相伴随的是分科教学制度，教师习惯于在既定的学科边界内按照学科固有的知识体系教授并指导学生的学习，一旦出现跨越边界的教学行为，会遭到这样或那样的质疑：这是语文课吗？或者这是其他什么课吗？

2013 年 10 月中旬，听了清华附小窦桂梅老师的公开课《皇帝的新装》。这节课从交流预学情况，学生谈自学收获并提出问题开始，然后分小组聚焦核心问题共学：面对本来不存在的“新装”，为什么只有孩子说出了真相，而大人们都迷失在新装里？不同的小组围绕童话中不同的角色（大臣、百姓、皇帝）讨论交流。接着，学生分小组分角色表演游行大典。各小组需运用iPad，选择背景音乐、图片，并接受采访说明选择的理由。最后，学生谈现实生活或者历史上有没有类似“皇帝的新装”这样的事情，提出新的疑问。教师指出，怎样才能回到事情的本身（不迷失自我），是我们一生要追寻的课题。

听了窦老师的课，再次引发这样的思考：语文课该不该有自己的学科边界？我们为什么要设定这样的学科边界？古有小学、蒙学，其主要任务是识字，疏通语言文字，为大学研究心性之学奠定基础。那时，不仅没有分科性质的语文课程，而且整个小学也难获得独立的地位。如果硬是把它纳入现代课程论的视野来分析的话，那么，古代小学只有语文这门课程（称其为“语文”其实不恰当），秉承“文以载道”的传统，显然，它也不只是教识字，同时还在进行着人生道德训诫以及百科知识的启蒙教育，是以蒙学教材为载体的综合性教育。它也不分年级，不分课时，什么时间教什么，全凭教师自己把握，无所谓学科边界。清末引入西方学制，有了分科意义上的语文。民国初年颁发国语、国文课程纲要，规定其目的为“练习运用通常的语言文字，引起读书趣味，养成发表能力，并涵养性情，启发想象力及思想力”。废除了读经之后，围绕着语文课到底学什么，百年的语文课程大致经历了从与百科知识合一，到以文学作品为主，再到与政治结缘的过程，可谓大起大落。关于语文课的定位也出现过语言文学、语言文章、语言文化的争议。不过无论怎样一个起落与争议，其关于语言文字的理解与运用这样基本的宗旨没有改变，或许这就是语文在现代学校分科课程体系中的基准（边界）。离开了这一基准，什么文学、文章、文化的学习，甚至其他课程的学习都会落空，这也就是我们反对把语文课上成文学课、政治课或其他什么课的理由。窦老师的课关于核心问题的思考、分组讨论与发言，始终要求学生“紧扣文本”，找出相关自然段和关键语句，朗读并体会思想情感，学习用自己的语言概括（如将百姓的行为概括为“人云亦云”“随波逐流”，将皇帝的心理概括为“爱慕虚荣”“心惊胆颤”“毛骨悚然”等），培养学生的阅读与表达能力。从这一意义上说，这是语文课。

但是，窦老师的这节课却不同于一般的语言文字训练课。第一，多元，即它融入了其他学科元素。将翻译家叶君健先生的译句与英文中相对应的句子

（汉语与英语）进行比较阅读，小组运用 iPad，选择背景音乐、图片进行表演等，这些教学环节将语文与英语、科技、音乐、美术、表演艺术多学科元素融为一体。第二，重大，即将课堂上所有的学与思整合到“回到事件本身”这一人生的重大主题，不只是儿童，而且所有听课的成人都在这一沉重的话题面前，从课上到课后、从童话到日常生活、从历史到现实，不断地思索，思索着在复杂的社会情境中，如何回到生命之初孩子般的纯真，做一个简单的自己。这其实是一种关于生命态度的判断与选择。这样的语文课注重挖掘语言文字“小学”背后的重大文化景观、心理图像。第三，长远，即着力培养学生的终身发展所需要的能力与品质。课前，让儿童带着问题走进课堂；课中，多次采取小组合作的方式学习；课末，又让他们带着疑问走出课堂。既注重培养学生的独立思考、主动学习的能力，又关注同伴间的共同学习，培养其合作交流的态度与能力。这些思维品质与学习方式乃是学生终身受益的东西。

如果说语言文字是基础工具（有人讲“语文是基础工具性学科”）的话，那么，至少有这样三种基础工具学习观：一是为了工具而学习工具，追求所谓“纯语文”，追寻独立于意识形态，独立于文章、文学、文化之外的自主性，形成剥离了思想情感的语言文字训练体系，不仅不现实、做不到，而且可以想象这样的训练将是枯燥无味、效果不佳的，同时，也是不科学的。二是为了学科而学习工具，固守学科边界，在人为划定的学科边界内学习和掌握语言文字这个工具，追求语文学科体系的完整。语文课要为其他学科的学习准备好工具，至于说其他学科的学习以及日常生活中好不好用、如何使用与语文课无关。这种学习观忘记了语文学科本身的综合性。语文学科与其他内容单一的学科不一样，语文学科中的“文”不只是文字，还包括文法、文言、文章、文学、文化、文明等；不只是知识层面，还涉及人文道德层面与精神层面等，由此必然带来教学目标的多重性、教学内容的多方面，这是语文教学必须面对的。三是为了学生的发展而学习工具，从学生终身发展的需要出发，关注语文学科与其他学科、与学生的日常生活的内在联系，关注语文学科与学生发展核心素养的内在关联，促使学生在诵读文化经典、领悟生活意义、综合性地解决人生重大课题中掌握语言文字这一工具。不为工具所累，却掌握了工具，其价值意义又远远超出了工具层面，获得综合性育人的效果。

“文以载道”是我国古代文化与教育的重要特点。语言文字本来就是“载道”的工具，“道”为根本，“文”是枝叶。有语言文字，就有“道”的在场。语文教师的一言一行都在“传道”，譬如应试训练总是在强化着眼前功利。只是“道”有积极与消极、低劣与高尚之分。清华附小着眼于“为聪慧而高尚的人生奠基”，聚焦人生重大主题和学生发展的核心素养对课程进行整合。窦老师的语文课在课程整合的背景下，选择儿童十分喜爱的童话，将语文与其他学科、语文与人生、语文与学生发展的核心素养富有艺术性地嫁接在一起，让你在不经意中感受到小小的方块汉字中蕴含着的文化魅力，接受着人生重大命题的不断拷问。

（教育部基础教育课程教材专家工作委员会办公室副主任　柳夕浪）

书海奇遇

——发现、创作、分享《威利的奇遇》

主题：奇遇

步骤：发现书中奇遇的一本本经典之书；

创作自己喜爱的一本本经典之书；

分享同伴创作的一本本经典之书。

一、发现书中奇遇的一本本经典之书

（一）初览图片，猜想插画家

师：读书不仅是用来装点自己的生活的，更重要的是用来分享的。我们都来做阅读推广人。在我们清华附小，高年级同学要给低年级同学分享他们读过的好书。下面我们先做一个游戏。

师：你们手里有十张图片，猜猜出自哪位画家。

生：我猜是达·芬奇，感觉画面画得挺神秘的。（板书：神秘）

生：我看是毕加索，反正画面挺奇怪的。（板书：奇怪）

生：不过，我发现挺卡通的，估计是位儿童画家。

生：这些画面感觉很神奇，预示着有什么事情要发生。（板书：神奇）

师：哈哈，你们好了不起，知道了这么多世界著名画家的名字，而且还感受到画面带来的气息。言归正传，这位画家，虽然并不是全世界所有人都知道他的名字，可全世界的小朋友们都应该认识他。他就是获得世界安徒生插画大奖，几乎把世界所有儿童图书奖项都收入囊中的安东尼·布朗，今天他就坐在台下。（学生惊喜万分）

（二）围绕题目，猜想书的内容

师：安东尼·布朗把这十张图片组合在一起，选了其中一张做封面，编成一本书。你们猜猜会是哪一张。

生：我估计是选小猴子爬城堡这张吧。他顺着绳子爬进去，会发生什么呢？挺奇妙的。（板书：奇妙）

生：我帮刚才那位同学纠正一下，画面里的应该不是小猴子，而是小猴子的亲戚——小猩猩。而且小猩猩爬的也不是绳子，而是长发辫子。接下来我说自己的观点，我认为不是用这张，而可能是用大鲨鱼追赶小猩猩的这张图做封面，因为太刺激了。而刚才这位同学说的，我估计女孩都会选择，有辫子嘛！（笑声）

师：你瞧，你们的性别不同，理解也不同，选择做封面的理由也不同。作家选择的是第二张，众多人物在船上的这一幅。他给书起的名字叫《威利的奇遇》。他用的是"奇遇"。你怎么看呢？

生："奇遇"就是说在一个地方遇到了一个奇怪的事。（生边说边到黑板板书：奇遇。教师引导学生用思维导图的方式，连接各个词语。）

生："奇遇"就是冒险的意思。（板书：冒险）

生：是指经历好多好玩的、有趣的、奇妙的事情。（板书：有趣）

生："奇遇"就是遇到意想不到的事情。（板书：意想不到）

生：我觉得应该从两个方面分析，"奇"就是奇特、意想不到，"遇"就是冒险，应当是一个人经历了自己从来没有经历过的事情。（板书：奇特）

师：刚才这位同学把"奇"和"遇"拆分开来理解，对之前同学们发言说的内容进行了组织、编制。多有意思呀！其实前面我们观察十张图片的时候，你们的理解已经是"奇遇"了。瞧，我们在见到封面和题目时，可以抓住题眼，把自己的猜想和联想写在一个便签上，在阅读的时候作一个比照，这样的阅读也是"奇遇"呢！

（三）观察第一幅图，猜想图书

师：那就让我们带着这些猜想，每个人都把自己当作威利，一起去——（出示课件）

生：（齐呼）“发现奇遇”！

生：（朗读书中的导读语言）每个星期，我都会走进这一扇扇门，遇上一些不可思议的事，经历一次次妙不可言的冒险。来吧，我带你去见识见识……

师：这句里有两个词语很有意思。

生：“不可思议”和“妙不可言”。

师：如果将这两个词语写在黑板上，怎么分类？

生：不可思议是经历的过程，所以，我将“不可思议”写在刚才解读“奇遇”的一栏里。“妙不可言”写在另一边，是对奇遇结果的感受或评价。（全班鼓掌）

师：问题来了，是真的不可思议吗？怎么就说是妙不可言了？下面就让我们从封面选取的这张图片看起，说说你奇遇到了什么。（出示图片）

有一次，我走进一扇门，发现自己成了一名水手，正乘着船寻找宝藏。我们有一张地图，宝藏应该就藏在一座岛上。我饿极了，爬进一个装苹果的木桶里（没错，我想拿个苹果）。

我藏在木桶里，听到外边有个叫独脚西尔弗的水手正跟几个同伴嘀嘀咕咕。只听他说，一旦找到宝藏，就把船上当官儿的都干掉，宝藏就全归他们了。

随后，他命令同伙从木桶里拿一个苹果给他。不用说你也知道我有多害怕！我想从木桶里跳出来逃走，可我都吓傻了。

那个水手的脚步声越来越近，这时……

你觉得接下来发生了什么事？

生：我发现这是在海上，估计是一艘海盗船。你看船上的这些人，好像在干什么坏事。

生：我发现啤酒桶里有个小猩猩，估计就是威利，他头上顶着一个苹果。

生：我发现这里面有个头儿，带着黑色的帽子，座位下全是书。

师：你很会发现细节。（板书：细节）真是蛮奇怪的，如若你们所说，这海盗船上的人跟书有关吗？我们一起看看旁边的文字。像这样的图画书，文字和图画好比双人探戈，两者互为补充，缺一不可。请你们读读这段文字，看看又奇遇到了什么。

（教师配上一段惊悚的音乐。一学生朗读后，直接问其他同学接下来会发生什么事。）

生：天，好恐怖，我觉得可能那些水手拿苹果的时候，发现了威利，然后把他揪出来，问他在那儿干什么，说不定会杀了他。

生：这样的结局就不好玩了。我想在这个时候水手可能突然碰到一件事，注意力被吸引到别的地方了，没有去拿苹果，这才有趣一些。

生：有可能威利突然发现水桶底下有一条机关暗道，逃走了。

师：你们三个同学刚才都用了“可能”这个词，蛮有趣，那就是接下来的情况还有其他可能。请同学们图文结合，看看你们奇遇到什么。

生：啊，我估计文字中的那个叫“独脚西尔弗”的船长就是图中这个戴黑色帽子的船长。

师：不错，你结合图文，让图画中的人物有了名字。（板书：人物）

生：我发现这段情节跟一本书有关，好像是《金银岛》。对，就是《金银岛》！（板书：情节）

师：天啊，真是奇遇！你问问同学们，看看他们是否确定。

生：一定是这本书。书中的人物就是叫这个名字。小说故事的地点也是在海盗船上。而且，威利就是书中的主人公吉姆。这个情节很令人紧张，当时船长说不吃苹果了，要喝白兰地酒，吉姆逃过一劫。如果真是同学们刚才说的那样，那么，故事就不能开展下去了。另外，画家在画面上画上去的书，也是提醒我们，这些内容跟一本书有关。（掌声）

（四）依照方法，图文结合，自主发现其余的书

1. 小组合作，发现第二本书

师：真是妙不可言！你们从细节、人物、情节发现了这本书。那么，请同学们图文结合，看看第二幅（图见下页）奇遇到的是哪本书。注意，要至少说出情节、人物、细节三条理由。小组讨论一分钟，之后谈发现。

一天，我走进一扇门，发现自己遇上了海难，和船长的狗一起留在了荒岛上。岛上一个人也没有，只有一只友好的鹦鹉。每天我都在海边走啊，走啊，希望能找到生命的迹象，可什么都没有发现。

后来有一天（那天是星期五，因为我一直在日历上做记号），在独自度过了若干个月之后，我在沙滩上看到一个脚印！

我愣住了，就像见到了鬼。我在沙滩上四处张望，又竖起耳朵仔细听，可什么都没看到，什么都没听到。我把那个脚印看了好几遍，生怕它是我幻想出来的（有时候，我的幻想确实有点儿多）。可事实上，沙滩上的的确确有个脚印。

问题是，除了我，这座岛上再没有其他人了。

我吓坏了！

你觉得这个脚印是谁留下的？

生：我代表我们小组发言。我们发现这本书是《鲁滨逊漂流记》。因为这张图片中展示的情节就是这本书中的。而且图上出现了鹦鹉和小狗，它们都是书中陪伴主人公的。我们发现一个大脚印的线索。这个脚印就是星期五的。从文字中也能看出这条线索，说每到星期五，鲁滨逊都会刻上记号，这让我们想起了书中的另一个人物——星期五。基于这些细节，我们认定这本书就是《鲁滨逊漂流记》。

师：你们说话用因果或“果因”句式回答，有理有据，真好。不仅说出了三条理由，还发现了另一个密码——线索。是啊，抓住线索，顺藤摸瓜，又找到了一条依据。（请该生板书：线索）

师：请同学们再次读读文字的最后一个自然段。告诉你故事的结局了吗？

生：没有。给我们设了一个悬念，让我们去猜想结局。（板书：悬念）

生：我还要补充，不仅仅是文字的结尾，刚才我们所发现的情节、人物等，作家都没有直接告诉我们，都是我们在联想猜测中发现的。

师：哈哈，真是奇遇！此刻，安东尼·布朗就在下面坐着，我们一会儿跟他交流一下，问一问他是不是这样设计这本书的。

生：不过每一幅图都是一本书的想法，可是我们的专利，安东尼·布朗可没有直接告诉我们。（笑声，掌声。）

2. 运用方法，发现其余八本书

师：发现了作家推荐书的这些密码，那我们就来一个快速抢答。让我们跟着威利穿越后面的八扇门，看看你能不能猜出是哪本书。小组继续讨论，别忘了图文结合。给你们3分钟，每个小组至少要发现三本书。我们一会儿选一个主持人，主持抢答环节。（小组讨论）

主持人：非常荣幸，大家选我当主持人。给每一个组机会，答对了赠送清华附小百本经典必读书单。现在我倒数五、四、三、二、一……好，按照书中的顺序，把这些画放在这里了。来抢答！

生：第四幅图是安徒生的童话《打火匣》。

师：嗯！你不仅发现了一部伟大的作品，还发现了背后伟大的作者。

生：第八幅是《莴苣姑娘》

师：停，问一下，谁的童话？

生：是格林童话。（掌声）

师：你怎么记得这么准确？

生：其实我早就看过，翻译到中国有好几个名字，除了《莴苣姑娘》，还有叫《长发姑娘》或《长发公主》的。我比较喜欢“长发姑娘”这个名字，带给我神秘感。你看，威利手拽着公主的长发，要去城堡里见她。

师：哈哈，哪一位王子或男孩不喜欢神秘又执着的爱情故事呢？未来，你也会遇到一位最美的姑娘。

生：第十幅是《木偶奇遇记》。

生：我发现第五本是《彼得·潘》。

生：第三本是《侠盗罗宾汉》。

生：第七本是《绿野仙踪》。

生：第六本是《爱丽丝漫游奇境》。

生：第九本是《柳林风声》。

3. 聚焦《木偶奇遇记》和《彼得·潘》

师：我们可以在这八本中选两本书聊聊。比如《木偶奇遇记》蛮好玩的，正好是你们这个年龄段最爱读的。同学们，我们来比较一下好吗？（出示课件）左边是原著中的插图，右边是安东尼·布朗的创作。有什么不同？

生：主人公匹诺曹的形象，一个是人，一个是猩猩；一个是要被冲进鲨鱼嘴里、被吞掉的人，一个是游泳的猩猩。

生：原著插图中的鲨鱼非常凶猛，显得很血腥。其实不一定适合女孩看。（有的女生噘嘴，喊着"那可不一定"）安东尼·布朗先生画的鲨鱼比较温和。虽然两条鲨鱼的嘴巴都是张得特大，但是安东尼·布朗先生画的鲨鱼的牙齿没有原著插图中的那么尖利，让人感到温暖。（在思维导图上寻找位置，板书：温暖。）

生：我还发现安东尼·布朗先生画的这幅图，鲨鱼头上画的是云，右上角的海鸥也变成了一些书。左边这张图显得非常的黑暗，右边那张图天显得很蓝，暗示匹诺曹会得救，给我们带来希望。（板书：希望）

生：我觉得安东尼·布朗先生是知道这是给我们小孩子看的，所以他的画面比较卡通，比较适合儿童阅读。有位作家说，故事要源于生活，又要高于生活，是不是这个道理呢？

生：安东尼·布朗的画很有意思，他借鉴了原著中的图，但是他创作的图又不会让你感到那么恐怖。要让你经历意想不到的冒险，但不能把你真的吓坏。匹诺曹不诚实，老犯错误，所以安东尼·布朗设计的时候，惩罚了匹诺曹，但也给了匹诺曹机会，没有让人感觉绝望。（板书：借鉴）

生：下面我来总结一下，一个伟大的作家，他在创作的时候，不是原样照搬照抄，而是在尊重原来作品的基础上，有所改进创新。

师：于是你会发现，这书、这色调、这场景给了你这样一份柔软。我们才发现，好的图画书绝不会将作者的观念强加于人，而是通过故事和场景的设置让你水到渠成地获得一份体验。说过了图，我们再来说说文，同学们看原著，细读一下原文："我太不幸，没有人救我"，这个倒霉蛋没人管。安东尼•布朗在创作的时候是这样，同学们读读试试，"'救……救命啊！'我有气无力地喊着"。你们有什么发现？

生：安东尼·布朗先生图画得好，文字也好，图和文都能够在尊重原作的基础上进行创新，太了不起了，怪不得能够获得世界安徒生插画大奖。

师：每个人都是曾经的匹诺曹。谁不会犯错误？知错能改，善莫大焉，我们应该给他机会，给他成长的空间。多好啊，谢谢刚才那个同学的分享。

生：我想谈谈第五本《彼得·潘》。我发现图中个子比较高的人是书里的海盗船长，底下那个穿着蕾丝草裙的人就是小飞侠彼得·潘。

生：我是从一句话中发现小飞侠彼得·潘的，"我是青春，我是快乐，我是永远长不大的孩子"。

师：啊，你怎么对这句话感兴趣？

生：这句话是小飞侠说的，他不愿意长大。我当时读这本书，一下子就记住了这句话。生活中，我常常要写那么多课外作业，爸爸妈妈还要给我报那么多班。我希望自己像小飞侠一样，永远长不大。

师：是啊，我读到这本书的时候，这句话就像小太阳一样，照耀并触动了我。我发现安东尼·布朗也写了这句话，我特意把这句话刷红了。你懂我吗？

生：您是希望我们永远快乐，永远拥有童心，去掉烦恼吧。

师：握手啊。你是我的知音啊。每一个人心中都住着一个彼得·潘。我希望你们永远长不大，即便长大了，也要做长大了的儿童。这经典的语言，就是书中的灵魂，只要把这句话加入，我们一下子就猜到——这经典的书就是《彼得·潘》！所以，好的书，有时就用一句话，就能让你记住，并且爱不释手。那让我们朗读这句话、记住这经典的语言，并把它送给自己。（板书：语言）

生：（全体朗读）我是青春，我是快乐，我是永远长不大的孩子。

师：1904 年，诞生了这部童剧，原名是——

生：*Peter Pan: The Boy Who Wouldn't Grow Up*. 意思是：彼得潘——一个永

远不愿意长大的男孩。

师：中英文对照一下，翻译到中国，你喜欢哪个题目？

生：我喜欢原题目，这直接体现了作家的思想，也把书中要表达的核心在题目中呈现出来了。

生：我不觉得。《彼得·潘》的名字会更让我产生联想：这究竟是怎样的故事？这是一个怎样的人？读了书名，我就有往下看的冲动。

师：啊，一千个读者就有——

生：一千个哈姆雷特。

师：你是怎么知道这句话的？

生：我看过一本书，后面推荐语中写了这句话叫“一千个读者心中就有一千个哈姆雷特”。意思是，不同的读者就有不同的想法。但不管怎样，要永远保有一颗童心。

师：为自己鼓掌！你们就这样奇遇了十本书！在书的扉页上，安东尼·布朗为了这份创作，表达了这样的心声——

生：仅以此书献给所有的伟大的作家和插画家，是他们激发我创作绘本的灵感。

师：这句话告诉我们，一个高贵的作家是知道自己是在前人的基础上创作的。威利为了表达对你们的祝贺，手捧着这十本书送到你们面前，让我们一起把这十本书的名字呼喊出来。（课件出示下图，生读书名。）

4. 整体回放，再次发现十本书的奇妙之处

师：了不起，这十本书，享誉世界，被各国的少年儿童喜爱，并且很多都被改编成电影，有的还被翻拍了多次！现在我们就把这十本书放在一起，让威利再次穿越，看看你又有怎样的发现。

生：我发现这十本书组成了一本书，名字叫《威利的奇遇》。用了“有一天”“又有一次”等这样的连接词连起来的。这也是整本书的线索。

师：啊，威利穿越的这几本书的顺序可以调整吗？

生：我觉得可以调整。可能是按照作家阅读的顺序排列的，也可能有其他原因。但作家重要的目的是推荐这十本书吧。

生：我还发现可以将威利替换成为不同书中的主人公。

生：这也是悬念，我们都可以把自己想象为威利，都可以当里面的主人公。这也是安东尼·布朗推荐阅读的妙不可言之处。

师：这样看来，作家整本书的设计，无论从文字到图画，都藏着悬念！安东尼·布朗推荐的书都是非常有名的，推荐的方式也很特殊，不是直白逼迫你去读，而是把你带入情境，让你身临其境。那么，这些主人公都有怎样的特点？安东尼·布朗为什么向我们推荐这些书？

生：比如说鲁滨逊吧，他在荒岛上寂寞孤独生活了几十年，靠一把斧头，一把枪，取火，播种，盖房，一点一点构建家园，克服了常人无法想象的困难，多么勇敢坚强！（板书：勇敢、坚强）

师：你们知道吗，他每一天晚上都要读一本书，用书减少自己的恐惧与孤独。

生：是《圣经》！

师：经典的书，不但影响你的人生，还可以拯救你的人生！

生：我想说说匹诺曹。他懒惰，不愿意读书，还撒谎，可是经过被骗、遇险等教训后，他真正认识到自己的严重错误，变得诚实了。这可能是安东尼推荐这本书的原因吧。（板书：诚实）

生：我在《柳林风声》中感受到鼹鼠、獾等对自己的朋友蟾蜍不离不弃，帮助它，包容它的缺点，最终获得了真正的友谊，这是多么难得！（板书：包容、友谊）

5. 学生采访安东尼·布朗

师：是啊，这些经典的书中，每一个主人公的经历无不诠释着人在成长过程

中所要经历的坎坷、考验，虽有冒险，但最终会被正义善良等美好的人性光辉照耀一生！（板书：正义、善良）到此，你有什么想法，要问问安东尼·布朗吗？让我们请出安东尼·布朗先生。（安东尼·布朗起身向同学们挥手致意）

生：安东尼·布朗先生，您好，您在创作这本书的时候，有什么样的感受呢？

安东尼·布朗：这是让我感觉最高兴的书之一。它给了我一个机会，向大家推荐我小的时候喜欢的那些书，给我机会为这么多书做插图。看到你们上课，又给了我非常多的启发，我真希望自己小时候能在这样的课堂上，有这样好的老师。（热烈掌声）

生：安东尼·布朗先生，听说您这本书是在您 70 岁的时候创作的，您为什么要在 70 岁的时候创作呢？

安东尼·布朗：（哈哈大笑）我还没到 70 岁，不过也差不多（当时 69 岁）。但是之前我创作过很多关于威利的书，我创作了一本叫《威利的画》的书，是关于威利喜欢的很多的画。我还创作了一本关于威利的梦的书，书的名字是《梦想家威利》。以前，我经常告诉大家，我不是威利。现在当我快 70 岁的时候，我认识到我是威利。

生：您真的非常像威利。

安东尼·布朗：真的？谢谢这位可爱的小朋友！今天的对话太有意思了。

生：安东尼·布朗先生，请问您创作这本书是为了什么？

安东尼·布朗：我创作这本书的时候，非常开心。非常幸运的是，我现在做的工作，别人都会付给我钱。这是我从小就喜欢做的事情。我也很高兴来向大家推荐这些非常有名的书。而且我想鼓励没有读过这些书的小朋友，能够来想象这些故事的结尾。

生：我想知道您在创作这些书、画这些插画的时候，心情是什么样的。

安东尼·布朗：当我创作这本书的插图的时候，我就把自己当成孩子来画画。但我总是感到非常失望，觉得它没有达到我想要的那个程度，我总是想画得更好。当你成为作家、插画家的时候，你会觉得这些变得更容易，但是有时候还不是这样的，我们总是在挣扎，总是在奋斗。但是现在当我回过头来再看这本书的时候，我觉得还是挺好玩儿的。

师：同学们，其实你们发现没有，刚才安东尼·布朗先生说了他在创作的时候有挣扎、有失望，还说了一个词“好玩儿”。人生就跟创作一样，有这样那样的艰难，也总是让人意想不到，但也正因为如此，我们才会遇见不可思议但却妙不可言的风景。

二、创作自己喜爱的一本本经典之书

师：刚才，同学们通过与书对话、与作家对话，学习了安东尼·布朗推荐书的方法。在生活中，老师、同学、朋友也经常会需要我们为大家推荐书。

生：是啊，学习了安东尼·布朗的方法之后，我们可不能给个书名就得了，也得想想办法让我们的推荐吸引读者。以前我们做书签、读书海报时，只是把书的主要内容，以及书中的插图照着画下来而已。安东尼·布朗先生的推荐方法的确能激发我们阅读发现的兴趣。

师：下面，就请同学们选择一本自己喜欢的经典图书，模仿作家的方法，为他人作推荐。同学们小组合作，进行“创造奇遇”的动手实践活动：先选择喜欢的书，确定某个情节当作导读，然后依据情节作画，图文结合，互为补充。（板书：创造。为学生准备形式与书中一样的任务纸、各种各样姿势的威利图卡、画笔等学习工具。出示以下秘籍。）

秘籍一：选择或改造威利形象，当作书中主人公。

秘籍二：图文相互配合。

威利的锦囊 1

朋友：你好！

（1）组内同学先用 1～2 分钟时间，确定所画的情节和细节元素，一定要选取那些书籍中的经典情节，让人一下子就联想到书的内容。

威利的锦囊 2

朋友：你好！

（2）创作时一定要图文结合，让文字部分和图画有明显的关联，每一页文字部分的第一个字和最后一句，都有一个规律，你发现了吗？

威利的锦囊 3

朋友：你好！

（3）为了创作更加高效，给大家准备了能拼接在一起的两张纸，这样你们就可以在组内进一步分工了，作家组和画家组同时开工，最终合成一页。

秘籍三：小组合作完成。

创作提示

内容：结合一本书的某个情节来设置悬念。
分工：小组有的创编情节，有的创作图画。
方法：先图文并茂创意，后声情并茂展示。

三、分享同伴创作的一本本经典之书

（该环节采用了两种形式。一是可以按照安东尼·布朗原创的意愿，把这十本书推荐给 5 ～ 8 岁的小朋友，让他们产生阅读兴趣；二是借鉴作家的手法创新，进行二度推荐。）

（一）分享给低年级小朋友，引导他们发现《威利的奇遇》

师：安东尼·布朗在这本书上作了说明，他建议推荐给 5 ～ 8 岁的小朋友。刚才我们是以赏析和创作的方式来发现这本书的妙不可言之处，如果现在我们就把这本书推荐给低年级的小朋友，低年级的小朋友来到你面前，你觉得这些书里哪本最合适他们？你打算怎样讲给他们？当然，推荐自己喜爱的作品也可以哦！

（一年级学生上场，五年级学生以小组的形式，通过多种方式给一年级的一个班的小朋友们分享，时间大约 10 分钟。）

师：来让我们检验一下五年级同学推荐得如何。

（高年级同学主持该环节）

主持人：我只问一年级小朋友，你们最想读哪本？

生（一年级）：最想读《爱丽丝漫游奇境》。

主持人：你的发言很好啊。你去书架找找吧，去寻找你喜欢的这本书。一年级同学中还有哪个同学分享得特别愉快？

生（一年级）：我最想读《鲁滨逊漂流记》。我觉得很有意思。

主持人：有意思？你怎么知道的？

生（一年级）：里面有很多冒险的事情，很有意思。

主持人：冒险？是小姐姐给你讲的？

生：是的，谢谢小姐姐。

主持人：你快去找你的“冒险”吧。

生（一年级）：我最想看《木偶奇遇记》。我觉得那个“冒险”特别可怕。

主持人：如果让你冒险，你最害怕去哪？

生（一年级）：鲨鱼的肚子，我吓得直哆嗦。

主持人：谁给你讲的呀，让你这样哆嗦，这么刺激？

生（一年级）：这个哥哥。

主持人：他讲的有什么特色？

生（一年级）：我觉得他讲得有感情。

师：（见缝插针）哦，有感情，这叫“声情并茂”。

生（一年级）：他一边讲，还随时向我提问。

师：他提完问题后，有没有告诉你答案？

生（一年级）：我自己猜出来了。

主持人：你有没有想到什么方法？

生（一年级）：不太了解，能告诉我吗？

主持人：叫“设计悬念”。（笑声）

生（一年级）：我记住了，谢谢你。

师：他挺会总结方法的，像刚才那两位同学那样，要提问题，不是找答案。

生（一年级）：我觉得哥哥讲得特别好。我最喜欢《打火匣》。

主持人：你把这个童话的名字再说一遍，《打火匣》。是你本来就知道这个故事还是你对面的哥哥讲给你的？

生（一年级）：是我们班同学在课前3分钟的时候讲给我们的。

主持人：哥哥没讲？

生（一年级）：没讲。刚才简单讲了一下，他就讲了《爱丽丝漫游奇境》。

主持人：你自己最喜欢《打火匣》。不管怎么样，他推荐他喜欢的书也没错，你喜欢你自己想要读的书也没错。你能不能给他作点评？他推荐有什么特点？

生（一年级）：这个哥哥推荐的时候特好，他不断给我和别的同学提一些问题，比如说他让我在兔子洞里找一些跟《爱丽丝漫游奇境》符合的一些物件，他讲得特别引人入胜。

师：（见缝插针）这个小朋友连“打火匣”都没读好，但是他却告诉我们什么叫讲故事的时候引人入胜，推荐给别人阅读的时候引人入胜，创作一本书的时候也引人入胜。老师太激动了。

生（一年级）：我最喜欢的书是《金银岛》，因为我喜欢那里面的苹果。

师：你是想吃那个苹果？

生：是。（大笑）

主持人：是哥哥给你引读得好，让你有想吃的欲望了吗？其实小苹果也是一个小小的道具，最后也会引人入胜。

师：刚才都是一年级同学谈，我们让一个五年级同学谈谈他们做阅读推广人的心得体会，我们找几位，现场陈词。

生（五年级）：我认为在给他们分享的时候，不要讲得那么详细，不是把故事内容全部说一遍。因为我是跟两个同学一块讲，所以我要找一本两个人都没读过的书，这样他们两个都有一些新鲜感。我觉得就是这些。

生（五年级）：就是先让他看这一页，让他看一下他想了解哪本书，然后再把他想了解的那本书讲给他。

生（五年级）：因为我对着的是位女生，我给她挑了一个女生喜欢的《莴苣姑娘》。

师：你确定女孩子不喜欢《侠盗罗宾汉》？你应该在选择的时候，让她来选择更好。

生（五年级）：在给一年级的小朋友推荐的时候，自己还能再回味一遍这个故事，并且回答他们不懂的问题，也是对这个故事进行一遍新的思考。

师：你看你说得多好。我记得有一位作家说过，你读过你就忘记，你再重新读就记住。这个过程不是一般的分享，而是享受。

生（五年级）：这就叫教学相长。我给他讲的时候，我也读过那个《爱丽丝漫游奇境》，我还是有长进，我跟他分析我自己懂的一些新的东西。我俩是共同进步的。

师：所以你说"教学相长"，所以我们说"一起成长"。有一位作家说，阅读从来不分年龄大小，也从来不分你读过没有读过，好书总是不厌百回读。其实同学们想说的话有很多，这仅仅是阅读，仅仅是分享吗？

生（五年级）：这堂课下课后，我们可以像安东尼·布朗那样去创作属于自己的奇遇。

生（五年级）：在推荐书的时候，不一定非得把精彩的内容完全呈现，也可以图文并茂，或者设置一个悬念，或是引用一句经典的话。

生（五年级）：还可以模拟书中的某一个人，或者利用一个小小的道具。

（老师请同学们将这些方法写在便签上）

师：一会儿下课后，一年级的同学可以把从书架上拿来的书带回班里，放到班级的图书角中，抽空阅读。五年级的同学可以将这些阅读方法，拿回去张贴在班级的板报上，如果再想到一些方法，还可以不断补充，形成班级的读书长廊，分享给其他的同学。在清华附小每年读书月的活动当中，你们做的那些推荐书单，如果把这些方法用上去，把安东尼·布朗的方法加进去，真的是锦上添花。

（二）小组合作创作并推荐新的书

师：同学们，创作过后，让我们分享一下大家的作品吧。我们再请一位同学来主持这个环节。

主持人：我也很高兴作为这个分享环节的主持人。哪个小组最文明，我就先请哪个小组来分享。好，有请第一个小组。

生：大家看这一幅，我不告诉你们是哪本书，你们一定看图就猜到了吧？

生：你依然选择了小威利的形象。借着这个形象，你又选择了书中的关键人物，这本书一下子就能被猜出来，是《白雪公主》，一眼就看到白雪公主啦。

主持人：还有一幅，这是什么？

生：你们猜一猜。

生：《三只小猪》。

生：对，图画上有关键人物——小猪。在推荐的结尾，我们也用了悬念：“我会被狼吃掉吗？”

主持人：这个呢？

生：《西游记》，画面里有关键线索，就是金箍棒。

（第二个小组上台汇报）

生：这是我们小组的创作。里面藏了很多线索，猜猜我们推荐的是哪一本书。

生：我发现了一只蜘蛛。我断定是《夏洛的网》。

生：我觉得他非常棒。他发现了细节和书中的关键人物，请同学们给他掌声。

生：我们最后设置的悬念“你猜接下来发生了什么事”，这也是让你们去想象。

师：掌声再次送给这组推荐人。《夏洛的网》这本书是多么温暖的一个故事，可以说四年级的同学可以读，一年级的同学也可以读，不同的年级都可以读出不同的味道。

（第三个小组上台汇报）

生：请同学们看图，这是什么地方？有哪个细节提示你是哪本书？

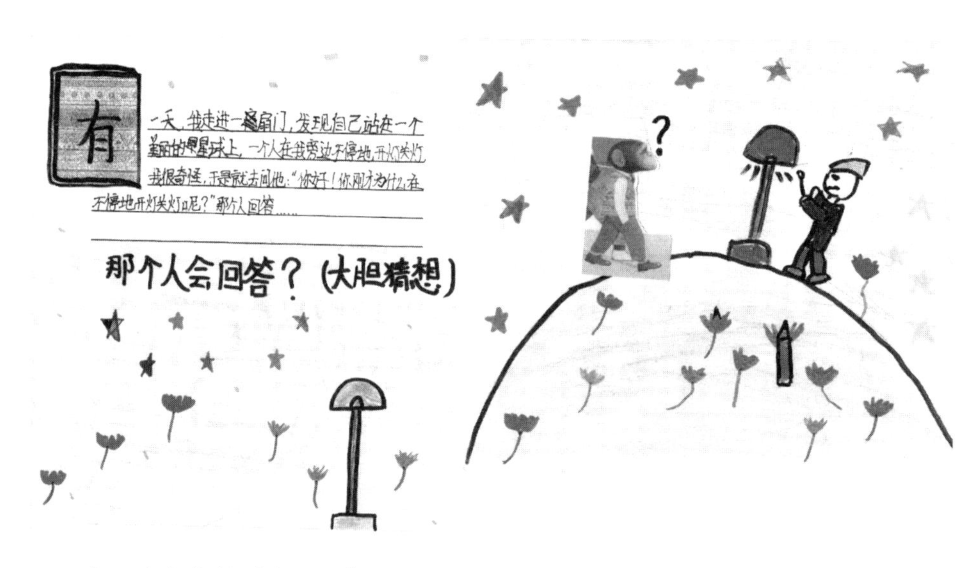

生：这本书是《小王子》！而且你们特意把小王子最喜欢的玫瑰画上了，真是匠心独运。

（第四个小组上台汇报）

生：我们小组推荐的这本书中有一个重要的人物，我不说他的名字，你们一看应该就能猜出是谁。（学生齐说“稻草人”）我们选择的方式与安东尼·布朗先生不同。你们觉得我们创作的奇妙之处在哪里？

生：导读的悬念之句，用美术体进行了设计，有创意！稻草人及后面的背

景画面鲜活，带我们走入了书中的世界！

（第五个小组上台汇报）

生：我们设计的这本书是什么？请哪位同学读读导读语。（一学生读）

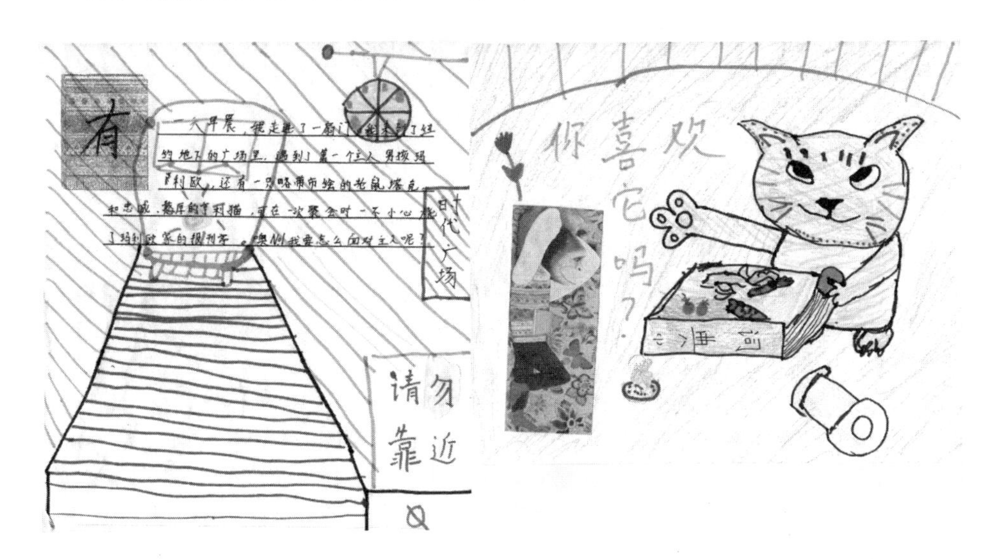

生：哇，是《时代广场的蟋蟀》！你们还画了亨利猫，真是惟妙惟肖。

（第六个小组上台汇报）

生：想必这本书你们一定喜欢！

生：哈哈，《哈利·波特》！光看图中的飞天扫帚就知道啦。

生：读过的请举手。（班级三分之二的同学举手）

生：这套书一定要好好读，一共有七本，太有意思了，强烈推荐。

……

师：感谢同学们，通过动手实践，你们赋予了你们所推荐的书精彩的导语、生动的形象。当我们全班同学把自己喜欢的书加以归类，比如分成童话、小说等，然后把这样一类要推荐的书订在一起，就会像安东尼·布朗一样，编成一本书。你也会拥有一本自己的《威利的奇遇》。

（三）超越创新，总结升华

1. 超越拓展

师：我们学习模仿安东尼·布朗推荐书的方法后，在清华附小迎来百年华诞之际，六年级的同学学着安东尼·布朗的方式，创作了一本书——《丁香娃娃奇遇记》。我们也请他们上来谈谈体会。

生：我们"超越"了安东尼·布朗，不再用"威利"了，而是用了清华附小的丁香花化喻的"丁丁"和"香香"，创作了这样一本《丁香娃娃奇遇记》！

生：我们是根据自己的理解、自己的形象、自己的奇遇进行创作的。

师：我们竟然创作了清华附小100本必读书目（见下页）！这些都是世界经典图书，都装进了这本《丁香娃娃奇遇记》。所以，亲爱的同学们，在清华附小的校园里，到处都是高年级为低年级推荐的书单，甚至也有"长满书的大树"。

一年级上学期书目		一年级下学期书目	
《猜猜我有多爱你》	[爱尔兰]麦克·山姆布雷尼/文 [英]安妮塔·婕朗/图	《我爸爸》	[英]安东尼·布朗/文图
《蝴蝶·豌豆·花》	金波主编	《彼得兔的故事》	[英]比阿特丽斯·波特/文 [美]查尔斯·桑托利/图
《小狐狸买手套》	[日]新美南吉/文 [日]黑井健/图	《我有友情要出租》	方素珍/文 郝洛玟/图
《第一次发现》 (濒临危机的动物)	[法]伽利玛少儿出版社/文 [法]皮埃尔·德·雨果/图	《我的野生动物朋友》	[法]蒂皮·德格雷
《神奇的校车》 (在人体中游览)	[美]柯尔/文 [美]迪根/图	《小牛顿科学馆》	台湾牛顿出版公司/编
《三字经》	(宋)王应麟	《中国神话故事》	聂作平/编
幼学启蒙第一辑—— 中国古代神话 《盘古开天地》 《共工触山》 《女娲补天》 《夸父追日》	杨亚明/文　岳海波/图 履　瑎/文　孙爱国/图 杨亚明/文　李　勇/图 履　瑎/文　袁　辉/图	《百岁童谣》	山　曼/文 陶文杰，李全华，秦建敏， 顾域树，郑凯军，诸春根/图

二年级上学期书目		二年级下学期书目	
《妹妹的红雨鞋》	林焕章	《不一样的卡梅拉》 (我要去看海)	约里波瓦/文 艾利施/图
《木偶奇遇记》	[意]科洛迪/文 [意]罗伯特·英诺森提/图	《没头脑和不高兴》	任溶溶
《了不起的狐狸爸爸》	[英]罗尔德·达尔	《小淘气尼古拉》(第一册)	[法]葛西尼
《鼹鼠博士的地震探险》	[日]松冈达英	《动物王国大探秘》	[英]茱莉亚·布鲁斯/文 [英]兰·杰克逊/图
《一粒种子的旅行》	[德]安妮·默勒/文图	《自然图鉴》	[日]松冈达英/编 [日]下田智美/文图
幼学启蒙第二辑—中国成语 《朝三暮四》《鹬蚌相争》 《自相矛盾》《愚公移山》	衣　若/文　赵镇琬/图 衣　若/文　赵勤国/图 衣　若/文　王　珏/图 衣　若/文　孔维克/图	幼学启蒙第三辑—— 中国古代寓言故事 《纪昌学射箭》《愚人买鞋》《铁杵磨成针》 《疑人偷斧》	衣　若/文　李学明/图 梦　令/文　杨　宇/图 衣　若/文　窦培高/图 梦　令/文　梁文博/图
《中国传统童谣书系》 (小老鼠上灯台)	金　波/编	《笠翁对韵》	(清)李　渔

三年级上学期书目		三年级下学期书目	
《亲爱的汉修先生》	[美]贝芙莉·克莱瑞	《时代广场的蟋蟀》	[美]乔治·塞尔登
《夏洛的网》	[美]E·B·怀特	《爱德华的奇妙之旅》	[美]迪卡米洛/文 [美]伊巴图林/图
《列那狐的故事》	[法]季诺	《宝葫芦的秘密》	张天翼
《奇妙的数王国》	李佩毓	《森林报》(春)	[苏]维·比安基
《我的第一本科学漫画书》	[韩]崔德熙/文 [美]姜境孝/图	《生命的故事》	[美]维吉尼亚·李·伯顿/文图
《游戏中的科学》	[德]汉斯·尤尔根·普雷斯	《数学就是这么简单》(第一辑)	[英]史蒂夫·魏,弗雷西亚·罗/文 [英]马克·毕驰/图
幼学启蒙第四辑——中国古代传说 《舜耕历山》《龙生九子》 《大禹锁蛟》《黄帝诞生》	芊 里/文 张一民/图 芊 里/文 韩济平/图 芊 里/文 卢洪刚/图 郭先芳/文 徐锦集/图	幼学启蒙第五辑——中国名胜传说 《莫愁女儿》《飞来奇峰》 《阳燧宝珠》《巫山神女》	三 元/文 李明娟/图 三 元/文 邹光平/图 三 元/文 宫 林/图 三 元/文 赵淑萍/图
《人》	[美]彼得·史比尔	《讲给孩子的中国地理》	刘兴诗
《希腊神话故事》	聂作平/编	《千家诗》	张立敏/注

四年级上学期书目		四年级下学期书目	
《长袜子皮皮》	[瑞]林格伦	《稻草人》	叶圣陶
《汤姆·索亚历险记》	[美]马克·吐温	《浪漫鼠德佩罗》	[美]凯特·迪卡米洛
《男生贾里全传》或《女生贾梅全传》	秦文君	《小飞侠彼得·潘》	[英]詹姆斯·巴里
《昆虫记》(美绘版)	[法]法布尔	《小学生最爱玩的380个思维游戏》	邓代玉 刘 青
《让孩子着迷的77×2个经典科学游戏》	[日]后藤道夫	《海底两万里》	[法]儒勒·凡尔纳
《最美的科普》	[德]雅各布	《101个神奇的实验》	[德]安提亚·赛安 艾克·冯格
成语故事	李新成/编	幼学启蒙第七辑——中国智谋故事 《田忌赛马》《黄盖诈降》 《包拯断牛》《海瑞惩霸》	宏 生/文 蔡立国/图 宏 生/文 季鑫焕/图 宏 生/文 马 骥/图 宏 生/文 段谷风/图
幼学启蒙第六辑——中国古代民俗故事 《年除夕的故事》《端午节的故事》《清明节的故事》 《年糕的故事》	恒 展/文 冢 珉/图 三 元/文 董安山/图 三 元/文 王者琦/图 冠 天/文 杨士林/图	《老子说 庄子说》	蔡志忠
《写给孩子的哲学启蒙书》(第一、二卷)	[法]碧姬·拉贝 [法]米歇尔·毕奇	《图说中国节》	大乔

五年级上学期书目		五年级下学期书目	
《草房子》	曹文轩	《城南旧事》	林海音
《柳林风声》	[英]肯尼思·格雷厄姆	《狼王梦》	沈石溪
《向着明亮那方》	[日]金子美铃	《蓝色海豚岛》	[美]奥台尔
《元素的故事》	[苏]尼查叶夫	《安德的游戏》	[美]奥森·斯科特·卡特
《地心游记》	[法]凡尔纳	《数学就是这么简单》(第二辑)	[英]史蒂夫·魏,弗雷西亚·罗/文 [英]马克·毕驰/图
《有老鼠牌铅笔吗?》	张之路	《偷脑的贼》	潘家铮
《书的故事》	[苏]伊林	《林汉达历史故事集》	林汉达
《少年音乐和美术故事》	丰子恺	《希利尔讲世界地理》	[美]希利尔
《我们的母亲叫中国》	苏叔阳	《孔子的故事》	李长之

六年级上学期书目		六年级下学期书目	
《西游记》	(明)吴承恩	《新月集·飞鸟集》	[印]泰戈尔
《毛毛》	[德]米切尔·恩德	《不老泉》	[美]纳塔莉·巴比特
《假如给我三天光明》	[美]海伦·凯勒	《小王子》	[法]圣德克·旭贝里
《叶永烈讲述科学家故事100个》	叶永烈	《科学家工作大揭秘》	[英]斯皮尔伯利
《可怕的科学》	[英]阿诺备	《所罗门王指环:与鸟兽虫鱼的亲密对话》	[奥]劳伦兹
《第三军团》	张之路	《万物简史》	[美]布莱森
《汉字王国:讲述中国人和他们的汉字的故事》	[瑞]林西莉	《史记故事》	司马迁/原著 孙 侃/编写
《莎士比亚戏剧故事集》(2册)	[英]查尔斯·兰姆,玛丽·兰姆 [英]奎勒－库奇	《吴姐姐讲历史故事》	吴涵碧
《希利尔讲世界史》	[美]希利尔	《希利尔讲艺术史》	[美]希利尔

2. 总结升华

(围绕黑板出现的所有语词进行梳理,理清逻辑,并升华。)

师:从我们最初发现的十本书的过程看——现实生活中总会与一本本书相遇。

生:即使这路上会有不幸的遭遇,但我们还是相信会出现奇迹。

师:在这虚拟的世界里,带着这样的奇迹,我们总会感到——

生：不可思议。

生：妙不可言。

师：但是，从我们奇遇后的感受看——读书的过程，正是自己获得——

生：诚实、勇敢、正直、勇气、温暖的过程。

师：于是在阅读里面，我们遇见了未知的——

生：自己。

师：但我们也愿意把这些美好的感受分享给朋友。所以，最终我们要感谢的是——

生：我们自己。

师：是因为你们懂得——

生：阅读就是奇遇。

师：你们与窦老师也是一场——

生：奇遇。

师：而我们的奇遇又都是因为——

生：阅读。

师：所以，阅读就是——

生：奇遇。

师：亲爱的同学们，阅读吧。因为阅读就是在构建你的第二重生活。一起说吧——

生：阅读就是奇遇。

师：阅读就是——

生：奇遇。

板书设计

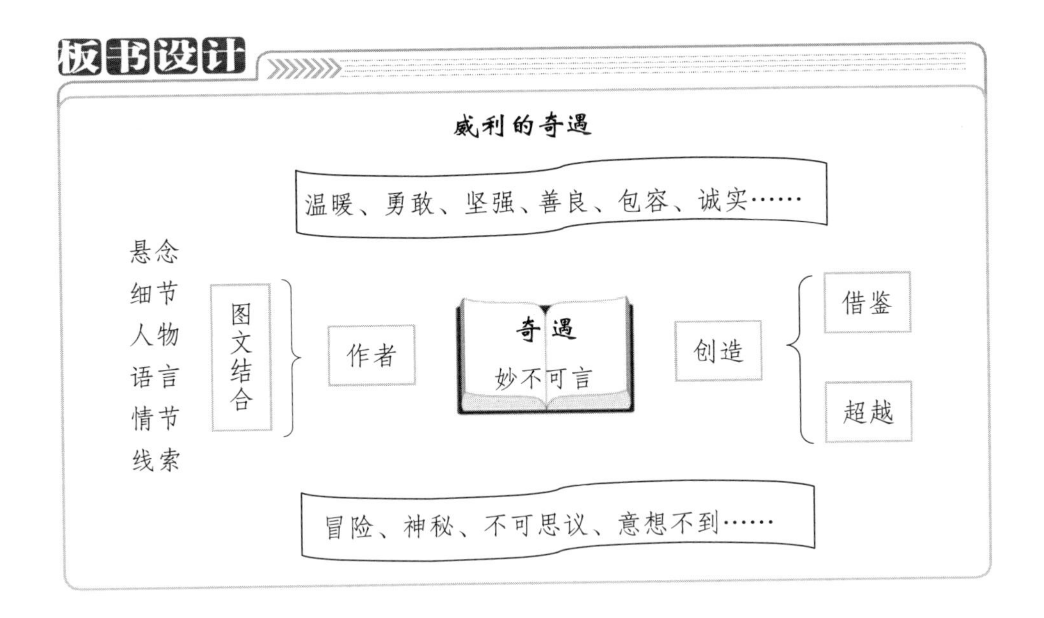

点　评

阅读绘本的乐趣

《威利的奇遇》这堂课是多么的精彩！我在任何国家都没有听到过类似的课。我上学的时候还是几十年前，我已经很长时间没有回到学校。听了这一课，我被课堂深深吸引了，我想重新回到学校。

阅读是非常有趣的。关于阅读的教学应该能够选择适当的材料，让人更加体会到阅读的乐趣。这一课选择了《威利的奇遇》这一绘本作为课堂的阅读材料，是别具眼光的。通过阅读这本书，可以接触到书中推荐的那些非常有名的书。

作为一个儿童绘本作家和插画家，我常常在思考绘本的价值和意义。随着年龄的增长，孩子们一般被施加很大的压力，常常把图画书丢到一边，转而去阅读文字，就好像这是成熟的标志和教育应该达到的新目标。但是我坚信，阅读图画的能力和阅读文字的能力同样重要。儿童书里面的插图是孩子们最先读到的图画，正因为如此，那些图画特别重要。我们在孩童那个年龄看到和分享的事物将会伴随我们一生。在最好的绘本里，插图所能告诉大家的和文字所能告诉大家的信息一样多。这些插图能起到这样的作用，并不是偶然现象。实际上，图画中各种物体的空间摆放、事物相互之间的关系、它的用色用光对于表达人物的感情和讲述故事都是非常有帮助的。阅读绘本，首先是阅读图画、发现图画。这一课，孩子们在课堂上有很多这样的机会，他们发现了很多图画背后的秘密，带给我很多惊喜。

绘本中插图和文字之间的空白，留给了读者很大的想象空间。我们现在活在一个视觉的年代，孩子们被电视、电影、视频等快速移动的影像进行视觉轰炸，但是没有时间来思考。看一幅图画是需要时间的，在时间中可以充分地想象。我的许多插画都是用隐藏的视觉和影像来讲述部分的故事，并没有文字描述，而我看到，孩子们能比成年人更快地找出这些细节。我看到这些阅读绘本的孩子们还拥有那种可贵的天生的创造力，哪怕没有读过这本绘本中推荐的故事，依然可以大胆想象故事的结局。

一图抵万言。如果我们忽视这些图画，我们将变得比现在更加视觉无知。书中的插图能够加强阅读的乐趣，正是通过这些阅读的乐趣，书籍能够吸引更多的真正的读者，而这些读者是真正热爱阅读的。

对于今天的课堂，我想说，它为图画书的教学提供了一个很好的范例。授课老师非常重视学生思维的发展，学生思维的轨迹经历了：概括—推理—联想—想象；观察—思考—表达。同时给予了学生很多阅读图画书的方法，比如怎样理解核心概念，怎样体会书中的语言、情节、人物、细节、悬念、线索、关键语句。引导学生掌握了很多阅读的核心策略，比如信息提取、图文整合、推断预测、拓展延伸。尤其在拓展延伸这一点上，从关键情节、核心人物展开，将阅读活动从一本书引向多本书，一个节点引向一个主题，甚至是跨语言（中英）、跨媒介（文本—电影）、跨文化（英国作家的视角）的阅读，学生可以由单篇阅读走向全文阅读，由全文阅读走向专书阅读，由专书阅读最后要走向专题阅读，开展立体阅读，与经典、与作者对话。

我不仅想说读书对于孩子非常重要，我更想说的是要让大家觉得读书非常有乐趣。如果能多一些这样的课堂，老师和孩子们一起快乐地阅读绘本，我相信阅读的乐趣会感染很多人、很多家庭。

（世界著名绘本作家　安东尼·布朗）

图书在版编目（CIP）数据

听窦桂梅老师讲新课 / 窦桂梅著 . —上海：华东师范大学出版社，2016

ISBN 978－7－5675－5473－3

Ⅰ. ①听 … Ⅱ. ①窦 … Ⅲ. ①小学语文课—教学研究

Ⅳ. ① G623.202

中国版本图书馆 CIP 数据核字（2016）第 157775 号

大夏书系 · 名师课堂

听窦桂梅老师讲新课

著　　者　窦桂梅
策划编辑　李永梅
审读编辑　张思扬
封面设计　奇文云海 · 设计顾问

出版发行　华东师范大学出版社
社　　址　上海市中山北路 3663 号　邮编　200062
网　　址　www.ecnupress.com.cn
电　　话　021－60821666　行政传真　021－62572105
客服电话　021－62865537
邮购电话　021－62869887
地　　址　上海市中山北路 3663 号华东师范大学校内先锋路口
网　　店　http://hdsdcbs.tmall.com

印 刷 者　北京密兴印刷有限公司
开　　本　700 × 1000　16 开
插　　页　1
印　　张　20
字　　数　326 千字
版　　次　2016 年 10 月第一版
印　　次　2024 年 5 月第十八次
印　　数　58 101–60 100
书　　号　ISBN 978－7－5675－5473－3/G · 9669
定　　价　55.00 元

出 版 人　王　焰